全国铁道职业教育教学指导委员会规划教材
高等职业教育高速铁路动车组系列规划教材

高速铁路动车组

刘建国　主　编

侯梅英　李　波　王仲福　副主编

程贵新　主　审

中国铁道出版社

2013年·北京

内 容 简 介

本书由具有高速动车组运用、检修技术和管理经验的生产一线工程技术人员和具有丰富课堂教学实践的"双师型"教师组成的校企合作团队共同编写,全面、系统地介绍了高速动车组的基本概念、基本原理、基本知识及运用维修的基本技能以及世界各国高速动车组等发展情况。本书共分十章,主要包括绪论、高速动车组的车体构造、连接机构、转向架、牵引系统、制动系统、辅助供电、控制系统、空调系统、服务系统等内容。

本书可作为高职高专院校铁路相关专业的教材,也可作为从事高速铁路运输和高速动车组制造、运用、维修、管理的专业技术人员及现场技术工人的培训教材,还可作为对高速动车组有兴趣人士的参考读物。

图书在版编目(CIP)数据

高速铁路动车组/刘建国主编 . —北京:中国铁道出版社,2013.12

全国铁道职业教育教学指导委员会规划教材 高等职业教育高速铁路动车组系列规划教材

ISBN 978-7-113-17808-6

Ⅰ.①高… Ⅱ.①刘… Ⅲ.①高速动车—高等职业教育—教材 Ⅳ.①U266

中国版本图书馆 CIP 数据核字(2013)第 294449 号

书 名:高速铁路动车组	
作 者:刘建国 主编	

责任编辑:阚济存　　编辑部电话:010-51873133　　电子信箱:td51873133@163.com
封面设计:崔丽芳
责任校对:龚长江
责任印制:李 佳

出版发行:中国铁道出版社(100054,北京市西城区右安门西街 8 号)
网　　址:http://www.51eds.com
印　　刷:北京大兴新魏印刷厂
版　　次:2013 年 12 月第 1 版　2013 年 12 月第 1 次印刷
开　　本:787 mm×1 092 mm　1/16　印张:15　字数:388 千
印　　数:1～3 000 册
书　　号:ISBN 978-7-113-17808-6
定　　价:32.00 元

前　言

　　高速铁路动车组(简称高速动车组)作为地面轨道交通工具是高速铁路主要技术设备之一。它的诞生并投用距今已有 50 多年的历史。今天,它以安全、快捷、舒适为优势,奔驰在世界各发达国家的高速铁路线路上,并以安全、快速、便捷、舒适、优雅的乘车环境,以及周全的服务和节约的时间而受到世界各国民众的普遍欢迎。

　　高速动车组是集当今世界先进的计算机技术、微电子技术、遥感与自控技术、新型材料技术、现代制造技术、空气动力学技术等现代科学技术为一体的系统工程的产物,已经受到世界各国科技工作者的高度重视并得到快速发展。

　　近年来,随着我国国民经济持续、快速的增长,我国高速动车组的开发、制造、运用和维修等技术在经历了自主研发、跟踪学习、引进消化、合作合资、改进完善、创新发展等阶段后,进入了一个产业升级、产品换代、快速发展的全新时代,受到国内外的普遍关注,并已经成为我国现代制造业的一个极具发展前景的璀璨明珠。

　　我国高速铁路的建设和发展,在不到十年的时间里,已经建成投用的高速铁路 1 万多公里,约占世界高速铁路运营里程的 45%,稳居世界高速铁路里程榜榜首。根据《中国铁路网中长期发展规划》,到"十二五"末,我国将建成总计 1.8 万公里的高速铁路,基本覆盖我国 50 万以上人口的城市。随着我国高速铁路的快速发展,高速动车组的制造、运用、维修的数量和使用的范围也将随之加大,自 2007 年动车组首次在我国投入运营至今,全国铁路动车组列车累次发送旅客已突破 15 万亿人次,目前,动车组发送总量约占 27%。由此,对高速动车组的制造、运用、维修、管理等方面的专业技术人才提出迫切的需求。如何尽快、高质量地培养一大批能够全面、系统地掌握高速动车组技术的复合型专业技术及管理人才,是制造、维护、管理、运用好高速动车组的基础和保证,同时,也是摆在我们面前的一项十分紧迫的任务。

　　为满足高速动车组制造、运营、检修、管理等方面对高层次、高技能、专业化复合型技术人才的需求,推广、传播高速动车组的专业知识,我们组织具有高速动车组制造、检修、运用、维修、管理经验的生产一线的工程技术人员和具有丰富教学实践的"双师型"教师组成编写团队,通过校企合作,共同编写本书。

本书在教学内容的编排上注重理论联系实际,突出基本概念、基本原理、基本知识及基本技能等内容,图文并茂地介绍了世界各国高速动车组的典型型式和发展动态,力求使其满足教学需要并与高职学生的学习、认知规律相统一,以期达到教学内容的全面性、系统性、时代性、实用性及可操作性。

本书由武汉铁道职业技术学院刘建国主编,侯梅英、李波、王仲福副主编,何洲红、杨锡林、黄超、彭文菁、叶家艳参编。

各章编写的分工分别是(按章节顺序):第一章由刘建国编写,第二章由刘建国、彭文菁编写,第三章由李波编写,第四章由侯梅英编写,第五章、八章由杨锡林编写,第六章由黄超编写,第七章由何洲红编写,第九章由王仲福编写,第十章由彭文菁、叶家艳编写。全书由刘建国教授策划和统稿,高级工程师程贵新任主审。

本书编写过程中得到了武汉、广州、北京、上海铁路局动车段,中国南车集团青岛四方股份有限公司,武昌客车车辆段,以及武广、广深、京沪客运专线的有关专家、技术人员的大力支持和帮助,并参考、借鉴、吸收了相关文献及资料,在此一并表示衷心的感谢。

由于编者水平有限,且编写时间仓促,书中难免存在疏漏、不妥之处,恳请各院校师生及相关读者提出批评及改进意见。

编　者

2013 年 10 月

目　录

第一章 绪 论

本章要点

本章重点介绍了国内外高速铁路的发展历史及特征，着重阐述了高速动车组的基本概念、分类及未来发展重点和趋势。

第一节 高速铁路的发展与特征

随着经济社会文化及科学技术的快速发展、人们生活节奏的加快以及世界人口的迅速增长，人们不仅对交通工具供应数量和服务质量的要求不断提高，而且对其速度提高的需求也愈来愈强烈。为满足人们对交通工具现代化的需要，随着现代科技产品运用的普及和各种交通工具的激烈竞争，以及人们节能环保意识的增强，高速铁路应运而生并逐步成为当今世界铁路发展的普遍趋势。

一、国外高速铁路的发展

自 1825 年英国人修建了世界上第一条铁路后，因当时火车的运行速度大大高于轮船和马车，并具有运量大、可靠性高、全天候等优点，从而使铁路这一新型交通工具自 19 世纪后半叶到 20 世纪初得以在世界各国迅速发展，并很快成为世界各国交通运输的骨干，对当时社会经济文化的发展与繁荣起到了极大的推动作用。

从 20 世纪 50 年代开始，世界交通运输工具进入了现代化、多样化、大众化时期。高速公路、汽车及民航出现，并以其快速、灵活、便利、舒适的特点进入交通运输市场，使铁路这一传统运输方式受到这些长短途运输工具快速发展的两面夹击，逐步处于市场竞争的劣势。铁路面临了前所未有的严峻挑战，铁路在西方发达国家首先陷入"夕阳产业"的被动局面，一度处于停顿或撤除的状态。这迫使铁路运输企业不得不思考如何通过提高列车运行速度来夺回失去的市场。

提高列车运行速度是铁路赖以生存，适应社会、经济、文化、环境发展的唯一出路。为此，从 20 世纪初至 20 世纪 50 年代，德国、法国、日本、瑞典等国进行了大量的有关高速铁路的理论研究和试验工作。1903 年 10 月 27 日，德国人用电动车首创了试验速度达 210 km/h 的历史记录；1955 年 3 月 28 日，法国人用两台电力机车牵引三辆客车，使试验速度达到了 331 km/h。但直到 20 世纪 60 年代，高速铁路技术才在日本首次投入商业运营。

日本从 20 世纪 50 年代末开始，为迎接在东京召开的第 18 届奥运会，加快了研究和建设高速铁路的步伐。1964 年 10 月 1 日，世界上第一条高速铁路——日本东海道新干线（shinkansen）在 10 月 10 日奥运会开幕前正式投入运营，列车最高运行速度达到 210 km/h，突破了保持多年的铁路运营速度的世界纪录，使东京至大阪的旅行速度较此前提高了一倍。

上世纪 80 年代，随着世界性的能源危机、环境污染、交通拥堵等问题的愈演愈烈，各国政府开始重新认识铁路运输的优势。世界各发达国家根据本国经济发展、科技实力、国土面积、工商业布局、人口分布等具体国情，从国民经济发展的需要出发，先后研发或采用了高速铁路这一现代客运交通工具。与此同时，随着与高速铁路有关的一系列新技术、新工艺、新设备、新产品的研究取得突破和发展，以及各国铁路运输管理体制改革的深入、到位，世界铁路进入了一个高速铁路大发展的新时期。

目前世界上运行时速在 200 km 及以上的新建高速铁路营业里程已超过 15 000 km。这些线路虽仅占世界铁路总营业里程的 1.5%，但却担负着各拥有国铁路较大部分的客运量，且经济效益显著。例如，日本现有四条新干线，约占日本铁路（JR）总营业里程的 9%，却承担了铁路旅客周转量的 1/3；法国现有三条高速新线和 TGV 列车通行网络，分别占法国铁路网总营业里程的 4% 和 18%，却承担了一半以上的旅客周转量；德国正在运营的高速铁路及时速达 200 km 的 ICE 列车通达里程只占德国铁路总营业里程的 1% 和 10%，却担负着50% 的旅客周转量。

随着高速铁路技术的不断发展，高速列车的运行速度不断提高，从 20 世纪 60 年代时速210 km/h，80 年代时速 250～300 km，90 年代末或 21 世纪初时速已达 350 km 左右。部分既有线经改造后运行时速达到了 200 km/h，个别线路甚至达到 220～225 km/h。旅行时间的节约，旅行条件的改善，旅行费用的降低，再加上国际社会对人们赖以生存的地球的环保节能意识的增强，使得高速铁路在世界范围内呈现出蓬勃发展的强劲势头。欧洲、美洲、亚洲诸国和地区，正在计划进一步加快高速铁路的建设。有专家预测，21 世纪的铁路运输将会出现一个高速铁路全面发展、全球性高速铁路网大建设的新时期。

纵观世界高速铁路建设和发展历程，大约可划分为三个阶段：

（1）20 世纪 60 年代至 80 年代末期——高速铁路建设的第一次高潮。

1964～1990 年，建设并投入运营的高速铁路有：日本的上越、东北、山阳和东海道新干线；法国的大西洋 TGV 线、东南 TGV 线；德国的汉诺威—维尔茨堡高速新线；意大利的罗马—佛罗伦萨线。高速铁路总里程达 3 198 km。此间，遍布全国的新干线网的主体结构在日本建成。除北美外，世界上经济技术最发达的日本、法国、德国、意大利等，共同推动了高速铁路的快速发展，带来了高速铁路建设的第一次高潮。

（2）20 世纪 80 年代末至 90 年代中期——高速铁路网建设的第二次高潮。

高速铁路建设在日本、德国和法国取得的成就，影响了其他很多国家。20 世纪 80 年代末，世界各国对高速铁路的高度关注和研究重视，酝酿了高速铁路的第二次建设高潮。第二次建设高峰形成于 20 世纪 90 年代的欧洲，涉及的国家主要有英国、瑞典、荷兰、比利时、西班牙、意大利、德国、法国等。1991 年，瑞典开行了 X2000 型号的摆式列车；1992 年，西班牙引进德国、法国的技术，建成了 471 km 的马德里—塞维利亚高速铁路线；1994 年，英国和法国通过吉利海峡隧道连接在一起，这是第一条高速铁路国际连接线；1997 年，从巴黎开出的"欧洲之星"，又将德国、荷兰、比利时、法国连接在一起。在这一时期，意大利、德国、法国及日本对高速铁路的发展进行了全面规划，推动了高速铁路建设的第二次高潮。

（3）20 世纪 90 年代中期至今——高速铁路建设的第三次高潮。

20 世纪 90 年代中期，形成了高速铁路建设研究的第三次高潮。这次高潮波及大洋洲、北美、亚洲及整个欧洲，形成了一场世界性的铁路运输复兴运动。自 1992 年以来，荷兰、英国、澳大利亚、韩国、俄罗斯等国家，均先后开始建设高速铁路新干线。据不完全统计，为配合欧洲高速铁路网建设，东部和中部欧洲的罗马尼亚、希腊、捷克、奥地利、波兰及匈牙利等国家，正在全面改造干线铁路，此间，修建高速铁路新线的国家和地区已经达到 12 个，修建新线里程达 3 509 km（见图 1-1）。

图 1-1 国外高速动车组实景图

与此大相径庭的是近年正在兴起的，以关注改进机车牵引及控制系统为主的摆式列车，它是地面交通工具提高速度的另一个有益尝试。德国、意大利和瑞典是最早进行摆式列车试验的国家。1997 年以来，摆式列车因为对列车速度提高的总体造价相对节省和制造工艺相对简单，尤其是能够充分利用既有线路，不必铺设全新铁路网络的优势，而逐渐成为高速列车族中的一个重要分支；并在激烈的市场竞争中，作为高速轮轨技术，它成为与磁悬浮技术分庭抗礼的一支重要力量。或说这一技术的推广运用将成为构建高速铁路运输网的重要组成部分。

从国际趋势来看，摆式列车很有可能是一种在大规模成熟铁路网基础上完成大幅度提速，且性价比较高的高速铁路技术。

二、我国高速铁路的发展

高速铁路代表了当代世界铁路发展的大趋势，是 20 世纪交通运输发展的重大成就，是人类智慧的结晶和共同财富。我国作为一个地域宽广、人口众多、能源资源相对匮乏、环境保护任务繁重的发展中国家，大力发展高速铁路，对于推动国民经济又好又快发展、解决长期困扰我们的铁路速度不快、运能不足、舒适度不高、难以满足人们出行需要等问题来说，可谓一个明智选择。

我国高速铁路较世界发达国家起步晚，但自21世纪以来得到迅速发展。

20世纪90年代初，我国开始了高速铁路的研究工作，当时京沪高速铁路正处于构思阶段。1990年，我国前铁道部完成了《京沪高速铁路线路方案构想报告》，并提交全国人民代表大会会议讨论，这是我国首次正式提出兴建高速铁路。在第八个五年计划期间，也开始着手进行高速铁路的前期研究，但实质性进展不大。

1998年5月，广深铁路电气化提速改造完成，设计最高速度为200 km/h。为了研究通过摆式列车在中国铁路既有线实现提速至高速铁路的可行性，同年8月，广深铁路率先使用由瑞典租赁的X2000摆式高速动车组。由于全线采用了众多达到20世纪90年代国际先进水平的技术和设备，因此，当时广深铁路被视为中国由既有线改造踏入高速铁路的开端。1998年6月，SS$_8$型电力机车在京广线区段试验中跑出了240 km/h的速度，创下了当时"中国铁路第一速"，它是中国第一款高速铁路机车。

自1997年开始，我国铁路先后进行了六次客货列车大提速，并为发展高速铁路进行了各项技术准备。1999年我国开始兴建秦皇岛至沈阳的秦沈客运专线，这是我国第一条高速铁路线，设计速度为250 km/h。同时，它也是我国高速铁路的前期实验阶段。

2004年，我国开始着手引进国外高速铁路相关技术。在对国外高速铁路进行引进、吸收、消化、改造、创新的基础上，仅用短短五年多的时间就走完了国外长达30年甚至半个世纪的发展历程。经过不断学习、研发、创新，到目前为止，我国已经系统掌握了速度200～350 km/h动车组、线路设备、供变电技术、自动控制系统等成套技术的生产研发，从而使我国不仅全面掌握了高速铁路的最新技术，而且高速铁路的建设和运用技术也达到国际领先水平。

"十一五"期间，在世界金融危机的形势下，我国加大了对发展高速铁路等基础设施建设的投入，不仅使我国宏观经济保持了稳步增长，且使我国高速铁路无论是技术发展还是在开工建设、投入运营的里程，都处于世界领先地位。尤其是2010年10月26日沪杭高速铁路运营线上，取得了速度达486.1 km/h的试验速度，再次刷新了世界铁路运营线上最高运行时速的纪录。截至2012年底，我国高速铁路营业里程已经突破9 356 km，位居世界第一位，在建规模近1万km，成为世界上高速铁路发展最快、系统技术最全、集成能力最强、运营里程最长、运营速度最高、在建规模最大的国家。

2004年1月，国务院通过了《中长期铁路网规划》，确定了到"十二五"末将建设客车速度目标值达到200 km/h及以上的客运专线约1.8万km，其中速度200～250 km/h的高速铁路1.13万km；速度300～350 km/h的高速铁路0.67万km。基本覆盖我国50万以上人口的城市。具体建设内容如图1-2所示。

（1）"四纵"客运专线：①北京—上海客运专线，贯通京津至长江三角洲东部沿海经济发达地区；②北京—武汉—广州—深圳客运专线，连接华北和华南地区；③北京—沈阳—哈尔滨（大连）客运专线，连接东北和关内地区；④杭州—宁波—福州—深圳客运专线，连接长江、珠江三角洲和东南沿海地区。

（2）"四横"客运专线：①徐州—郑州—兰州客运专线，连接西北和华东地区；②杭州—南昌—长沙客运专线，连接华中和华东地区；③青岛—石家庄—太原客运专线，连接华北和华东地区；④南京—武汉—重庆—成都客运专线，连接西南和华东地区。

（3）三个城际客运系统：环渤海地区、长江三角洲地区、珠江三角洲地区城际客运系统，覆盖区域内主要城镇。

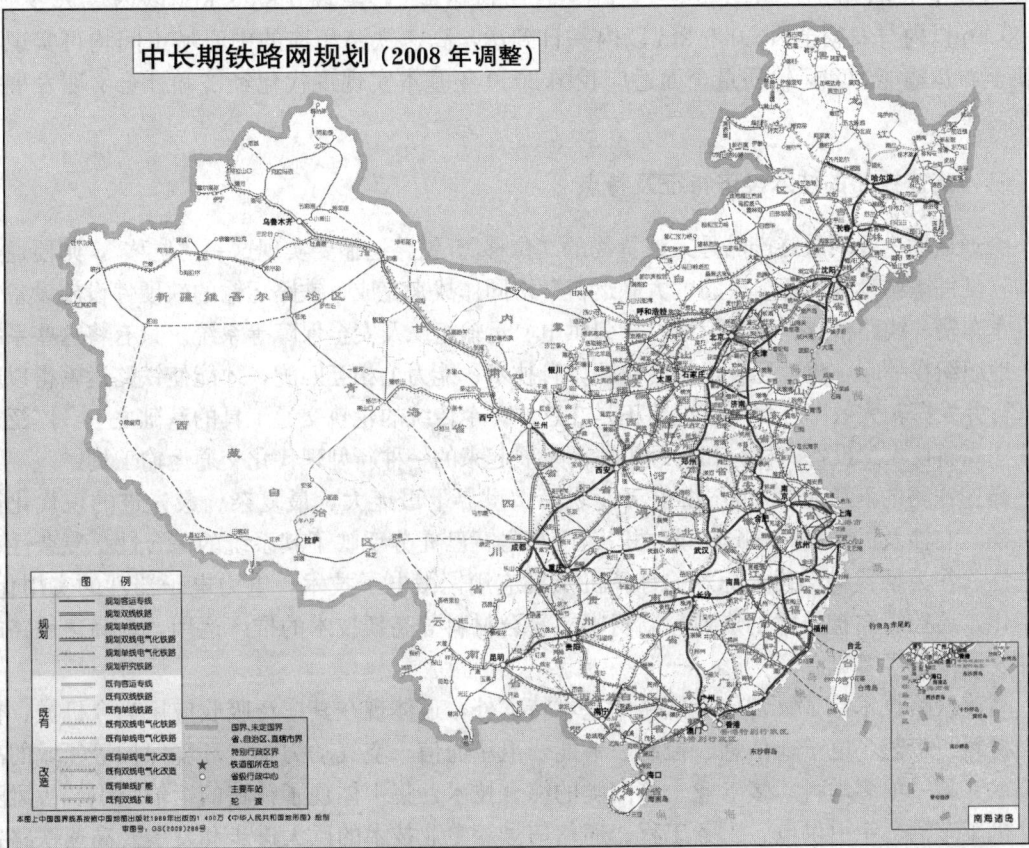

图 1-2　我国高速铁路中长期发展规划图

届时，我国铁路运营总里程将达到 12 万 km 以上。将建成"四纵四横"高速铁路网，它将遍布全国各主要经济区域和大中城市，其运营里程将超过目前世界各国高速铁路运营里程的总和。其中"四纵"共 18 条子线路，分别连接环渤海和长江三角洲、华北和华南地区、东北和关内地区、长江、珠江三角洲和东南沿海地区。"四横"共 15 条子线路，分别连接西北和华东地区、西南、华中和华东地区、华北和华东地区、西南和华东地区。

目前，京津唐地区、长江三角洲地区、珠江三角洲地区已经成为主导中国科技经济文化发展、参与国际竞争的大城市群。随着我国城镇化建设速度的加快，未来中国的科技、经济和文化发展的前沿将会越来越向各个大城市聚集。三大城市群将在不久的将来成为具有巨大影响力的科技、经济和文化区域。

大城市区在国家和区域科技经济文化发展中具有非常重要的地位，是一个国家或地区科技经济文化发展的中心，具有强大的吸引力和凝聚力。从地理位置看武汉北距北京 1 225 km，南距广州 1 069 km，东距上海 951 km，西距重庆 1 016 km，位于全国路网中心位置，而且为沿长江经济带的中部，具有承东启西的桥梁作用。西安是我国西北地区的中心，成都是西南地区的中心。因此，我国高速铁路网将应以上述三大都市圈的北京、上海、广州中心城市，再加上武汉、成都、西安等，这样有利于扩大上述中心城市的辐射和影响范围。

综上所述，我国高速铁路网的发展目标是：到 21 世纪中叶，建成以北京、上海、武汉、广州为中心，连接绝大部分目前人口在 50 万以上的城市和省会城市的高速铁路网。进一步拓展四大中心城市的"朝发夕至"和"一日到达圈"，实现 1 000 km 以内朝发夕归，3 000 km 以内夕发朝至，5 000 km 以内一日到达，高速铁路相连的中心城市间均可实现夕发朝至，运输能力和运输质量全面适应我国 2050 年基本实现现代化经济和社会文明发展的需要。

三、高速铁路的技术经济特征及特点

交通运输企业的最终产品是人或货物的"位移"。铁路运输要实现这一"位移"，则要通过多种软硬件运输设施设备组成的"大联运机"协同作战来完成。铁路运输的软硬件设施设备包括机车车辆、线路桥隧、通信信号、牵引供电、运输组织及安全保障等系统。只有将这些系统有机地组织在一起，相互配合，相互协调，且技术、能力上相互匹配，才能使铁路运输得以顺利进行并发挥较大效率。而高速铁路正是在这样一个传统的轮轨交通工具的基础之上，广泛运用现代高新技术、设备、材料和管理手段而发展起来的一种新型现代化交通运输工具。

高速铁路的诞生是 20 世纪继航天业之后，世界上最庞大、最复杂、最先进的现代化系统工程。它涉及的学科之多、专业之广、门类之宽已充分反映了其系统的综合性、复杂性和先进性。作为现代科学技术标志的计算机及其应用，微电子技术，电力电子器件的实用化、微型化、遥控、自控技术的成熟，新材料、复合材料等高新技术的推广运用，为高速铁路的蓬勃发展奠定了基础。

高速铁路技术除了具备传统铁路的基本特征外，还体现在其广泛吸收应用当今机械、化工、材料、工艺、电子、信息、控制、节能、卫星通信、空气动力学、环境保护等领域的高新技术，是一项多学科、多专业、多门类的综合技术，集中体现了铁路的运输组织、桥梁隧道、机车车辆、牵引供电、工务工程、通信信号等专业技术的巨大进步和发展。高速铁路技术综合利用桥梁、盾构、电子计算机、信息传输、自动控制、机械制造、电力电子元件等多种新设备、新工艺、新技术、新材料、新产品等，全面突破了常速铁路的理论、概念、技术及控制手段和方式。例如，突破了前人关于轮轨极限速度理论的设想；通过交-直-交电传动方式的技术突破，解决了大功率牵引电动机在有限空间和质量下实现的技术难题；通过采用新设计、新结构和新材料，实现了流线型的高速车体外形、动力性能优良的高速转向架的制造和列车质量的有效减轻；航天航空技术的移植，机电一体化向更高程度的发展，列车高速运行轮轨黏着、弓网规律探索研究的提升，为研制牵引和制动功率大、运行阻力小、环境噪声低的高速动车组提供了条件；融现代计算机、通信技术、信号技术和遥感技术于一体的列车运行自动控制系统和行车调度指挥系统的变革，轨道线路、桥隧工程技术和监测、养护技术的发展和进步，以及现代新型材料和成型技术的运用，使客室设施设备装饰技术大幅提升，旅客乘车条件大大改善等，为高速列车安全、准时、舒适、快捷地运营创造了条件；高速铁路以其靠外部供电作为动力，可广泛利用各种新型能源，减少了对沿线环境的污染；它们与高效的运输组织与运营管理体系等综合集成，形成一种能与既有铁路路网兼容的新型快速交通运输系统。

高速铁路之所以在世界各国受到普遍欢迎并得以快速发展决非偶然。这不仅是由于高速铁路克服了普通铁路速度低、乘车环境差、对沿线环境影响大等缺点，与目前高速公路的汽车运输和中长途的航空运输相比较，在下列技术经济指标中还具有一定的比较优势。

1. 安全性好

安全始终是人们选择出行交通运输方式的首要因素。从事交通运输产业的现代企业无不把提高安全性能作为重中之重，以提高其在运输市场中的竞争地位。但即便如此，交通事故时有发生仍难杜绝。有资料表明，在各国交通运输中，铁路、公路、民航运输的事故率（每百万人 km/h 的伤亡人数）之比大致为 1：24：0.8。由于高速铁路普遍采用线路的全封闭和运行控制的自动化，且有一系列完善的安全保障体系，例如，先进的 ACT 列车速度控制系统，能自动控制列车运行速度，调整列车运行间隔，按照列车允许的行车速度，使列车自动减速或停车，故其安全可靠性大大高于其他交通工具；同时，高速铁路中与行车有关的固定设施和移动设备，都装有信息化程度很高的诊断与监测系统，并建立了科学的养护维修制度；对可能危及行车安全的自然灾害，在铁路沿线设立了自动报警装置，这一系统措施有效地防止了人为过失、设备故障及自然灾害等突发事件引起的各类事故。高速铁路在国外曾有连续 45 年安全运营无人身伤亡事故的纪录。因此，相比高速公路的汽车和民航运输等交通工具，高速铁路可称得上是当今世界上较为安全的现代高速交通运输方式之一。

2. 运能大

高速铁路保留了普通铁路大众运输工具的基本特征。有专家分析计算：高速铁路动车组的最小行车间隔可达 4 min，列车密度可达 20 列/h，若每列车载客人数按 800 人计算，扣除线路维修时间（4 h/天），则每天可开行高速列车 400 列，输送旅客 32 万人，年均单向输送将达到 1.17 亿人。而 4 车道高速公路，单向每小时可通过汽车 1 250 辆，每天也按 20 h 计算，可通过 25 000 辆，如大轿车占 20%，每车平均乘坐 40 人，小轿车占 80%，每车乘坐 2 人，年均单向输送能力为 8 700 万人。航空运输主要受机场容量限制，如一条专用跑道的年起降能力为 12 万架次，采用大型客机的年单向输送能力只能达到 1 500～1 800 万人。可见，高速铁路的运能远远大于航空运输，且一般也大于高速公路，是名副其实的大众交通运输工具。

3. 速度快

速度快是高速铁路技术的核心，也是其主要技术经济优势所在。迄今，高速铁路是陆地上运行距离最长、运行速度最高的交通运输方式之一。目前，我国京沪、京广高速铁路动车组的运行时速已达 350 km，超过高速公路小汽车运行速度的三倍，达到喷气式客机的 1/3 和短途飞机的 1/2，因而使高速铁路在运距 100～1 000 km 范围内均能显示其节约总旅行时间（总旅行时间是指旅客出门到到达旅行目的地所耗费全部时间的总和，它包括途中旅行、到离车站或机场、托运和领取行李、上下车或飞机的全过程以及小汽车驶入和驶出高速公路的总时间）的效果，而在 1 500～2 000 km 运距内也能发挥其利用列车夜间睡眠时间运行的有利条件。

4. 能耗低

我国是一个能源消费大国，又是一个能源相对短缺的国家之一。能源不足是困扰我国经济发展的重大问题之一。因此，节能降耗是我国经济发展当前和长远国策之一。能耗高低也是人们评价交通运输方式优劣的重要经济技术指标之一。据统计资料显示，各种交通运输工具平均每人每公里的能耗：飞机为 2 998.8 J；小型汽车为 3 309.6 J；高速公路公共汽车为 583.8 J；普通铁路为 403.2 J；高速铁路为 571.2 J。如果以普通铁路每人公里的能耗为 1.0，则高速铁路为 1.42，公共汽车为 1.45，小型汽车为 8.2，飞机为 7.44。汽车、飞机均使用的是不可再生的一次能源——汽油或柴油（现代新型节能汽车尚未批量投入运用），而高速铁路使用的是二次能源——电力。随着水电、太阳能、风能和核电等新型能源的推广和发展，高速铁路在能源消耗方面的优势还将更加突出。这也是在当今石油能源紧张的情况下，世界各国选择发展高速铁路的重要原因之一。

5. 污染轻

环境保护是当今关系人类生存发展的全球性紧迫问题。交通运输与生态环境密切相关。当前，交通运输对环境的污染主要是废气和噪声。据统计，在旅客运输中，各种交通运输工具一氧化碳等有害物质的换算排放量，公路为 0.902 kg/人，铁路为 0.109 kg/人，客机为 635 kg/人，有些有害物质在大气中要停留长达 2 年以上，是当今造成大面积酸雨，使植被生态遭到破坏和建筑物遭受侵蚀的主要原因。由于高速铁路实现了电气化和集便器等设施设备，使铁路基本消除了粉尘、油烟和其他废气（物）对环境的污染。另外，在噪声污染方面，日本曾以航空运输每千人公里产生的噪声为 1，则大型汽车为 0.2，高速铁路仅为 0.1。从以上数据看，在现代交通运输中，航空和汽车运输造成的环境污染越来越大。而长期生活在噪声环境中，会使人的听觉器官受到损害，甚至耳聋。因此，德国、意大利、法国、日本等国都在高速铁路两侧修建隔音墙来降低噪声。人们愈来愈认识到，为防止地球上臭氧层被破坏而造成的气候异常现象，应大力发展清洁能源的交通工具，减少飞机和汽车的排放废气，加大高速铁路和城市轨道交通发展的力度。

6. 占地少

我国是一个人口大国，人均耕地低于世界各国平均水平，因此，保护耕地和节约使用土地是我国走可持续发展道路的重要国策之一。交通运输尤其是陆上交通运输，由于要修建道路和停车场，需占用大量土地，而且大部分是耕地。一般情况下，双线高速铁路路基面宽为 3.6～14 m，而 4 车道的高速公路路基面宽达 26 m。双线铁路连同两侧排水沟用地在内，用地约 70 亩/km，而采用高架、隧道等工程，占用土地将还要大幅度减少；4 车道的高速公路用地要 105 亩/km。目前，我国高速铁路大多采取高架或隧道等形式（例如，武广客运专线的桥隧占全线线路近 70%），法国 TGV 500 km 的高速铁路仅占用相当于一个大型机场的用地，故可以大大减少对耕地的占用和环境的负面影响。一个大型飞机场，包括跑道、滑行道、停机坪、候机大楼及其设施，面积大，又多为市郊良田。

7. 造价低

工程造价的高低在一定程度上是制约某种交通运输方式能否得到迅速发展的重要因素之一。高速铁路的工程造价虽然大大高于普通铁路，但并不比修建一条高速公路或民航机场的建设费用高。据法国资料，法国高速铁路基础设施造价要比 4 车道的高速公路节约 17%。TGV 高速列车平均每座席的造价仅相当于短途飞机每座席造价的 1/10。

8. 舒适度高

随着人们物质文化生活水平的不断提高，出行舒适状况已成为人们选择出行交通方式的重要依据之一。高速铁路线路平顺、稳定、曲线半径大，列车运行平稳，震动和摆动幅度都很小，速度快。由于采用新型材料，使动车内宽敞明亮、设施先进、装备齐全、乘坐舒适、活动半径大等，旅客在途中占有的活动空间大大高于汽车和飞机。这些是飞机和汽车无法比拟的。

9. 效益好

交通堵塞、事故频发、环境污染等是当今发展中的世界性难题，给各国国民经济带来巨大经济损失，也严重影响了社会的和谐稳定。欧共体国家每年用于处理高速公路堵塞和公路交通事故的费用分别占国民生产总值的 2.9% 和 2.5%。而修建高速铁路的直接经济效益却是非常明显。据统计，日本东海道新干线 1964 年投入运营，1966 年就开始盈利，1971 年就收回了全部投资。法国 TGV 东南线 1983 年全线通车，1984 年开始盈利，运营 10 年投资全部收回。这些都改变了传统铁路普遍存在的投资大、回收周期长、运营效益低的共性问题。我国高速铁路的建设主要集中在目前运能十分紧张、人口密度大、经济发展快的大中城市间，因此，其投资回收周期可望更短。

第二节 高速动车组的概念与分类

一、高速铁路与高速列车

（一）高速铁路的定义

一条铁路线是否能称为高速铁路，即高速铁路的定义，它有一个产生、发展、形成的过程。

1970 年 5 月，日本在第 71 号法律《全国新干线铁路整备法》中规定："列车在主要区间能以 200 km/h 以上速度运行的干线铁道称为高速铁路。"这是世界上第一个以国家法律条文的形式给高速铁路下的定义。

1985 年 5 月，联合国欧洲经济委员会将高速铁路的列车最高运行速度规定为：客运专线 300 km/h，客货混线 250 km/h。

1986 年 1 月，国际铁路联盟秘书长勃莱认为，高速列车最高运行速度至少应达到 200 km/h。因此，目前国际上公认列车最高运行速度达到 200 km/h 及其以上的铁路为高速铁路。随着科学技术的不断发展和变化，有关高速铁路的定义将会不断更新。

高速铁路是一个具有国际性和时代性的概念。当今世界上，铁路速度的分挡一般规定为：时速 100～120 km 称为常速；时速 120～160 km 称为中速；时速 160～200 km 称为准高速或快速；时速 200～400 km 称为高速；时速 400 km 以上称为特高速。当然。随着科学技术的发展，"高速"水平的不断提高，对"高速"的概念和定义也将发生变化。

（二）高速列车的定义

一般把最高速度为 200 km/h 以上运行的列车称为高速列车。高速列车可以是由机车牵引的客车组成的列车，也可以是动车组组成的列车。广义的高速列车不仅包括轮轨式列车，还应包括速度在 200 km/h 以上的磁悬浮列车。

二、动车组的定义与分类

（一）动车组的基本概念

由两辆或两辆以上自带动力的客车固定编组在一起的列车称为动车组。动车组的车种组成包括：座车、餐车、卧车、座车与餐车合造车及带有司机室的头部合造车。动车组的基本组成单元称为动力单元。每个动力单元由不同数量的动车及拖车组成。整列动车可根据需要由若干个动力单元组成。列车可以通过司机室前端的全自动车钩实现列车的联挂组成。因此，动车组具有较强的灵活性和适用性，既可以通过对动拖车比例的调整来适应不同速度等级的运行需要，又可以通过对编组的调整来满足不同运量的需要（图 1-3）。

（二）动车组的特点

动车组一般具有如下特点：

（1）成组存在。动车组一般是由两辆或两辆以上车辆组成在一起的列车。

图 1-3　我国"和谐号"高速列车实物图

（2）自带动力。动车组由带动力的车辆和不带动力的车辆组成，带动力的车辆称为动力车或简称动车，不带动力的车辆称为拖车或随车。

（3）固定编组。动车组一般以固定编组进行运营，运行时不能解编；往返运行不需要更换车头，只需改变操纵端。动车组允许多列重联，日常检修时一般也不解体，以减少库停时间，提高动车组运用效率。

（4）用于客运。除少数国家（如日本）在尝试将动车组用于货运外，绝大多数的动车组用于旅客运输，成为当今世界客运市场的强劲竞争对手。

（5）电力牵引。除少数（国家）的动车组用柴油机（汽油机）作为动力来源外，绝大多数（国家）的动车组采用电力牵引为动力，它有利于环境保护、节约能源、提高速度和效率。

（三）高速动车组的分类

按照不同的标准和方式，动车组可以有多种不同的分类，主要可归纳以下几类。

1. 按速度等级分类

（1）准高速动车组：最高运行速度为 $160\sim200$ km/h。

（2）高速动车组：最高运行速度为 $200\sim400$ km/h。

（3）超高速动车组：最高运行速度为 400 km/h 以上。

2. 按牵引动力类型分类

（1）高速电力动车组。由于电力牵引具有牵引功率大、轴重轻、经济性好、利于环保等优点，因此，尽管电力牵引具有较大的初始投资，但目前 80% 以上的高速动车组都采用了电力牵引。

（2）高速内燃动车组。内燃牵引高速动车组由于其投资少、见效快、灵活性好等优点，常常用于尚未电气化的高速铁路区段，或者作为发展高速铁路建设的一种过渡牵引形式。

（3）磁悬浮动车组。磁悬浮列车是一种全新的交通运输工具，它与传统的列车有着截然不同的特点，它是利用电磁系统产生的吸引力（或排斥力）将列车托起（或抬起），使整个列车悬浮在导轨上，并利用电磁力进行导向，利用直线电动机将电能直接转换为推进力，推动列车高速前进。磁悬浮列车由于轮轨不接触，没有摩擦轮轨阻力，因而适于超高速运行，速度可达到 500 km/h 以上；由于磁悬浮列车具有安全性好、污染小、占地面积小、运行平稳、舒适性好等优点，因而具有非常好的发展前景。

3. 按动力配置方式分类

（1）动力集中型高速动车组。动力集中型高速动车组是将动力装置集中安装于动车组的一端的动力车上，仅有动力车的轮对受电动机驱动，将电气设备和动力装置集中安装在动力车上，由动力车牵引列车。一般这种动力车组的动力车只牵引不载客，拖车只载客不牵引。

（2）动力分散型高速动车组。动力分散型高速动车组是将由电动机驱动的动力轮对分散布置在所有或多组轮对上，同时将主要电气设备吊挂在车辆下部，也可以将动力装置吊挂在车辆下部，动车组的全部车辆都可以载客。

4. 按转向架连接方式分类

（1）独立式高速动车组。独立式高速动车组即为传统的车辆与转向架的连接方式，每节车辆的车体都置于两台转向架上，车辆与车辆之间用密封式车钩相连接，列车解体后车辆可独立行走。

（2）铰接式高速动车组。铰接式高速动车组是将车辆的车体之间用弹性铰相连接，并放置在一个共用的转向架上，因此，每节车辆不能从列车上分解下来独立行走。

按照动力配置和转向架连接方式组合，可以将高速动车组分为以上四种类型，如图1-4所示。

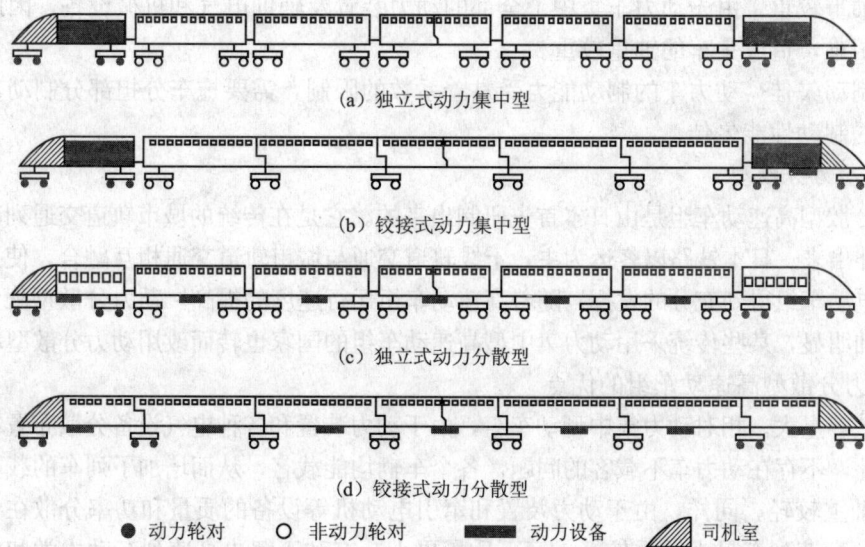

(a) 独立式动力集中型

(b) 铰接式动力集中型

(c) 独立式动力分散型

(d) 铰接式动力分散型

● 动力轮对　○ 非动力轮对　■ 动力设备　▧ 司机室

图1-4　高速动车组按动力配置及转向架连接方式分类示意图

三、动车组动力配置方式的特点与选择

如前所述，高速动车组动力配置有两种方式，即动力集中型和动力分散型。两种形式的产生、发展都有其自身的历史原因和环境条件。

（一）动力集中型

动力集中型高速动车组最早由欧洲发展起来，是传统机车牵引的延伸和发展，这对于欧洲铁路货运比重较大、客货混跑的状况十分有利。欧洲各国凭借其先进的技术，研发动力集中型高速动车组并取得成功。

动力集中型高速动车组的牵引力是由集中在动力车的动力轮对提供的，因此，它带来了两个值得注意的问题：一是动力轴的轴重必须足够大，以能够提供所需的牵引力，否则动力车轮将产生空转，失去牵引力，不但使电动机的功率得不到发挥，且会损坏车轮和钢轨；二是动力轴的轴重不能太大，否则在高速运行时会产生过大的轮轨力，损坏钢轨和线路。为此，欧洲高速铁路网在技术规程中规定：高速列车的最大轴重不得超过 166.7 kN，黏着系数低速起动时为 0.2，100 km/h 时为 0.17，200 km/h 时为 0.13，300 km/h 时为 0.09。

1. 动力集中型高速动车组的优点

（1）编组灵活。由于与传统的机车牵引列车相似，因此，可以按照习惯对车辆进行灵活编组，利于对车辆进行灵活运用和维修管理。

（2）便于维修。因为设备集中在动力车上，因而工作环境较清洁，监测和维修保养比较方便。

（3）舒适性好。由于机械和电气设备都集中在动力车中，与载客拖车相隔离，因此，载客车厢内振动小、噪声低、舒适性好。

（4）方便摘挂。能够方便列车由高速线进入既有线，甚至可更换内燃机车使列车直接进入非电气化铁路区段。

2. 动力集中型高速动车组的缺点

（1）载客量小。由于动力车不能载客且占用编组，因此，相对减少了载客量。

（2）轴重较重。由于动力车集中了全部的动力装置及辅助电气和机械设备，因此，减轻自重比较困难，造成头车的轴重较重。

（3）制动欠佳。动力车的制动能力受黏着系数的限制，需要拖车分担部分制动功率，因此，列车的制动性能欠佳。

（二）动力分散型

动力分散型高速动车组是由日本首先研制出来的。它是在传统的城市轨道交通列车基础上发展或延伸出来。日本铁路以客运为主，干线轨道交通与城市轨道交通相互融合，使这种动力分散型的电动车组得到充分的发挥。随着高速动车组运行速度的提高，动力分散型配置方式的优越性更加明显，某些传统采用动力集中型高速动车组的国家也转而改用动力分散型动车组。

1. 动力分散型高速动车组的优点

（1）载客量大。相对动力集中型动车组，由于动力装置和各种电气设备分散布置在各节车辆中，因此，不存在动力车不载客的问题，各个车辆均能载客，从而增加了列车的载客量。

（2）轴重较轻。同样，由于动力装置和牵引电动机等设备的质量和功率分散在各节车辆上，因此，高速列车最大轴重较轻，簧下质量更小，有利于解决高速列车动力学和轮轨磨损维修的问题。

（3）制动较好。由于此时的制动力由各节车辆分担，可以充分利用动力制动，因此，列车具有较好的制动性能，再生制动功率提高，还可节约能源，提高稳定性。

（4）效益显著。虽然动力分散配置增加了动力装置和牵引电动机的数量，造价和维修费用相对提高，但由于坐席的增加，使得高速列车每一坐席的平均寿命周期费用降低，因而经济效益提高。

2. 动力分散型动车组的缺点

（1）舒适度降低。由于动力装置是吊装在各车辆下部，运行中的振动和噪声会影响车厢内旅客的舒适度，且目前技术上彻底解决隔振降噪尚有一定难度。

（2）故障率较高。由于动力装置安装在车下，工作环境比较恶劣，且要求体积要小，因此，动力装置的故障率相对较高。

（3）修制不配套。分散动力的动车组一般都采用固定编组，不能随意分拆，因此，列车不能驶入非电化区段运行，且与传统的运营、维修管理体制不配套，必须建立一套新的维修管理体系。

由以上分析我们可以看到，两种不同的高速列车动力配置方式各有其优缺点，长期以来关于选择哪种动力配置方式最佳，一直争论不休。以日本为代表的高速铁路认为动力分散型动力配置方式有无可比拟优越性；而以法国、德国为代表的西欧各国则偏向于采用动力集中型高速列车。通过前述我们知道，两种动力配置方式各有其优缺点，各个国家应该根据本国的具体情况进行选择。在考虑了高速列车的使用条件、运用环境、客流状况、设备水平、维修技术和管理制度等因素后，结合本国运用经验和传统技术的实际情况再做决策。

第三节　高速动车组的发展趋势

高速动车组是高速铁路的主要行车设备之一，是完成旅客位移的直接承载设备（或运输工具），其安全、快捷、舒适、便利等性能如何，直接影响高速铁路的市场竞争力。因此，各国及各生产制造厂家，都下大力气，投巨资开发、研制新的产品，不断推出新的高性能、高品质、高稳定性的高速动车组。但从宏观上看，其技术发展呈现以下变化规律或趋势。

（一）始终把提高高速动车组运行速度作为研发主题

从 1890 年至今，一百多年来，世界各国进行了无数次提高列车运行速度的试验，并不断刷新列车运行最高速度的纪录。仅从近年来看，2007 年 4 月，法国 TGV 动车组创造了574.8 km/h 的世界纪录。与此同时，德国和日本在磁悬浮列车上分别创造了 450 km/h 和581 km/h 的纪录。2010 年 10 月 26 日，我国在沪杭高速铁路运营线上，取得了时速达到486.1 km/h 的试验速度，刷新了世界铁路运营线上最高运行时速的纪录。因此可以说，在当今市场经济的条件下，不断提高高速动车组运行速度不仅是各种交通运输工具间相互竞争的结果，也是世界各国铁路科技工作者的不懈追求（表 1-1）。

表 1-1　各国高速动车组运营线上的最高运行速度

序号	国别	列车型号	最高运行速度/(km/h)
1	德国	ICE3	330
2	法国	TGV	320
3	日本	500 系	300
4	西班牙	AVE S 103	350
5	意大利	ETR500	300
6	韩国	KTX	300
7	美国	Acela	240
8	英国	IC225	201
9	瑞典	X2000	200
10	奥地利	Supereity	200
11	俄罗斯	ER200、Zug159	200
12	中国	CRH$_{380A}$	486.1

（二）不断提高高速动车组可靠性、安全性和维修性

随着交通运输业的快速发展和市场竞争的日益加剧，世界各发达国家对高速动车组不仅在提高其舒适性上下足功夫，且更加重视对高速动车组可靠性、安全性、维修性的提高。这是因为，各铁路运输企业在购买高速动车组时，一方面对高速动车组的结构形式和性能（牵引力、速度、功率、动力性等）提出严格的要求，另一方面也对其安全性、可靠性（如故障率）及日后的维修性（如平均修复时间）等都提出了量化指标，并把它作为一个重要内容，要求制造厂家从设计构造、配件选择、制造过程中都要很好地研究并解决在今后运用过程中可能出现的各种问题，以保证动车组的各个系统和主要零部件的可靠性、故障率和维修性指标在可控制范围内。近年世界各主要生产企业在高速动车组生产、制造中普遍应用模块化结构，以适应或满足各类不同用户的各种不同需求，与此同时，通过加大高速动车组的维修性和可靠性的技术研发来提高其产品的市场竞争能力，并把它作为重要措施之一。

（三）不断降低寿命周期总费用

与传统铁路车辆经营理念不同的是，大多用户已由过去只重视降低车辆设备的购置价，到不仅重视车辆设备的购置价，更关心车辆设备在整个寿命周期的总费用，并尽量做到少维修或免维修为。因此，设备零部件的质量和寿命及后期维修费用的多少进入了运输企业经营者的视线，生产企业只有高度重视这一变化才能适应市场竞争的需要。

一般来说，产品的寿命周期是指产品的市场寿命。即一个产品从开始投入市场到被市场淘汰为止的整个时期。或者说，它是消费者从接受、认同到拒绝某一产品的全过程。因此，高速动车组寿命周期总费用不仅包括高速动车组的购置费用，还应当包括在整个使用过程中的维修费用等，它贯穿于高速动车组从论证到报废的整个寿命周期中所要发生的费用。现在用户在购置高速动车组时，已经不仅只重视性能和购置价了，更关心其寿命周期内总费用的支出，并希望得到制造企业的承诺，且在以后的使用过程中进行验证。因此，高速动车组制造企业在产品开发过程中，不仅要注意降低制造成本提高其市场竞争力，还要关注投入市场后运用过程中维修费用成本及是否便捷，通过优化设计和评估分析，提供最佳维修方案，切不可通过减少配置来降低成本，提高其产品市场竞争力等。要通过资源、技术、维修设备等的科学配置，实现高速动车组在整个寿命周期内总费用降低的目的。

（四）高速动车组的动力配置方式向动力分散型发展

从上节的对比分析可知，相对于高速动车组的动力集中配置，高速动车组动力分散型配置具有载客量相对较多、最大轴重较轻、制动性能较好、每一座位的寿命周期费用较低等优点，但更重要的是，经科学测定，随着列车运行速度的提高，轮轨间的黏着系数也将随之下降，从而限制或影响列车速度的进一步提高。为了解决这一关键问题，一方面要通过采用控制技术来提高黏着系数；另一方面，在轮轨黏着牵引力受限制的情况下，采取增加动力轮对数量的方式，提高列车速度和加速能力。这也是高速动车组动力配置为什么必然要向动力分散方向发展的技术方面的原因所在。比较典型的案例是，法国近年来，将高速动力集中式TGV动车组的铰接式拖车转向架发展成为动力转向架，重新设计为新型动力分散式的TGV高速动车组，以适应市场竞争的需要。

（五）高速动车组维修模式的创新

随着科学技术的发展，维修技术装备的专业化、自动化和复杂程度不断提高。同时，随着人们对维修认识的不断深化，形成许多新的维修理念：维修是生产力，是重要的投

资方式之一，是发展生产、创造效益的重要手段；维修已经从一种技艺发展成为一门综合性的学科等。借鉴当今汽车分级维修、终身服务的模式，发达国家在高速动车组的维修上大量采用新技术、新设备、新工艺的同时，不断创新、变革维修模式。高速动车组维修基地的建设和管理，可以说既是当今高新技术的集中体现，也是高速动车组维修管理模式创新的产物。

虽然近年来在技术装备维修领域广泛推行"以可靠性为中心"的维修制度。但在高速动车组维修领域内，目前各国仍然是在计划预防修的框架下，根据高速动车组的特点，不断进行技术和管理创新，通过加强对高速动车组运行状态的外部诊断（如沿线设置轮对、轴温探测等地面设备进行诊断及润滑油分析等）、内部诊断（如采用对配电柜、制动机、显示屏的自诊断及与试验曲线、参数的对比分析等车内运行监测系统）及运行状态的实时预报，用计算机制订或自动生成维修计划，对整车、大部件或各"最小工作包"等，分别实施定时或定运行里程的状态修、换件修、诊断修、入库修、不解体修和均衡性维修等多种维修方式（图 1-5），对一些重要零部件严格实行寿命管理，从而准确、高效、快速地进行高速动车组维修，大大提高了高速动车组运用的稳定性、经济性，确保了行车安全。

图 1-5 高速动车组检修基地实景图

不仅如此，高速动车组在未来的技术发展中，对其牵引传动系统的变流器、主变压器、牵引电动机传动及控制系统，转向架的轻量化、悬挂技术、驱动技术，高速制动技术方面的复合制动、制动控制、动力制动、非黏着制动、制动时的防滑技术，高速运行对动车组的轻量化、气动外形、车体密封技术，车内外噪声控制及排污技术，车内空调与通风，以及列车监控与诊断技术、通信网络等方面都有进一步改进和提高的空间，需要广大科技工作者、生产一线制造和维修人员共同努力，不断完善和提高，以提高高速动车组的安全性、可靠性、稳定性、舒适性、维修性和经济性。

本 章 小 结

本章介绍了国内外高速铁路的发展历史及技术经济特征，并重点介绍了高速动车组的定义和分类，概括地分析了国内外高速铁路动车组未来发展的趋势。

思 考 题

1. 简述高速铁路的定义。
2. 简述高速动车组的分类。
3. 动力集中型高速动车组有哪些优缺点?
4. 简述降低产品寿命周期总费用的意义。
5. 为什么说未来高速动车组动力配置将朝动力分散方向发展?

第二章 车体结构

本章要点

本章以 CRH2 型动车组为主要车型，详细介绍了 CRH 各型动车组的车体结构，简要说明 CRH 系列高速动车组车体结构特点及差异。通过本章学习，掌握动车组车体结构设计的基本要求，了解车体轻量化技术以及流线型车体结构设计的原因。

第一节 概 述

一、车体结构

（一）问题的提出

随着列车运行速度的提高，一方面列车车体周围空气的动力作用对列车和列车运行性能产生影响；另一方面高速运行列车引起的气动现象对其周围环境也将产生影响，这就是高速列车的空气动力学问题。

1. 动车组运行中的表面压力

从风洞试验的情况来看，列车运行时动车组所承受的表面压力可以分为三个区域。

（1）正压区：头车鼻尖部位正对来流方向为正压区。

（2）高负压区：车头部附近为高负压区，从鼻尖向上及向两侧，正压逐渐减小变为负压，到接近与车身连接处的顶部与侧面，负压达最大值。

（3）低负压区：头车车身、拖车和尾车车身为低负压区。

因此，动车组在头车上布置空调装置及冷却系统进风口时，应布置在靠近鼻尖的区域内，此处正压较大，进风容易；而排风口则应布置在负压较大的顶部与侧面。

在有侧向风作用下，列车表面压力分布发生很大变化，尤其对车顶小圆弧部位表面压力的影响最大。当列车在曲线上运行遇到强侧风时，还会影响到列车安全性，有倾覆的危险。

2. 动车组会车时的表面压力

当两列车交汇时，将在静止列车（或两列相对）和运行列车一侧的侧墙上引起压力波（压力脉冲）。列车会车时产生的最大压力脉动值的大小是评价列车气动外形优劣的一项指标。

这是由于相对运动的列车车头对空气的挤压，在与之交会的另一列车侧壁卜掠过，使列车间侧壁上的空气压力产生很大的波动。试验研究和计算表明，动车组会车压力波幅值大小与下列因素有关：

（1）随着动车组会车速度的大幅度提高，会车压力波的强度将急剧增大。由图 2-1 可见，当头部长细比 γ 为 2.5，两列车以等速相对运行会车时，速度由 250 km/h 提高到 350 km/h，压力波幅值由 1 015 Pa 增至 1 950 Pa，增大近一倍。

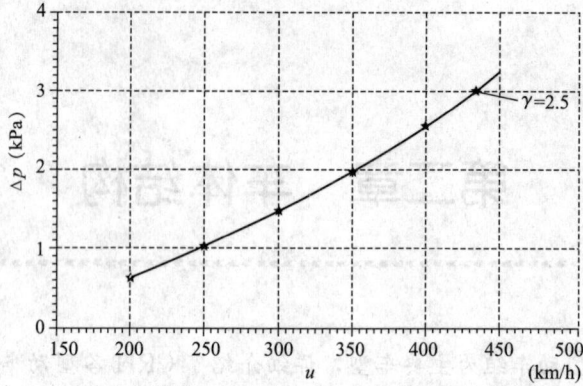

图 2-1　动车组会车速度与压力波强度关系示意图

（2）会车压力波幅值随着头部长宽比的增大而近似线性地显著减小。为了有效地减小动车组会车引起的压力波的强度，应将动车组车头的头部设计成细长而且呈流线型。

（3）会车压力波幅值随会车动车组侧墙间距增大而显著减小。为了减少会车压力波及其影响，应适当增大铁路的线间距。我国《铁路主要技术政策》部分内容见表 2-1。

表 2-1　列车速度与线间距的技术规范

列车速度（km/h）	线间距（m）	列车速度（km/h）	线间距（m）
140 以下	4.0	200～250	4.6
140～160	4.2	250～300	4.8
160～200	4.4	300 以上	5.0

（4）会车压力波幅值随会车长度增大而近似成线性地明显增大。

（5）会车压力波幅值随侧墙高度增大明显减小，但减小的幅度随侧墙高度增大而逐渐减小。

（6）高、中速动车组会车时，中速车的压力波幅值远大于高速车（一般高 1.8 倍以上）。这是由于会车压力波的主要影响因素是通过车的速度，在高、中速动车组会车时，中速车压力波主要受其通过车高速车速度的影响，高速车压力波主要受其通过车中速车速度的影响，所以中速车上的压力波幅值远大于高速车。

3. 动车组通过隧道时的表面压力

动车组在隧道中运行时，将引起隧道内空气压力急剧波动，因此，列车表面上各处的压力也呈快速大幅度变动状况，完全不同于在明线上的表面压力分布。试验研究表明，压力幅值的变动与列车速度、列车长度、堵塞系数（列车横截面积与隧道横截面积的比值）、长细比（亦称头型系数，即车头前端鼻形部位长度与车头后部车身断面半径之比），以及列车侧面和隧道侧面的摩擦系数等因素有关，其中以堵塞系数和列车速度为重要的影响参数。

国外有的研究报告指出：单列车进入隧道的压力变化大约与列车速度的平方成正比，与堵塞系数的（1.3±0.25）次方成正比例。

两列车在隧道内高速会车时车体所受到的压力变化更为严重，此时压力变化与堵塞系数的（2.16±0.06）次方成正比，并且两列车进入隧道的时差对压力变化也有很大的影响，当形成波形叠加时将引起很高的压力幅值和变化率，此时车体表面的瞬时压力可在正负数千帕之间变化。

4. 列车风

当列车高速行驶时，在线路附近产生空气运动，这就是列车风。当列车以 200 km/h 速度行驶时，根据测量，在轨面以上 0.814 m、距列车 1.75 m 处的空气运动速度将达到 17 m/s（61.2 km/h），这是人站立不动能够承受的最大风速，当列车以这样或更高的速度通过车站时，列车风将给铁路工作人员和旅客带来危险。

高速动车组通过隧道时，在隧道中所引起的纵向气流速度约与动车组速度成正比。在隧道中列车风将使得道旁的工人失去平衡以及将固定不牢的设备等吹落在隧道中，这都是一些潜在的危险。

因此，不少国外铁路公司规定，在列车速度高于 160 km/h 行驶时不允许铁路员工进入隧道。列车速度低于 160 km/h 时，也不让员工在隧道中行走和工作，必须要在避车洞内等待列车通过。

5. 动车组空气动力学的力和力矩

如图 2-2 所示的是动车组运行时作用于车体上的空气动力学的力和力矩，其中有：空气阻力、上升力、横向力以及纵向摆动力矩、扭摆力矩和侧滚力矩。

（1）空气阻力

减少动车组的空气阻力对于实现高速运行和节能都有重要意义，因此，需要对车体外形进行优化设计，以便最大可能地降低空气阻力。

图 2-2　动车组运行时作用在车体上的空气动力学的力及力矩示意图

动车组的运行阻力由基本阻力和附加阻力两部分组成。其中，基本阻力由空气阻力和机械阻力（即轮轨摩擦阻力、轴承等滚动部件的摩擦阻力等）构成。

空气阻力正比于空气作用的动压头和机车车辆横截面积，即与运行速度的平方成比例，可以简略地用下面公式表示：

$$R = \frac{1}{2}\rho C_x v^2 A$$

式中　C_x——空气阻力系数；

　　　ρ——空气密度；

　　　v——列车速度；

　　　A——列车横截面积。

空气阻力主要由以下三个部分构成：

压差阻力：头部及尾部压力差所引起的阻力；

摩擦阻力：由于空气的黏性而引起的、作用于车体表面的剪切应力造成的阻力；

干扰阻力：车辆的突出物（如手柄、门窗、转向架、车体底架、悬挂设备、车顶设备、及车辆之间的连接风挡等）所引起的阻力。

机械阻力则主要是运行速度的线性函数。因此，基本阻力最终可表示成为运行速度的二次函数。

$$W_0 = a' + b'v + c'v^2$$

式中　W_0——单位基本阻力，N/kN；

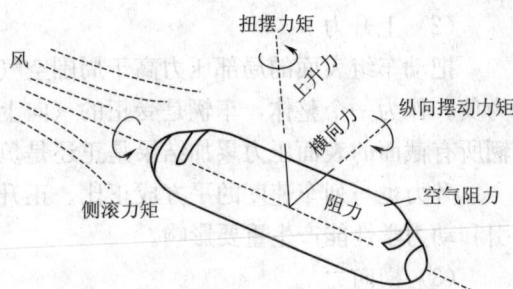

a'，b'，c'——试验系数；

　　　　v——运行速度，km/h。

研究表明：

空气阻力与速度的平方成正比，机械阻力则与速度成正比。

速度为 100 km/h 时，空气阻力和机械阻力各占一半；

速度提高到 200 km/h 时，空气阻力占 70%，机械阻力只占 30%；

250 km/h 速度平稳运行时，空气阻力约占列车总阻力的 80%～90%。

法国对 TGV 动车的空气阻力（R）的测试结果：

$v=100$ km/h 时，$R=5.526$ kN；

$v=200$ km/h 时，$R=15.25$ kN。

这说明，当速度提高 1 倍时，空气阻力（R）提高约 2 倍。

（2）上升力

把动车组表面的局部压力高于周围空气压力的称为正，局部压力低于周围空气压力的称为负。作为一个整体，车辆是受正的（向上的）升力还是受负的（向下的）升力，取决于车辆所有截面的表面压力累加结果是正还是负。

升力也与列车速度的平方成正比。正升力将使轮轨的接触压力减小，为此将对列车的牵引和动力学性能产生重要影响。

（3）横向力

动车组运行中遇到横向风时，车辆将受到横向力和力矩的作用，当风载荷达到一定程度时，横向力及其侧滚力矩、扭摆力矩将影响车辆的安全性，有倾覆的危险。

就车辆形状而言，车顶越有棱角，其阻力越大。

风洞试验研究表明，最佳的车体横断面形状应当是：车体侧面平坦，且上下渐内倾（可以降低升力）、顶部稍圆、车顶与车体侧面拐角处完全修圆（可以降低力矩），见图 2-3。

图 2-3　CRH380 型高速动车组车头实物图

二、车体材料

由于高速动车组运行时空气动力学的影响，头车的外形设计不仅为流线型，而且整列车应具备优良的气密性，同时，为了满足高速动车组对车体质量的严格要求，车体必须采取轻量化技术。

车体采用轻量化的意义在于：

（1）减轻动车组自重，降低运行阻力，节省牵引和制动能量；

（2）减少动车组对轨道的压力，从而减少车轮和轨道的磨耗；

（3）降低动车组和线路的维修保养成本；

（4）减少车辆材料的耗材。

要从根本上减轻车体的质量，材料是关键。目前 CRH 型动车组车体材料主要采用的是铝合金材料。与钢材相比，铝合金的弹性系数以及密度约为钢材的 1/3，因此，与钢制车体相比，车体结构因该密度的差别而较钢制车体轻很多，但是车体结构的等效弯曲刚度也随之降低至 1/3，增大了车体的挠度，从而影响车辆的基本性能。为了保持车体的刚度，铝合金材料采用不同的结构形式，最有代表性的两种结构形式是：薄型材（单壳）结构和中空型材（双壳）结构。

1. 薄型材（单壳）结构

动车组车体最初采用挤压型材是以薄型材的单壳车体结构为主流，在车顶和侧墙为中心的外板上安装加强材料形状的薄型材，也有部分底架结构采用中空材料，但是由于中空材料比单壳的重，因此应有限度的使用。日本新干线 300 系高速动车组采用单壳车体结构。

2. 中空型材（双壳）结构

以中空型材为中心构成的结构，称为双壳结构。双壳结构相对于单壳结构质量要重些，但是中空材料根据材料本身所具有的表面刚度高的特性，可以省去在单壳结构中必须使用的加强材料，从而能够减少材料数量，降低成本。

近年来，由于旅客关注动车组的舒适性，有观点认为，可以适当增加车体结构的重量，因此，高速动车组车顶部车体结构和侧墙部车体结构开始使用双壳结构。日本新干线 700 系和 E2-1000 等动车组采用双壳车体结构。

双壳结构优点：

（1）车体具有高刚性，增加了噪声透过损失，从而提高了车内的乘车舒适度。

（2）大幅减少零件的数量，扩大自动化焊接范围，降低了制造成本，提高了车体质量。

目前双壳车体结构是最主流的车体结构，且是未来动车组材料技术发展的趋势。

三、结构设计

动车组车体结构的设计主要有以下特点：

（1）车体承载结构采用车体全长的大型中空铝合金型材组焊而成，或采用不锈钢车体，为薄壁筒型整体承载结构如图 2-4 所示。

（2）车体承载结构的底架、侧墙、车顶、端墙以及设备舱组成为一个整体。

（3）车头前端鼻部的开闭机构应能在司机室中操纵。

（4）车体所用材料应符合环境保护和防火的要求。

（5）车下安装设备应采用吊挂安装方式，保证运用安全和安装方便。

（6）车下导流罩与侧墙应圆滑过渡，在限界允许的条件下距轨面的距离应尽可能小。

（7）司机室前端下方装有排障器，排障器中央的底能承受 137 kN 的静压力。其距轨面高度（110+10）mm（在车轮踏面磨耗允许范围内可调）。

（8）车底架设四个顶车位，以便将车体顶起。

图 2-4　CRH 型高速动车组铝合金材料车体外壳实物图

四、轻量化技术

普通速度车体结构的自重一般在 14 t 左右，而国外高速客车车体结构重量一般为 10 t 左右。总体上看，实现结构轻量化的主要途径：一是采用新材料，二是合理优化结构设计。

（一）车体轻量化材料

车体轻量化材料一般用耐候钢、不锈钢、铝合金。

（二）车体结构的轻量化设计

1. 车体结构的优化设计

日本 100 系动车组，采用耐候钢（SPA），车体钢结构自重仅为 10.3 t。

2. 铝合金车体结构

铝合金车体结构有大型中空挤压铝型材焊接结构（见图 2-5）、航空骨架式铝合金车体结构（见图 2-6）、大型中空挤压铝型材与开口型材的混合结构三种。

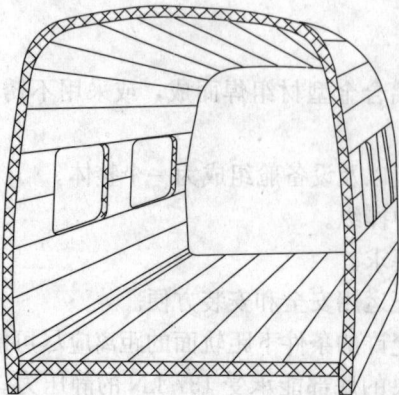

图 2-5　大型中空挤压铝型材焊接结构图　　　图 2-6　航空骨架式铝合金车体结构图

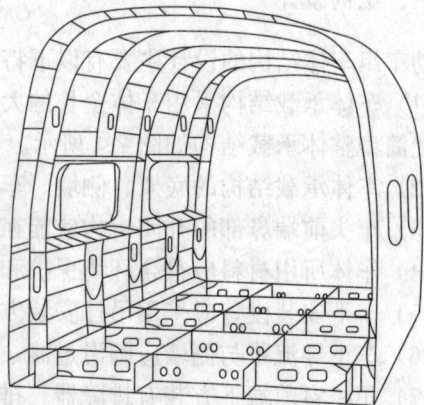

第二节 CRH2 型动车组车体结构

车体结构是动车组的主要承载体。一般来说，车体结构的主要部件由：底架、侧墙、车顶、端墙及头车的司机室结构等组成。

以 CRH2 型动车组为例，一般动车组车体可分为两种形式，即头车车体和中间车体。两头车车体结构基本相同，各中间车体结构也大体相同，都采用大型中空铝合金挤压型材焊接而成，其车体结构是由底架、侧墙、车顶、端墙、司机室、裙板结构等组成的筒型整体承载焊接结构，可以承受垂直、纵向、横向、扭转等复杂载荷。

车下设导流罩，导流罩最低点距轨面高度为 200 mm。司机室前端的下方设有排障器，排障器距轨面高度为 150 mm，为固定式高度，不可调节。为便于将车体顶起，在车体底架上设四个顶车位。车厢内气密要求，压力从 4 000 Pa 降低至 1 000 Pa 的时间为 50 s 以上。

一、底架

底架组成包括：支持车体重量和转向架相接的枕梁；传达前后方向力的侧梁、端梁、中梁；支持客室设备和乘客等并吊装地板下设备的横梁，如图 2-7 所示。

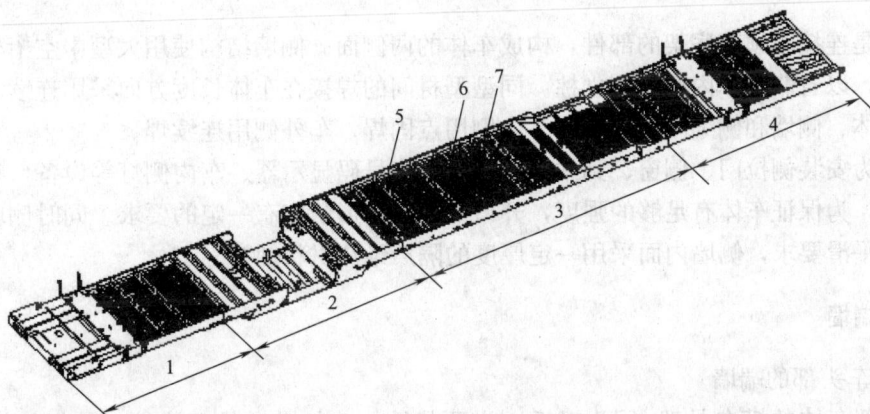

图 2-7 动车组车体底架结构图

1—前端部分；2—低入口；3—中间部分；4—端部；5—底梁；6—带波纹地板；7—横梁

1. 枕梁

枕梁是采用厚壁中空型材构成的宽 800 mm、高 200 mm 的箱形结构，具有高度的抗扭和抗弯曲刚性。枕梁在转向架中心上和侧梁连接，有安装转向架的相应结构，能够支承车体的负荷，并且避免从转向架传上来的振动直接传到地板。

2. 横梁

横梁是为支承安装地板下设备以及支承地板而在两侧梁或侧梁和中梁间的横向梁。横梁上面作为气密地板，使用由带加强肋的铝板整体成型的大型型材，在前后位转向架之间作为地板托和风道托有向上的加强肋结构，在车端部为确保风道断面积用向下的加强肋结构，地板托和风道均用焊接。此外在厕所和洗脸间下部考虑配管为无加强肋的气密地板。横梁需要有安装设备、支承地板所需的强度，在大重量设备安装处，要有设备安装座和补强措施。在横梁上设有配管贯通孔，与横梁及地板下设备安装螺栓孔相对应的位置，应留有足够的尺寸空间，确保地板下挡板拆装作业不受影响。

3. 中梁

中梁有端梁和枕梁连接，是安装车钩缓冲装置的部位。来自车钩缓冲装置的冲击负荷通过固定在中梁上的缓冲器丛板座传到中梁，并从中梁传到枕梁结构，各部分都承受这种负荷。

4. 侧梁

侧梁是位于底板左右外侧的纵向部件，承受车体负荷、地板下设备负荷，并有侧裙一体式结构或侧裙组装式结构，设有千斤顶支承座等。

5. 地板承板

在底架上面安装地板承板，以支承地板结构，增强底架强度、刚度，保持车内气密性结构。地板承板是在车体纵向延长的型材，作为特殊地板结构部分可以是平面。

6. 前头部底架

前头部底架是适合头部形状的弯曲侧梁、中梁和补强横梁的结构。前头部底架要有支承前头部端墙、前头排障器、缓冲装置、车钩、缓冲器等相应的结构。

二、侧墙

侧墙是连接车顶和底架的部件，构成车体的两侧面。侧墙结构使用大型中空桁架结构的压制型材，以省略客车内侧的侧立柱。同型型材间的焊接在车体长度方向采用连续焊接。但侧墙和车体、侧墙和侧梁间的结合在车内侧用点固焊，车外侧用连续焊。

侧墙为安装侧拉门、侧窗、到站显示器、座席号码显示器、车内侧灯等设备，有一定的开口部分，为保证车体有足够的强度，开口的大小和形状应有一定的要求。同时侧墙外板应有一定的平滑要求，侧墙内面采用一定厚度的隔声绝热材料铺衬。

三、端墙

1. 列车头部的端墙

车头部车体的横向骨架（T6 铝板）为环状结构，与纵向骨架连接，外板为铝合金板（T2.5）拼接的焊接结构。

列车头部的端墙包括司机室的侧墙、车顶，为了安装司机室窗户、前头部车钩盖、无线及其他司机室内外设备，有相当的开口部分，但是要保证有足够车体强度。

2. 中间车端墙

车端内部结构主要是由端墙立柱、横梁和车顶拱组成，如图 2-8 所示，在中间车连接部分的端墙设有贯通道、外折棚、车端减震器、特高压电缆配线，同时具有安装换气用的新鲜空气出入口等设备的相应结构。

车端有厕所、洗面室的端墙使用和 T4 外板，构架较少，并设有搬入厕所 FRP 单元用的开口。在搬入该单元后，用螺栓安装 T2.5 铝外板和构架焊接成的隔断板，并充填密封材料以保持气密。

车端无厕所和洗脸间的端墙为 T2.5 外板和型材构架组成的焊接结构。此外，由于超高压电缆从地板下移到车顶之故，为避免干扰起见，将 E226 型前位的脚手架位置移向车体中心。

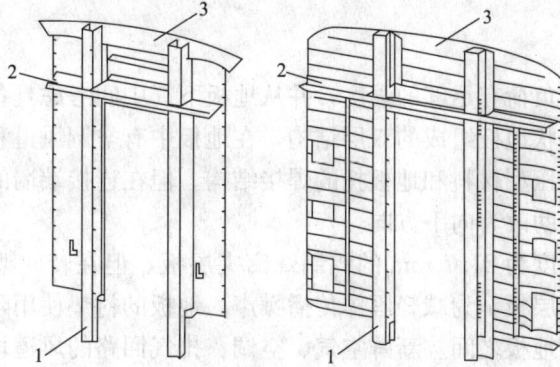

图 2-8　动车组车端结构图

1—端部立柱；2—横梁；3—车顶拱

四、车顶

车顶由大型中空挤压型材构成，省略了纵向梁，如图 2-9 所示。型材相互间的焊接为沿车体长度方向的连续焊接，但与侧墙的结合部位，车内侧则采用点固焊接，车外侧采用连续焊接。

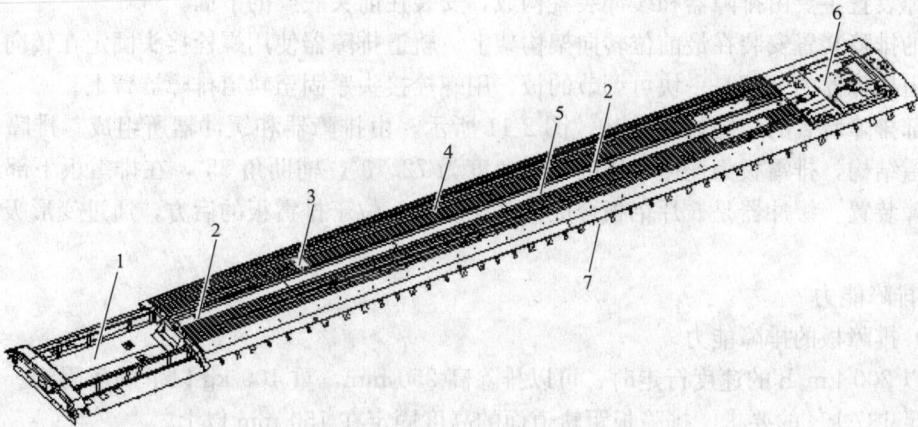

图 2-9　动车组车顶结构图

1—通风单元位置；2—安装天线位置；3—高压电缆引入口；4—带纹路车顶板；

5—平滑车顶板；6—车顶高压板；7—车顶拱

1 号车和 0 号车车顶上设置有无线电信号天线以及防护无线电天线，在 7 号车前位上，设置电视、FM 天线。

车顶是车体的上部构件，是安装受电弓、受电弓罩及特高压联通电缆的基础，并在车端部有高压母线连接装置及安装连接装置。

客室车顶棚，普通车、软席车均由通用的中央顶棚、侧顶棚和行李架上板所组成。在车顶上设置超高压电缆。

五、客室地板

地板要对客室内的负荷有足够的强度，并从地板下、中间考虑具备隔声设施。地板为下部气密地板和上部蜂巢状地板组成的双层结构，在地板中有空调风道和座位配线的空间。

气密层地板为大型压型材料和地板托的焊接结构。但在连接端墙的车端部处为确保地板内风道的空间而将加强肋改为向下方向。

上部地板使用总厚度为 21.7 mm 的铝制蜂窝夹层板，但在转向架上部，变压器改为使用铁面板的铝制蜂窝夹层板。为减轻固体传播噪声，地板的衬垫使用阻燃性的橡胶垫板。

在气密地板和上层地板之间，新鲜空气、空调、排气回路的风道均按钢轨方向布置，在气密地板上粘贴有厚 20 mm 的绝热材料。此外，座椅埋入地板，用 M12 的六角螺栓固定在螺栓孔内。

六、车头排障装置和裙板

（一）排障装置

1. 结构

司机室前端的下方设置排障器。排障器中央的底部能承受 137 kN 的静压力。其距离轨面的高度在车辆正常位置时为 150 mm，为固定式。排障装置的作用是排除运行中线路上的障碍物，缓和与障碍物冲撞时车辆承受的冲击力，防止轨道结构的异物引起列车脱轨。

排障装置主要由排障器和缓冲装置构成，安装在前头底架的下面。

有的排障装置安装在最前位转向架构架上。轨道排障器使用螺栓接头固定在转向架构架上，轨道排障器的下部是一块可调节的板，用螺栓接头紧固至轨道排障器臂上。

头部排障装置的结构如图 2-10、图 2-11 所示，由排障器和缓冲器所组成。排障器具有运行除雪结构，排雪板为连接车体的打开角度为 72.73°，辅助角 55°，在排雪板下部还设有辅助排障装置。缓冲器是 5 片铝板合成的多层结构，位于排雪板的后方，通过变形吸收冲击能量。

2. 排障能力

（1）排障板的排障能力

当以 200 km/h 的速度行走时、可以排除高 250 mm，重 100 kg 以下的障碍物。静态强度可满足 137 kN 的要求。排障板距轨道面的高度固定在 150 mm 以上。

（2）排石板的排障能力

当以 200 km/h 的速度行走时、可以排除高 50~250 mm，重 2 kg 以下的障碍物。

（3）排雪能力（包括排雪犁、排石器）

当以 240 km/h 的速度行走时、以能够抵抗 18.2 t 以上的排雪阻力。

（二）裙板

1. 转向架裙板

为减低转向架运行的噪声而设置了裙板。下端距轨道面 550 mm、以对检修不产生障碍为范围。考虑到装卸问题，故裙板分割为两部分。

2. 车端部裙板

在车端部设置了大型型材制作的裙板。在裙板上装有各种地板下装置的检查盖和为了从轨道上乘车的踏脚件等。

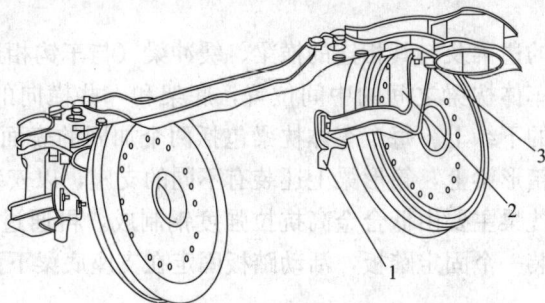

图 2-10　动车组排障器结构示意图

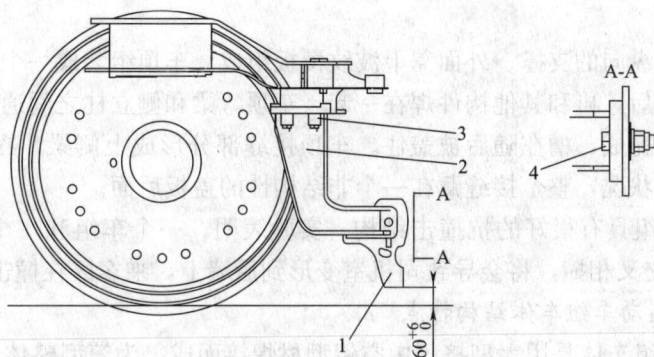

图 2-11　动车组排障器结构示意图

1—轨道排障器；2—轨道排障器臂；3—螺栓接头 M20（螺丝钉，垫片和管子）；
4—螺栓接头 M16（螺丝钉、垫片和螺母）

第三节　CRH 系列高速动车组车体结构的特征与差异

高速动车组在这里特指具有 200 km/h 速度级以上，实行动车、拖车混合编组的动力分散型交流传动电动车组。目前，高速动车组可以在我国铁路既有线指定区段及新建客运专线上以 200 km/h 速度级以上进行运行。高速动车组车种组成包括：座车、餐车、卧车、座车与餐车合造车及带有司机室的头部合造车等。我国的高速铁路在跟踪、引进发达国家先进技术和设备的基础上，通过吸收、消化、专利转让及结合实际进行创新等阶段，基本实现了对高速动车组的自主设计、开发、生产、制造的现代化，先后研制了 CRH1、CRH2、CRH3、CRH5、CRH380A（B）等速度在 200~380 km/h 高速动车组，大大提高了我国铁路旅客运输的总体水平、服务质量、运输效率及工业制造能力等综合实力。

一、CRH 各型高速动车组车体结构特点

（一）CRH1 型动车组车体结构特点

CRH1 型动车组的设计以多节车编组、高速、高负载、高自然频率的列车为基础。其车体承载结构为一个在整个长度上开放的不锈钢筒状壳体。车体承载结构主要由底架、侧墙、端墙、车顶、端部角架等组成。列车两端牵引车其车体结构与拖车车体结构不同，牵引车前部设有司机室的结构。

1. 底架

底架包括两个纵向的边梁及与其相连的横梁、缓冲梁（与车钩相连接）和枕梁，其下部适于安装底架设备。在车体枕梁之间的中间位置，底架和一些横向的 Z 形梁相连。波纹底板通过点焊焊接在横梁的下缘上。每个车体枕梁包括两个加固的表面以便和二系悬挂配合，二系悬挂安装在横向的箱形梁上，箱形梁上还装有不同的支座，以安装车体和转向架之间的连接和减振装置。车体枕梁主要由低合金高抗拉强度钢制成，再通过电弧焊焊接在底梁上。在车体的入口处可以安装一个固定踏板，活动踏板固定在支座底梁下面。

2. 端墙

端墙由不锈钢制成，它由车内过道每侧都有的两个车端立柱、角柱、横梁、车顶弯梁和外部平面覆层组成。车端立柱焊接在缓冲梁上。车端立柱与底架连接牢固以防撞击变形。

3. 车顶

不锈钢车顶由纵向的支撑、外面盖上波纹覆板组成。车顶组装成一个单元，在安装了大型车内设备如地板后，再和其他构件焊在一起。车顶弯梁和侧立柱之间通过点焊连接，焊接通过一个纵向的槽完成，槽在随后被盖住。车顶接缝部分形成上侧梁，在结构上非常重要。为了提高外表面的状况，整个接缝藏在一个非结构性的盖板后面。

CRH1 型动车组具有很好的抗撞击结构。实验表明，一个车组和一个 15 t 重的货车以 110 km/h 行驶时交叉相撞，将会导致司机室变形到后墙上，乘客区在撞击后保持不变形。

（二）CRH3 型动车组车体结构特点

CRH3 型动车组车体是用大型挤压中空铝型材焊接而成，为筒型整体承载结构。司机室采用弯曲铝型材梁和板状铝型材做蒙皮的焊接结构，且根据我国国情进行了加宽设计，增大了运能，减轻了车体总重量。车体的承载结构由底架、侧墙、车顶、端墙以及设备舱构成一个整体，头车设有司机室。

1. 底架

主要由两大部分组成，底架前端和地板。它们通过连接梁、连接板相连，连接梁为型材，连接板可以调整宽度，保证车体长度。

2. 侧墙

在型材内侧有 T 形槽或 L 形导轨，用来安装内装件或设备。附件的生根方式有粘接、铆焊和焊接等。其铆焊的吊码与侧墙之间有塑料垫板，具有减振的功能。通常，型材的端部都留有小孔用以排净空腔内部的冷凝水。

3. 车顶

动车组各车体车顶的共同结构，都是由 5 块大型中空铝型材拼焊而成。由于平顶型材整体的截面厚度比较小，且平顶轮廓不是承载的拱形结构，所以型材上下面及中间筋的厚度均比其他部位的型材厚很多。

4. 端墙

端墙主要由四部分组成：门框、角柱、端墙板和端墙附件。

5. 司机室

司机室主要由前墙、侧墙、顶板、端部环形框组成。如图 2-12 所示，侧柱与车顶弯梁对应，受力情况最好。司机室车顶的前部为了安装球面玻璃开了一个很大的开口，在开口中间加了一个矩形型材来补强，球面玻璃安装在环形安装框上，此环形框在肩带、侧墙处都有对应的立柱，从而增加了司机室球面玻璃框附近的强度。

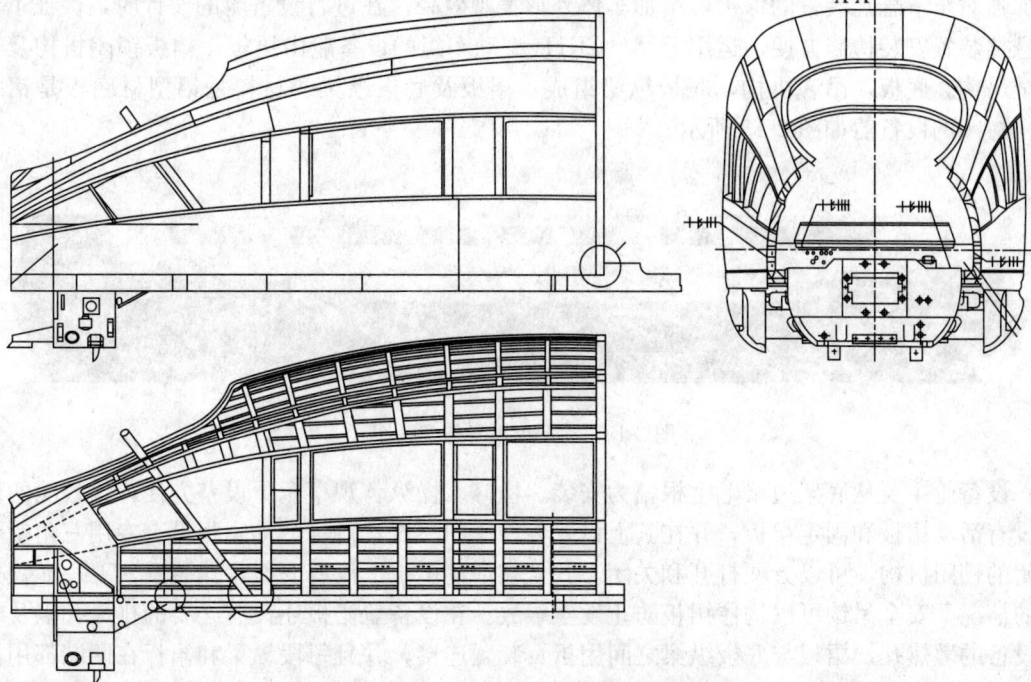

图 2-12　CRH₃型动车组司机室结构图

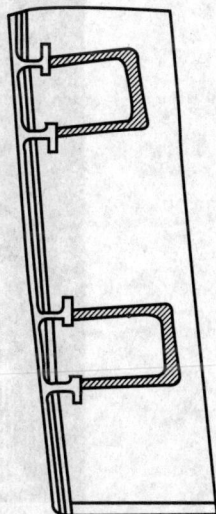

CRH₃司机室最显著的特点是由梁柱和墙板组成，在断面上主要由 4 根普通的梁（肩部两根，窗上窗下各一根，）构成，如图 2-13 所示。司机室另一个显著的特点是梁柱不直接与板焊接，因为如果直接焊接外板会发生焊接变形，影响外观。所有的板本身就带有筋，梁柱焊接在筋上，如此降低了外板的变形，如图 2-14 所示。

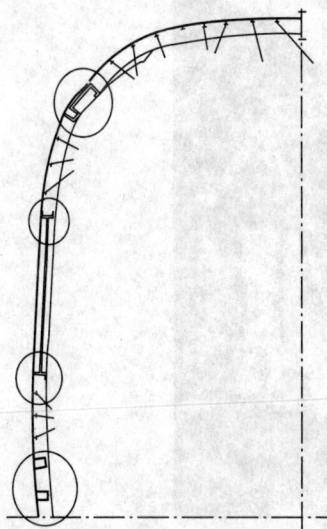

图 2-13　动车组司机室侧墙断面结构图　　　图 2-14　动车组司机室侧墙板梁连接图

6. 车下设备舱

车下设备舱属于非承载结构形式。封闭设备舱的作用是为了减小列车运行中的空气阻力和加强对车下悬挂装置的保护，增加车体外形美观效果。在进行设备舱的设计时，保证了车下悬挂装置安装检修方便、运用可靠。CRH3 型动车组的设备舱由裙板，裙板锁闭机构及其安全吊钩，底板，吊装机构，底板纵梁组成。裙板及底板纵梁的材料是铝型材底板是铝蜂窝。封闭的设备舱如图 2-15 所示。

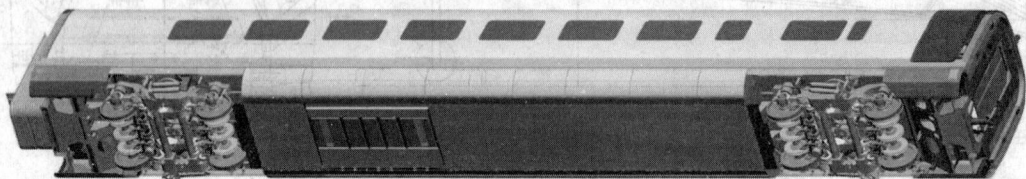

图 2-15　动车组设备舱实景图

设备舱主要从底架边梁上生根，为安装、检修、操纵、观察车下设备方便，设备舱两侧各设有活动裙板和固定裙板，并在其上设置各种小门、观察口。活动裙板设有专用三角钥匙开闭的锁闭机构，可以方便打开和关闭。并且在活动裙板上设有安全吊钩装置，万一在锁失效的情况下安全吊钩可以钩住裙板防止发生事故。在设备舱裙板还设有必要的排风孔以及电气设备的散热孔。裙板与底板纵梁之间用折页装置连接，并且每段纵梁和裙板在两端都用橡胶密封，以免灰尘等进入。设备仓底板用作机车车辆车下区域内的设备板，它们必须是容易安装和拆卸的，且满足静态和动态的要求。

（三）CRH5 型动车组车体结构特点

CRH5 型动车组的整个车体结构代表了最新的铁路技术，由于车体完全由轻质铝合金制成，因此结构重量最轻，能确保良好的隔热、隔声性能，并且还可加快制造进程。车体结构主要由以下几部分组成：底架侧墙、车顶和侧顶、外端墙（见图 2-16）。

图 2-16　CRH5 型动车组车体结构实景图

车体的横断面与 SM3 相同，由 12 种铝合金中空挤压型材纵向焊接而成一个自承载筒形结构。所用的铝合金为 6000 轻型铝合金，EN755-2 国际标准中有所定义。车体结构的设计使用寿命为 30 年。

引进动车组的列车（司机室端）前部头车均有一个轻质合金焊接构件组成，构件上包着一个合成材料制作的密封安装的空气动力学头罩。这种空气动力学头部，除了为列车正面部分定形和提供保护外，可保证列车司机不受飞来之物的侵害（符合 UIC561 标准的要求），而且可安装风挡玻璃、侧窗和头灯等部件。空气动力学车头内的铝构件可保证司机室端的结构强度和刚度。

为最大限度地减少构件的焊接，底架下部的型材装入"T 形槽"以便安装横向组件并把底架构件和底架设备固定住。同样，侧墙和车顶的内部的型材也装入"T 形槽"以便安装内部隔热材料、板和设备等。

1. 司机室前端的排障器

司机室前端下面，安装有一个排障器用来排雪和防止来自轨道上异物的击打；主要特性如下：

排障器中间部分底部可承受技术规范中要求的 137 kN 的静态压力。

考虑到可能的悬挂装置的降低，排障器符合限界要求；导流罩高度为距轨面约（110＋10）mm，并且考虑到车轮磨耗，导流罩高度可进行调整。

2. 列车底架裙板

每节车转向架之间的所有下部装置从侧面和底面都由底架裙板包裹。列车底架裙板的功能如下：

（1）列车整体设计的一部分；

（2）符合车组空气动力学特性；

（3）保护安装于不同车辆底架上的设备和系统；

（4）提供充分的隔声措施，防止车底设备产生的噪声；

（5）通过配套设计的通风栅门冷却车底设备；

（6）为车底设备提供充分的防雨雪保护，以使列车在任何气候条件下避免受限或发生故障；

（7）在必要处设置可开启裙板，以便于车底设备的检查和维修；

（8）侧面裙板通常由轻型合金制成，底面裙板由 GRP 制成。

3. 车顶导流罩

车辆的车顶部分由配套设计的车顶导流罩覆盖。列车车顶导流罩的功能如下：

（1）列车整体设计的一部分；

（2）符合列车空气动力学特性；

（3）保护安装于车顶的设备和系统；

（4）通过配套设计的通风栅门冷却车顶设备；

（5）为车顶设备提供充分的防雨雪保护，以使列车在任何气候条件下避免受限或发生故障；

（6）在必要处设置可开启车顶导流罩，以便于车顶设备的检查和维修。

二、CRH 各型高速动车组车体结构及主要设备技术参数对比

我国的 CRH1、CRH2、CRH3、CRH5、CRH380A（B）型高速列车动车组，是在引进、吸收、消化的基础上由我国南、北车集团下属的长春、四方、唐山、南京浦镇客车厂等四个厂家分别与日本、德国、法国的相关企业合资研发、制造和生产。虽然在总体技术条件方面基本一致，但由于从各国引进技术的不同及原型车方面存在的差异，我国生产的不同动车组在动力和技术配置等方面仍然存在着一定的差异。

　　四种动车组不仅在总体技术条件及相关技术参数配置等方面存在着较大的差异，在车体尺寸、车体结构、车内主要设备配置及不同车辆的平面布置等方面也不尽相同。四种动车组车体和车内主要设备及技术参数比较内容见表 2-2。

表 2-2　四种动车组车体和车内主要设备技术参数比较

动车组型号	CHR$_1$	CHR$_2$	CHR$_3$	CHR$_5$	CRH$_{380A}$
车　种	一等车、二等车、酒吧座车合造车				
全列定员	670	610	557	622	490
客室坐席布置	一等车 2+2、二等车 2+3				
头车长度（mm）	26 950	25 700	25 860	27 600	26 500
中间车长度（mm）	26 600	25 000	24 825	25 000	25 000
车辆高度（mm）	4 040	3 700	3 890	4 270	3 700
车辆宽度（mm）	3 328	3 380	3 257	3 200	3 380
车顶距轨面高度（mm）	约 4 000				3 700
地板面距轨面高度（mm）	约 1 250				1 300
风　挡	密封式折叠风挡				三种风挡：分别为压缩式外风挡、气密式内风挡和防雪风挡
车　窗	独立式车窗				气密式固定车窗
座　椅	二等车靠背固定式座椅	旋转式、靠背可调座椅		靠背可调式座椅	座椅可调整，可 180° 旋转（VIP 半包除外）
卫生系统	真空坐式、蹲式便器	非真空坐便器和小便器	真空推拉式集便装置	真空坐式、蹲式便器	均为 Monogram 真空集便系统
车体结构	不锈钢车体	大型中空型材铝合金车体			
气密性	无	车内压力从 4 kPa 降到 1 kPa 时间大于 40～50 s			
侧　门	电动对开拉门	电控气动液压压紧拉门	电动/气动塞拉门	电动塞拉门	电控气动拉门

本 章 小 结

　　高速动车组车体作为动车组的主体，其发展变化情况直接影响高速动车组的发展进程，轻、稳、快一直是其发展的核心。本章介绍了高速动车组的基本设计要求、流线型车体设计的科学依据，详细阐述了高速动车组车体结构以及轻量化的方法，最后阐述了 CRH 系列高速动车组车体结构的主要特征，并对各种不同车型的差异进行了比较分析。

思 考 题

1. 动车组车体结构的基本设计要求是什么？
2. 什么是动车组车体轻量化？其目的和意义是什么？
3. 简述 CRH₂ 型高速动车组车体结构。
4. 流线型车体设计的产生依据有哪些？
5. 简述 CRH 各型高速动车组车体结构的差异。

第三章 连接机构

本章要点

通过本章学习，了解动车组连接机构的作用、种类及特点；掌握 CRH2、CRH3 型动车组车钩、风挡及电气连接等的组成及作用原理。

第一节 动车组车端连接机构概述

动车组车端连接机构通常包括车钩缓冲装置、电气与风管连接器、风挡等部件。车钩缓冲装置安装在车辆底架上，该装置传递列车运行过程中的牵引力及制动力，缓和列车纵向冲击力。电气与风管连接器通常与车钩组成一复合部件，构成了整个动车组中低压电气系统的通路及全车空气系统的通路。风挡装置设置于车辆外端墙外侧，由柔性材料及渡板组成密闭通道供乘客及乘务人员通行。

车端连接机构的作用是实现车辆（或动车组）之间的机械、气路、电路之间安全可靠地连接；传递牵引力，缓和并降低列车运行中的冲击力，保证列车正常运行；保持相邻车辆无缝连接，防止风、雨等侵入车内；保障旅客在动车组各车之间的安全通行。

一、缓冲器

缓冲器是用来缓和列车在运行中由于启动、制动及调车作业时车辆相互碰撞而引起的纵向冲击和振动的装置。缓冲器有耗散车辆之间冲击和振动的功能，从而减轻对车体结构的破坏，提高列车运行的平稳性。决定缓冲器特性的主要参数是缓冲器的行程、最大作用力、容量及能量吸收率等。

目前在动车组上应用比较广泛的为橡胶缓冲器、弹性胶泥缓冲器等。

由于橡胶具有弹性较好、重量轻等特点，因此，在很多需要缓冲减震的场合广泛应用。橡胶缓冲器根据其作用原理不同又分为平面拉压型缓冲器和剪切型缓冲器。平面拉压型缓冲器由多片橡胶板和金属基板黏结而成，金属基板可提供安装基础及在缓冲过程中起散热作用。该种缓冲器的缓冲作用主要是通过压缩或拉伸橡胶板，让橡胶板内的橡胶片互相摩擦生热而消耗能量。

橡胶以压缩或拉伸方式施力时，其变形量不大，而以剪切方式施力时，变形量较纯压缩或拉伸时大。这样就有了剪切型橡胶缓冲器。

剪切型橡胶缓冲器的作用原理不同于传统的橡胶缓冲器，不是依靠橡胶片之间的挤压过程吸收能量，而是靠壳体内部几块橡胶的剪切变形过程吸收能量。橡胶的可压缩性较小，但是其剪切位移却可以做到相对较大。同时，橡胶块的剪切变形是双向的，因此，新型橡胶缓冲器也是一种复式（双作用式）缓冲器。理论上新型缓冲器处压力为 0，这样就可以很好地吸收车辆之间数量较多且作用时间短暂的纵向冲动，大大提高旅客乘坐的舒适性。

　　弹性胶泥缓冲器是近年来欧洲新开发的一种新型缓冲器，在法国、德国、波兰的高速列车、客车和货车上应用获得成功，现已被纳入 UIC（UIC526-1、UIC526-3）。这种缓冲器取用一种未经硫化的有机硅化合物（称为弹性胶泥）作为介质，它具有弹性、可压缩性和可流动性，其物理化学性能在－50～＋250 ℃范围内具有较高的稳定性，抗老化、无臭、无毒，对环境无污染。它具有固体和液体两种属性的特征，其动黏度比普通液压油大几十至几百倍，且可根据需要改变配方予以调节，因此，在液压缓冲器中难以解决的密封问题，在这里变得极为简单。

　　弹性胶泥缓冲器的工作原理为：在充满弹性胶泥材料的缓冲器体内设有带环形间隙（或节流孔）的活塞，当活塞杆受到冲击力时，弹性胶泥材料受压缩产生阻抗力，并通过环形间隙（或节流孔）的节流作用和胶泥材料的压缩变形吸收冲击能量。由于胶泥材料的特性，冲击力越大，缓冲器的容量也越大。当活塞杆上的压力撤除后，弹性胶泥体积膨胀或利用假设的复原弹性使活塞回到原位，这时胶泥材料通过环形间隙流回原位。其工作原理如图 3-1 所示。

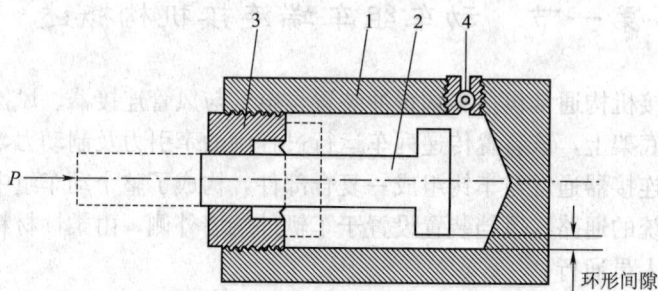

图 3-1　胶泥缓冲器结构工作原理图
1—缓冲器壳体；2—活塞与活塞杆；3—密封盖；4—充料阀

　　这种缓冲器的力-位移特性曲线呈凸形，弹性胶泥缓冲器同普通缓冲器性能比较而言，有如下主要特点：容量大、阻抗力小、体积小、质量轻、检修周期长，它兼有液压和橡胶缓冲器两者的优点，同时克服了液压缓冲器制造比较复杂、密封困难和橡胶缓冲器吸收率低等缺点。这种缓冲器由于具有其他传统缓冲器不可比拟的高技术性能，所以得到了迅速推广，在世界上已经有十几个国家得到应用，现在仍然保持着良好的发展势头，UIC 标准已做出规定：凡参加国际联运的欧洲国家客车，需要装用弹性胶泥缓冲器。

二、风挡

　　为了防止风沙及雨水侵入车内及运行时便于旅客和乘务人员安全地在两车辆间通行，需要在车辆两端墙外设置一可弯折的柔性通道，该通道称为风挡装置。一般来讲，风挡必须保证安全，具有良好的纵向伸缩性和垂向、横向的柔性，以适应车辆运行中振动和安全通过曲线和道岔的需要。但对于动车组而言，仅满足上述要求是不够的，动车组的风挡还需要满足以下要求：

　　（1）空气阻力要小。做到车辆连接处的平衡光滑，以减少列车运行的空气阻力。

　　（2）要有足够强度。为适应车外气压波的急剧变化，要满足气动载荷下的强度要求。德国规定气动载荷为－5 500～3 900 Pa，日本规定为 7 500 Pa。

　　（3）抗弯曲性能好。车辆运行时，数个自由度的运行使得风挡始终处于变形之中，因此，要求动车组风挡装置具有较高的抗弯性能。

（4）隔声性能要好。这也是保证车内舒适性的要求。德国规定风挡的隔声至少在 40 dB 以上。当列车以 250 km/h 速度通过隧道时，车内风挡处的噪声不允许超过 75 dB。

此外，为防火，风挡所用非金属材料阻燃性要好，在紧急情况下风挡应能自动分解开。

由于 CRH₁、CRH₃、CRH₅ 型车车端连接机构大同小异，以下重点介绍具有代表性的 CRH₂、CRH₃ 型相关内容。

第二节　CRH₂ 型动车组连接机构

一、CRH₂ 型动车组连接机构概述

CRH₂ 型动车组车端连接装置主要包括：

（1）车钩缓冲装置：密接式车钩及缓冲装置。

（2）风挡：橡胶密封挡。

（3）空气、电气连接设备，包括：控制电路连接、主电路及辅助电路连接、直流母线连接、总风管连接。

CRH₂ 型动车组的车钩装置包括端部车钩装置、中间车钩装置。由于端部车钩装置和中间车钩装置的运用工况存在不同，因此，两种车钩的结构与性能也具有一定的区别，即端部采用全自动车钩（自动车钩），而中间采用半自动车钩。

CRH₂ 型动车组车钩装置具有如下特点：

（1）动车组两端设全自动车钩。

（2）车辆间由半自动车钩连接。

（3）缓冲器为复式橡胶缓冲器，位于车钩后端，但端部和中间缓冲器的吸振性能不同。

（4）车钩及缓冲器可以在不架起车体的情况下拆装和检修。

二、自动车钩

（一）结构及作用原理

CRH₂ 型动车组端部采用密接式全自动密接车钩，可以实现机械、气路和电路三者同时连接，具体结构如图 3-2 所示。

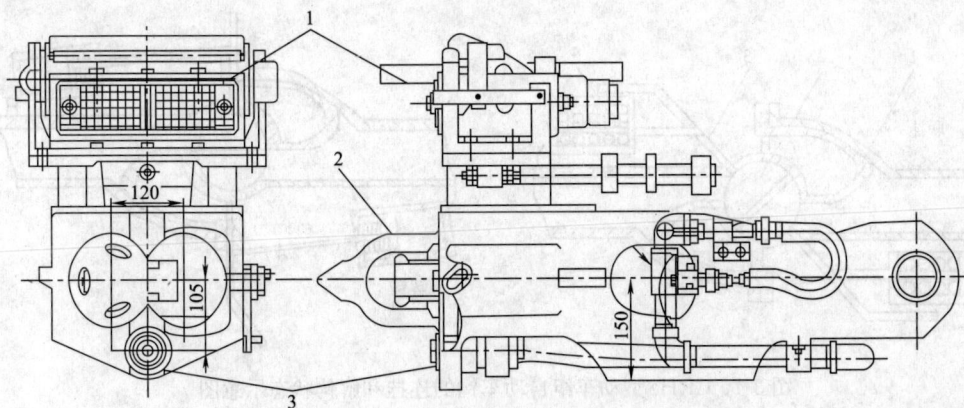

图 3-2　CRH₂ 型动车组端部密接式自动车钩结构图

1—电气连接器；2—车钩；3—空气连接装置

这种车钩属于刚性全自动车钩，它要求在两车钩连接后，其间没有上下和左右的相对移动，而且纵向间隙也限制在很小的范围内（约 1~2 mm）。这对提高列车运行平稳性、降低车钩零部件的磨耗和噪声均有重要意义。

1. 结构

端部车钩（动车组两端部车钩）与中间车钩都带有气路自动连接装置，可在车钩进行机械连接的同时直接实现车辆之间的气路连接。其中端部密接式车钩带有自动摘钩风缸，可以实现自动摘钩与连挂，因此称为全自动车钩。该密接式车钩上安装有电气连接器，车钩连接好后整列车的气路连接和电路连接也就同时完成。

该车钩钩体的铸造工艺与机加工工艺比较简单，其抗拉强度可以达到 160 t。

端部密接式自动车钩的结构示意图如图 3-3 所示。

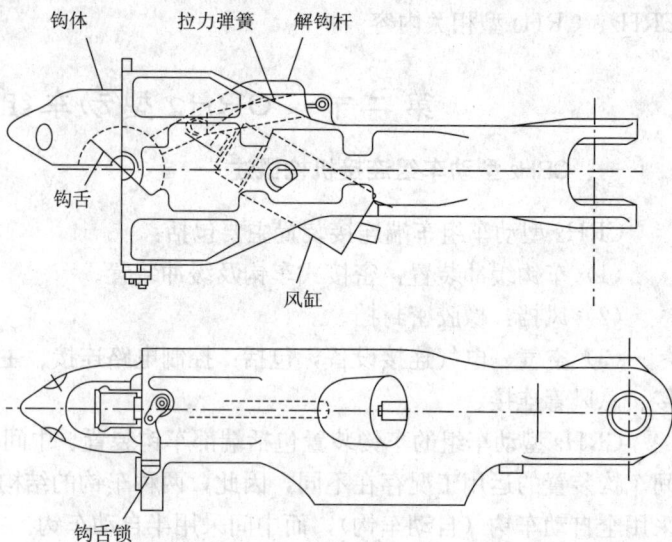

图 3-3　CRH2 型动车组端部密接式自动车钩结构示意图

2. 工作原理

自动密接车钩的工作过程主要分连挂和解钩两种。当两车需要连挂时，两车钩以规定速度相互接近，某车钩钩舌与对应车钩的舌头相接触，并在该钩头斜端面的压迫下逆时针转动，逐渐进入钩舌腔内，直至完全进入，与此同时，弹簧拉动解钩杆并带动钩舌顺时针转动，待转动停止后，半圆形钩舌和钩舌腔相互嵌套，完成连挂。而当需要解钩时，通过向解钩风缸充入压缩空气，解钩风缸的活塞在压缩空气的作用下，克服弹簧作用力，推动解钩杆，并带动半圆形钩舌转动直到它处于解钩位置为止，此时，原来联挂在一起的车钩处于待解钩状态。自动车钩的连挂和解钩状态如图 3-4 所示。

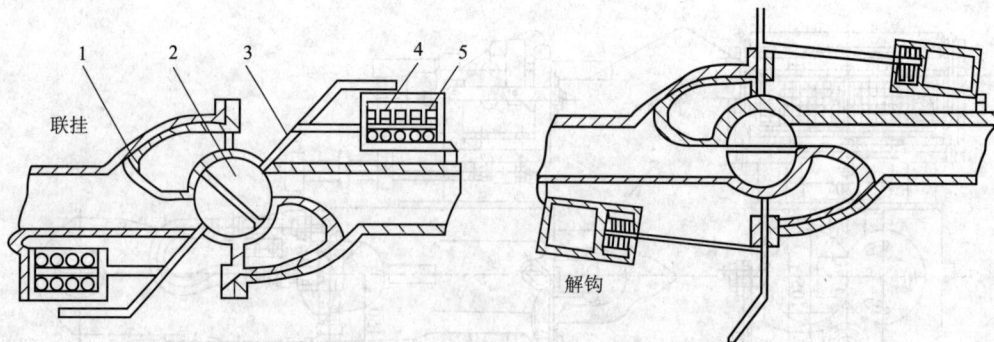

图 3-4　CRH2 型动车组自动车钩的连挂和解钩状态示意图

1—钩头；2—钩舌；3—解钩杆；4—弹簧；5—解钩风缸

（二）主要技术参数

CRH2 型动车组车钩主要技术参数如表 3-1 所示。

（三）缓冲装置

CRH2 型动车组采用橡胶缓冲器，通过橡胶之间的压缩来实现能量的吸收。采用此类型的缓冲器制造简单，安装方便。端部装用双向 W 形橡胶缓冲器，该缓冲器型号为RD19 改良型。

双向 W 形橡胶缓冲器的主要结构特点是：使用两组缓冲器组装的初压力（通常为

表 3-1　CRH2 型动车组车钩主要技术参数

项　　目	参　　数
车钩整体强度（拉伸/压缩）	1 570 kN/3 040 kN
安装高度	（1 000±5）mm
车钩组装后最大水平摆角	±16°
车钩组装后最大垂直摆角	±4°
连挂速度	0.5～1.5 km/h

20～60 kN），在为缓冲器留出的空间内，靠钩尾框的中央立壁对两个缓冲器施加作用力。车钩牵引时，压缩左边的缓冲器，右边的缓冲器随着胀开（因有初压缩量），并随时占满因压缩左边缓冲器出现的空间。车钩压缩时原理相同。这样，无论是牵引还是压缩，缓冲器中的从板均不离开板座，并且因钩尾框不受力时，其中央立壁处于两组缓冲器的压缩平衡状态中，只要稍微有牵引力或压缩力，钩尾框便开始了对其中一个缓冲器的压缩，故既可避免从板与从板座间因出现间隙而发生冲击，又消除了缓冲盲区，大大提高了车辆的乘坐舒适性。

（四）自动车钩的控制

CRH2 型动车组端部车钩采用自动车钩。当两列动车组连挂时，可以通过操作司机操纵台上的"合并开关"实现两列车的自动车钩自动连挂；也可操作操纵台上的"分割开关"实现两列车自动分解。

两列车连挂时，只能第 1 列的 1 号车和另一列的 8 号车连挂。被连挂车先处于自动静止状态，做好连挂准备，连挂车做好连挂准备后，以低于 5 km/h 的速度靠近被连挂列车，两车自动车钩即可自动连挂。

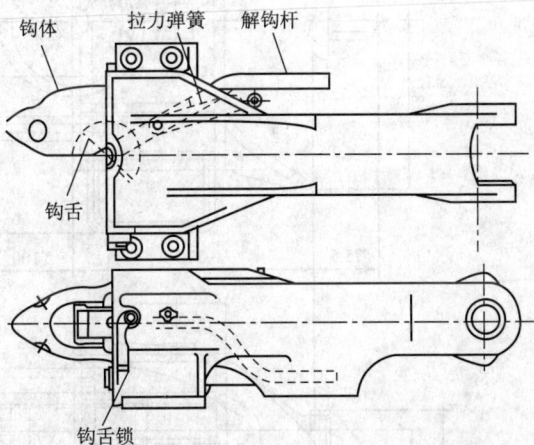

图 3-5　CRH2 型动车组半自动车钩结构示意图

三、半自动车钩

（一）结构及工作原理

CRH2 型动车组各车辆之间采用的车钩为手动摘钩形式，只有通过人工的方式才能实现摘钩，因此称为半自动车钩。

半自动车钩的结构示意图如图 3-5 所示。与图 3-2 和图 3-3 所示的端部自动车钩相比较，半自动车钩只是没有解钩风缸，其他方面与自动车钩几乎完全相同。其作用原理也与端部自动车钩基本相同，只是解钩时需要手动拉动解钩杆使其转到解钩位置。因此，半自动车钩的作用原理或工作过程可参见自动车钩的工作原理。

（二）主要技术参数

半自动车钩的主要技术参数与端部自动车钩完全相同，参见表 3-4。

（三）缓冲装置

中间半自动车钩所连接的缓冲器采用双向 W 形橡胶缓冲器，该缓冲器型号为 RD011A 型。

与端部缓冲器相比，尽管工作原理相同，但两者所采用的橡胶块数量明显不同，因此，两者的性能参数也有较大区别。同时，中间缓冲器前后橡胶块数量也不相等，这就使得拉伸和压缩性能出现差异。

四、过渡车钩

（一）结构及工作原理

为便于动车组救援和回送，专门配有救援和回送过渡车钩。

过渡车钩是在救援和回送时与装有 15 号车钩的机车进行连接的部件。结构上要求过渡车钩的一侧能连接到 CRH₂ 型动车组车钩上，另一侧能与救援机车车钩（即 15 号车钩）连接。

过渡车钩必须满足如下条件：

（1）每列动车组上配有 2 套救援用过渡车钩，可满足牵引 16 辆编组的列车以 120 km/h 速度运行的要求。

（2）过渡车钩放置在车辆两端头车的前罩室内，其质量为 63 kg，在搬运及安装作业时，最好使用升降叉车或其他工具，以确保安全。

过渡车钩及回送过渡车钩具体结构如图 3-6 所示。

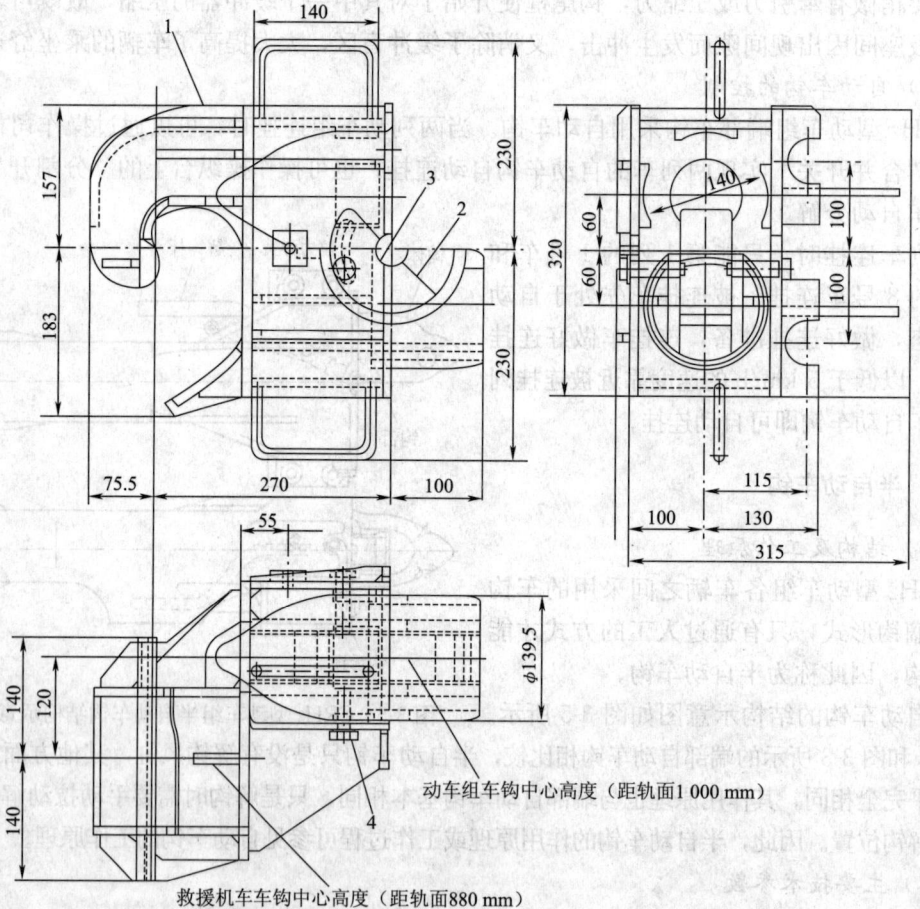

图 3-6　CRH₂ 型动车组过渡车钩结构图
1—车钩体；2—钩舌；3—挡板；4—固定螺栓

（二）主要技术参数

此过渡车钩为钢板焊接结构，强度必须满足如下要求：

（1）拉伸时，永久变形达到 1 mm 时的负载在 392 kN（40 t）以上。

（2）拉伸断裂负载在 392 kN（40 t）以上。

过渡车钩的规格如下：

（1）最大使用速度：120 km/h。

（2）最大连接车辆：16 辆。

（3）车钩质量：63 kg。

五、风挡

CRH2 型动车组两车辆间设有压缩式外风挡、气密式内风挡和防雪风挡。压缩式外风挡起到隔音和降噪的作用；气密式内风挡主要靠螺栓及橡胶密封件形成气密结构，保证动车组内部的气压波动在标准值以内；防雪风挡则是为了防止积雪对车辆运行的影响而设置的。

CRH2 型动车组两车厢间采用的气密式内风挡的主要技术参数如下：

风挡内部（即内走廊净空）高 1 935 mm（地板以上为 1 900 mm）

宽 820 mm

风挡外部最大安装尺寸　高 2 240 mm

宽 1 210 mm

长 500 mm（两车厢间名义安装间距 420 mm）

六、电气连接

（一）车顶电压连接器

在 2 号车到 6 号车车顶安装了电缆连接器，通过此类连接器接通整列车的网侧电路。

2 号车车顶安装电缆连接器，二位端的电缆连接器通过高压过桥线与 3 号车相连。

4 号车车顶连接器相对较多，包括 T 形电缆连接器。受电弓将接触网的电能引到 T 形电缆连接器，再贯穿到整车的特高电缆中，通过二位端的倾斜型电缆连接器与 5 号车相连，通过一位端的电缆连接器与 3 号车相连。

5 号车一位端安装倾斜型电缆连接器，二位端安装电缆连接器。

6 号车与 4 号车的车顶布置类似。因为本车不与 7 号车车顶设备相连，所以与 4 号车相比减少了二位端的倾斜型电缆连接器。由于需向安装在本车的牵引变压器供电，需与 5 号车高压电缆相连，所以车顶一位端安装 L 型电缆连接器和三分路电缆连接器。

（二）端部电气连接器

端部电气连接器安装在端部密接式车钩上部。两列车未连挂时，连接器与车钩处于固定状态；当两列车实施连挂时，端部电气连接器支撑杆脱卸，在不固定于端部密接式车钩的状态下进行连接。连接后，可适应车钩的移动。端部电气连接器的推出机构和支撑机构是一体化的，其结构简单。

端部电气连接器在连接时为防水结构，分开时为防尘结构，其前面的罩盖会自动保护连接面。另外，利用行驶时的风力，由结露防止管来防止连接管内部的结露，同时，连接面部位内置的加热器也可以防止结露。

端部电气连接器内设的电气接触头分凹面触头和凸面触头。因允许相互的接触头之间有一定的偏差，所以须有支撑装置，但其结构比较简单。接触头插拔 1.5 万次后其接触电阻保持在 5 mΩ 以下（接触头单体）。

中间车辆间的电气连接包括单芯电气连接器和车钩电气连接器两种。

其中，2、3 号车之间和 6、7 号车之间有主电路配线用单芯连接器（增加电气参数）；各车之间有辅助电路配线和直流母线用单芯连接器（增加电气参数）；各车车钩下设有车钩电气连接器，用于控制电缆和光缆的连接；各车之间有互联网通信电缆用连接器。

（三）车端阻尼装置

CRH2 型动车组各车辆预留了车体间减震器的安装插座。该减震器的主要作用是抑制车辆间的相互摇动，提高乘客的乘坐舒适度。但由于动车组运行最高速度为 250 km/h，因此，没有必要安装车端阻尼装置，而仅在车端预留了该减震器的安装座。

第三节　CRH3 型动车组连接机构

CRH3 型动车组连接装置主要由 2 套前端车钩缓冲装置、7 套中间车钩缓冲装置、1 套过渡车钩、7 组电气连接装置、7 套风挡装置等组成。

一、自动车钩

（一）结构及工作原理

CRH3 型动车组采用的是德国 VOITH 公司成熟的沙库（Scharfenberg）10 号车钩系统，该系统具的较高的自动化程度，可适应大部分应用场合。

自动车钩缓冲装置由机械连接、电气连接和气路连接三部分组成。机械连接部分设于钩头中央，电气连接器分设在左右两侧。中心轴上下方设气路连接器。同时，车钩头部的前表面和电气连接器都装备有加热器。当外界温度低于大约 5 ℃时，加热器启动，结构如图 3-7 所示。

车钩头的机械连接部分如图 3-8 所示。表面有凸锥和凹锥，允许车钩自动对齐和同心，在水平和垂直方向提供一个大的连挂范围。在车钩表面一侧，采用导向喇叭和延长线来扩展偏准连挂范围。钩头面配有一只宽而扁的边缘以吸收缓冲力。牵引力经由钩锁、钩舌、中枢、拉簧、弹簧座、带心轴导杆的棘爪进行传输。牵引负载和缓冲负载经由车钩牵引杆从钩头传输到轴承座，达到给定负载。任何超出钩尾座吸收能力的荷载均会被传送至车体底架上。安装在车钩牵引杆内的吸能装置可以缓冲冲击。

（二）三态作用原理

CRH3 型动车组采用的自动车钩有待挂、闭锁、解钩三种状态。其作用原理如图 3-9 所示。

（1）待挂状态：为车钩连接前的准备状态，此时钩舌定位杆被固定在待挂位置，钩锁连杆退缩至钩头锥体内，钩舌上的钩嘴对着钩对正前方。

（2）闭锁状态：相邻两钩的凸锥体伸入对方的凹锥孔并推动定位杆顶块，定位杆顶块迫使钩舌定位杆离开待挂位置，这时，钩锁弹簧的回复力使钩舌做逆时针转动，并带动钩锁连杆伸进相邻车钩钩舌的钩嘴，完成两钩的连接闭锁。这时，两钩的钩锁连杆和钩舌形成平行四边形连杆机构，当车钩受牵拉时，拉力由两钩的钩锁连杆均匀分担，当车钩受冲击时，压力通过两车钩壳体凸缘传递。

（3）解钩状态：司机操作按钮，控制电磁阀使解钩风缸充气，风缸活塞杆推动钩顺时针转动，使两钩的钩锁连杆脱开对方钩舌的钩嘴，同时，使钩锁连杆克服钩锁弹簧的拉力缩入钩头锥体内，这时定位杆顶块控制钩舌定位杆使钩舌处于解钩状态，两钩分离后，解钩风缸排气，定位杆顶块由于弹簧作用复位，钩舌回至待挂位，车钩又恢复到待挂状态。

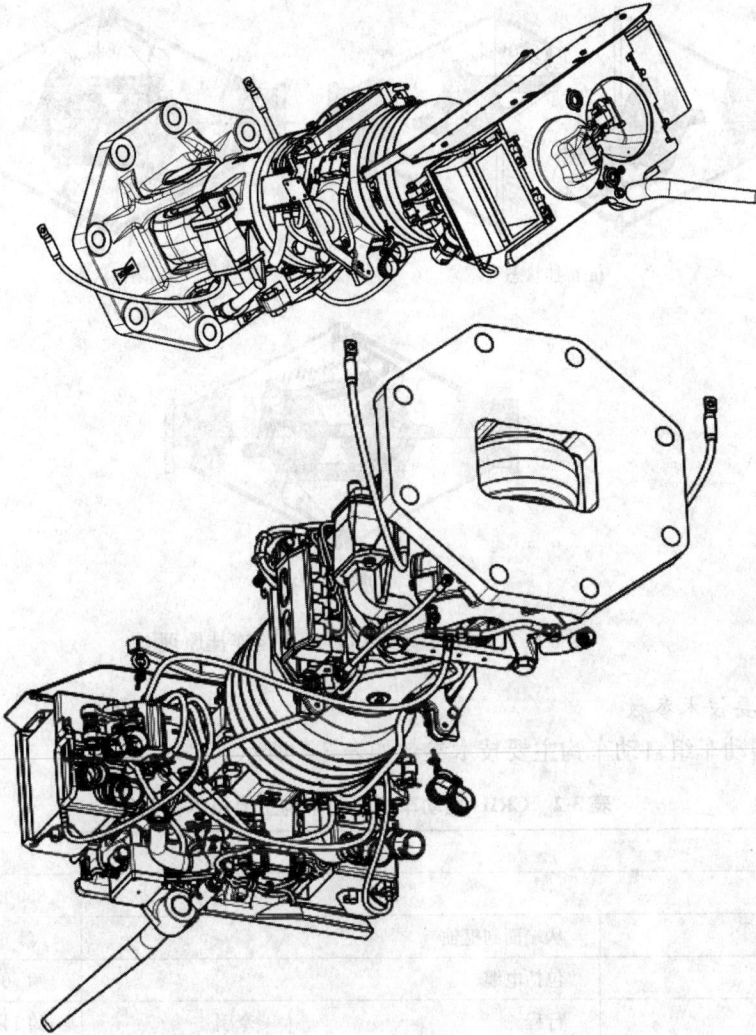

图 3-7　CRH₃ 型动车组自动车钩装置结构示意图

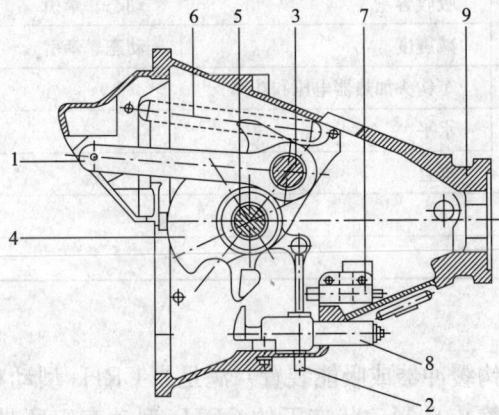

图 3-8　CRH₃ 型动车组钩头结构示意图
1—钩舌；2—棘爪；3—钩舌销；4—钩锁；5—中枢；6—拉簧；
7—弹簧座；8—带心轴导杆；9—壳体

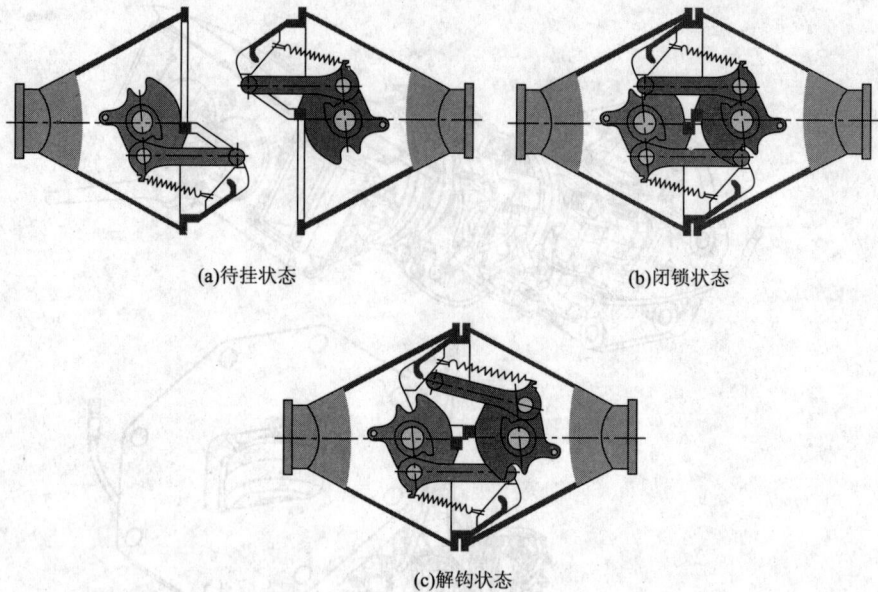

(a)待挂状态   (b)闭锁状态

(c)解钩状态

图 3-9　CRH3 型动车组自动车钩连挂原理图

（三）主要技术参数

CRH3 型动车组自动车钩主要技术参数如表 3-2 所示。

表 3-2　CRH3 型动车组自动车钩主要技术参数表

压缩强度			$(1\,400\pm140)$ kN
拉伸强度			850 kN
车钩长度	从端面到枢轴		$(1\,610\pm4)$ mm
车钩质量	包括电缆		约 760 kg
车钩牵引杆摩擦弹簧	行程	牵引	约 145 mm
	最大压缩负载	静态、牵引	$(1\,400\pm140)$ kN
	吸收容量	动态、牵引	约 224 kJ
	减震度	动态、牵引	约 66%
加热器	车钩头加热器电压和功率		AC4×230 V，80 W
车钩最大摆角	水平		约±12°
	垂直		约±3°
连挂的最小曲线半径			250 m
车钩垂向挂钩区域			±140 mm

（四）缓冲装置

缓冲装置（又称为车钩缓冲器或吸能装置）满足当 CRH3 型动车组以小于 5 km/h 的速度连挂时，对另一组处于静止且制动状态下的 CRH3 型动车组所带来的冲击，一般不会导致车钩和车体的永久变形。自动车钩包含一个环簧缓冲器作为可恢复能量吸收器，超过环簧缓冲器吸收能力的能量会被分散到车钩牵引杆内的变形器中，这时，车钩牵引杆的变形管将产生永久塑性变形。CRH3 型动车组缓冲器的参数如表 3-3 所示。

表 3-3　CRH₃ 型动车组缓冲器参数表

对　象	参　数	参数值
环簧缓冲器	行程	44 mm
	初压力	约 50 kN
	阴抗力	850 kN
橡胶承载	弹性	约 5 mm，1 500 kN

（五）自动车钩的控制

自动车钩通过司机室的控制系统实现两辆 CRH₃ 型动车组的机械、电气和气路连接。为了使联挂有足够的运行自由量，自动车钩的牵引杆设计成由气动控制的可伸出和缩回结构。CRH₃ 型动车组的解编也是通过气动解编装置完成的。

在紧急情况时（如气动系统失效或出现故障），无论有无压缩空气，均可手动操作自动车钩。若有压缩空气，则可通过启动相应阀门来手动移动车钩。若无压缩空气，也可手动拉伸前端车钩。此时，需要以下工具：自动钳（用于打开自动车钩锁）及脚踏空气泵（用于拉伸或缩回自动车钩）。这些工具均随车附带。

二、半永久车钩

（一）结构及工作原理

CRH₃ 型动车组除在两端设有自动车钩外，在其余车厢的连接处均使用两个半永久车钩。其中一个半永久车钩有缓冲器，而另一个没有缓冲器。图 3-10 为这种车钩的实体结构图。

相比于自动车钩，半永久车钩连接时需要人使用工具对其进行锁定扣件，才能完成连接及分解。两个半永久车钩是通过车钩卡环连接在一起，此种连接方式刚性好、无松脱、安全性高，可满足 CRH₃ 型动车组的垂直曲线运动、水平曲线运动，以及两连接车辆间的相对旋转运动，其卡环结构如图 3-11 所示。CRH₃ 型动车组半永久车钩主要技术参数如表 3-4 所示。

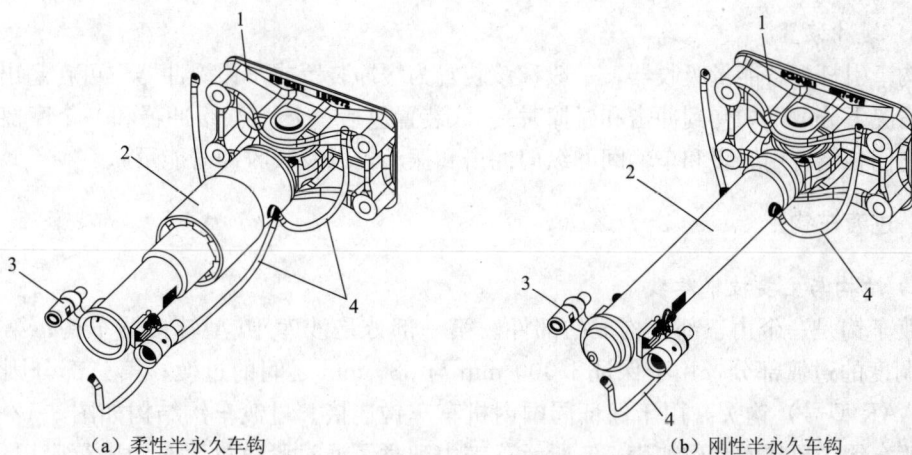

（a）柔性半永久车钩　　　　　　　　　（b）刚性半永久车钩

图 3-10　CRH₃ 型动车组两种半永久车钩实体示意图

1—轴承座；2—钩身；3—风管连接；4—接地线

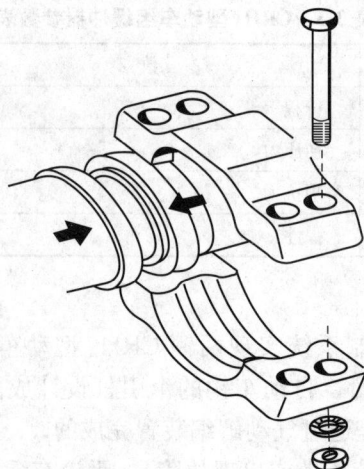

图 3-11　CRH3 型动车组卡环结构示意图

表 3-4　CRH3 型动车组半永久车钩主要技术参数表

压缩强度			1 500 kN
拉伸强度			1 000 kN
车钩长度	从端面到枢轴		(1 131±5) mm
配有摩擦弹簧的车钩牵引杆	行程	牵引	约 23 mm
	断开力	静态，牵引时	约 60 kN
	最大负载	静态，牵引时	约 600 kN
配有缓冲装置的车钩牵引杆	行程	缓冲	约 62 mm
	最大负载	缓冲	约 800 kN
	断开力	静态，牵引时	约 80 kN
车钩最大摆角	水平		约±20°
	垂直		约±7°

（二）缓冲装置

车钩牵引杆配备能量吸收器，一般称该装置为缓冲装置或车钩缓冲器。可在超出给定断开力的情况下分散（如受到冲击和碰撞时）。该装置包括一个气-液缓冲器和一个摩擦弹簧缓冲器，它们相结合用于缓和车辆间的纵向冲击和振动，以及吸收冲击能量。

三、过渡车钩

（一）结构与主要技术参数

过渡车钩是一个由三部分构成的部件。第一部分是沙库 10 型转接器车钩；第二部分是不同调度的过渡部分，用于保证 1 000 mm 与 880 mm 之间的过渡；第三部分则是我国车钩（AAR 型号）钩头，用于保证同国内机车车钩连接。过渡车钩结构如图 3-12 所示。

过渡车钩主要技术参数如表 3-5 所示，表中列举了通过紧急过渡车钩进行牵引/拖拽时相关数据参数。

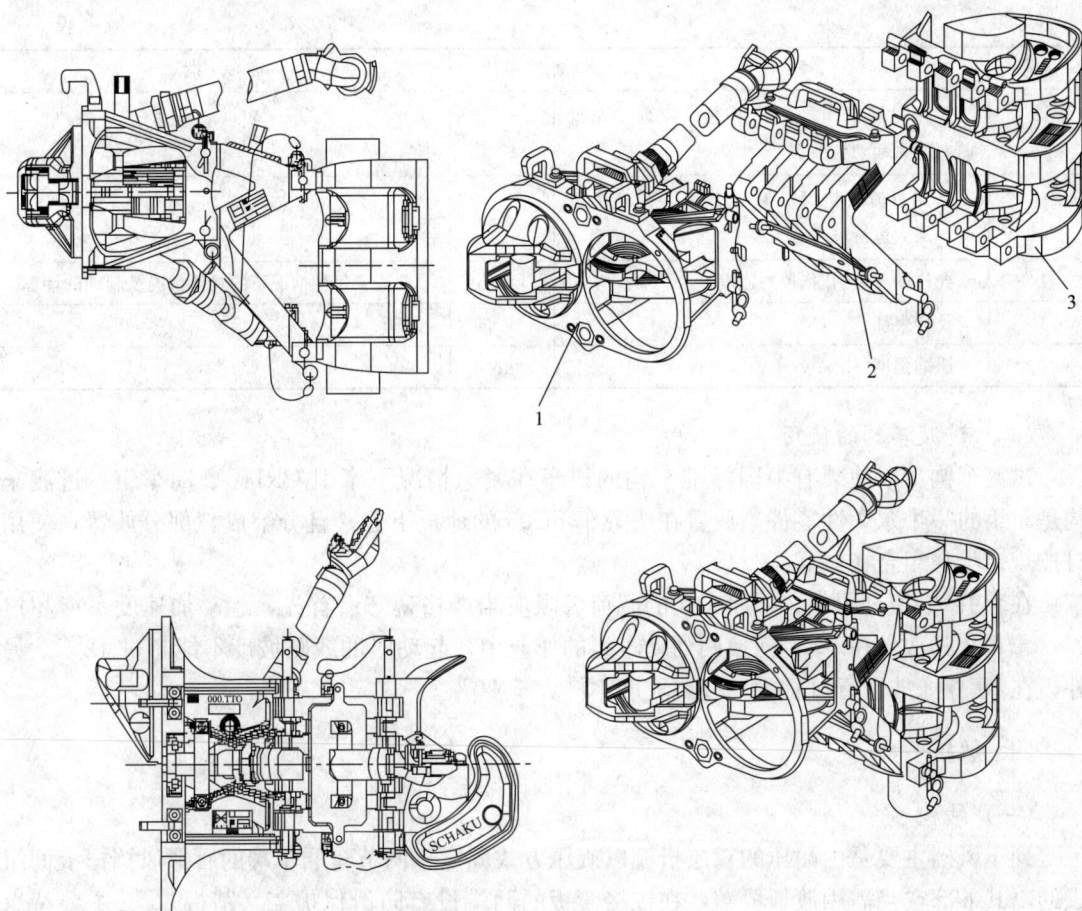

图 3-12　CRH₃ 型动车组过渡车钩结构示意图

1—夏芬伯格转接器车钩；2—车辆调度转接器；3—AAR 钩头

表 3-5　CRH₃ 型动车组过渡车钩主要技术参数

序号	参　数	单位	要　求
1	列车最大配置		2 列 8 节车单元组合
2	列车最大质量	t	约 536
3	CRH₃ 型动车组车钩的形式		侧面带电气连接器的沙库 10 型车钩
4	国内车钩的车钩型号		AAR 形式
5	CRH₃ 型动车组车钩中心距轨面的高度	mm	1000
6	国内机车的车钩中心距轨面的高度	mm	880
7	过渡车钩组成		第 1 部分：沙库 10 型钩头 第 2 部分：用于不同高度 第 3 部分：中国车钩（AAR 型号）钩头
8	过渡车钩的数量		每列车一套
9	过渡车钩所有部件的总重	kg	约 105
10	压缩空气供应		通过主风缸管
11	在动车段最大轨道坡度	‰	30（局部）

序号	参　　　数	单位	要　　　求
12	采用过渡车钩（牵引/拖拽）一列动车组时，最大起动坡度	‰	12
13	采用过渡车钩（牵引/拖拽）一列动车组时，最大运行坡度	‰	20
14	允许的（牵引/拖拽）速度	km/h	取决于每种情况下的具体情况及制动的计算
15	拉伸强度	kN	350
16	压缩强度	kN	400

（二）过渡车钩的使用

过渡车钩可以使装有中国标准车钩的机车在紧急情况下牵引 CRH$_3$ 型动车组。过渡车钩是车组的一个永久性零件，放置在头等车 FC05 的地板下方，且分解成三部分放置，使用时按规定步骤组合在一起。

在牵引/拖拽过程中，过渡车钩的载荷极限应当严格遵守。首先，起动加速度不能超过 0.1 m/s^2。其次，在牵引/拖拽两列动车组的作业中，起动时的线路坡度不能超过 12‰。另外，在牵引/拖拽运行过程中，线路坡度不应大于 20‰。

四、风挡

（一）结构

列车风挡主要是由耐压的双层折棚以旋压方式固定于两节车厢车端的唇形风挡框上面组成的，其下部空当需用渡板覆盖，在铰接渡板的两端设有防滑保护盖（踏板），其主要特点如下：

（1）双层板棚：由两个旋压框、一个中心框（连接框）、内外双层扳棚和护裙组成。旋压框 是通过内外风挡的摩擦锁定。旋压框通过车体端墙上的不锈钢螺套，使用不锈钢螺栓和六角螺母固定在端墙上，使折棚整体嵌入两车的通道之间。

（2）铰接渡板：铰接渡板由一个支撑框、踏板、弹性框和支架组成。铰接渡板是通过渡板支架的滑动支撑固定在两车的车端。附在插脚上的圆辊可以使以上两渡板分离。铰接渡板的设计能在三个自由度上移动。渡板顶端的弹簧可使渡板恢复到初始位置。当铰接渡板放下时，可允许乘客安全通过。另外，它被设计成一个可以吸收内部相互运动的通道，使得两车之间没有间隙和阻断。

（3）过渡踏板：设在铰接踏板的两端，由一个底板和通过铰链与之弹性连接的两块底翼板组成。底板用螺丝永久固定在车上，两块底翼板自由地平放在车上和渡板上，底板和底翼板柔性连接，可以相互补偿两车在不同高度上的变化，确保两车和渡板之间的平滑过渡。防滑层附在底板和底翼板表面，从而可防止旅客通过时滑倒。

（二）主要技术性能参数

双层折棚：尺寸纸 2 980 mm×1 400 mm×850 mm。

通过宽度：在平直轨道上约 1 100 mm，在地板区域缩小到约 780 mm。

通过高度：在平直轨道上约 2 050 mm。

机械强度：外部压力：+3 800 Pa，内部压力：－5 700 Pa。

气密性要求：即压力从 4 000 Pa 降到 1 000 Pa 应大于 50 s。

运行温度：正常环境下，运行温度约为 $-35 \sim +80$ ℃。

隔音性能：在实验室进行相似的测试，隔声系数 RW 约为 38 dB。

运行周期：测试证明具有较长的运行周期，约为 $10 \sim 15$ 年。

风挡系统总重：约 470 kg。

五、电气连接

CRH₃ 型动车组上的电气连接是采用电气端头通过不同的接触方式将列车的电气配线连接起来的。电气端头及接触方式有以下特点：

（1）电缆和接线柱：连接电气端头罩电缆是防水变形电缆，电缆引线通过接线柱连接到插座接点和插头上，可从前部更换接触点。

（2）通风和排水：电气端头封罩配有排水壶，可以排放冷凝水。塞口用于封罩、通风。

（3）触点保护：电气连接配有一个保护盖，保护盖在电气端头前后移动的时候自动开关。当车钩处于联挂状态时，电气端头紧密压缩，以确保恒定的接触压力。一个附着在绝缘块四周的橡胶框使电气端头联挂时处于密封状态，可以防止水或者灰尘进入，保护接触头不受外部环境的影响。

（4）对中：电气端头封罩配有对中元件，联挂时可以帮助电气端头对中。

根据 CRH₃ 型动车组的联挂运行方式的特点，电力连接主要采用风挡间电缆形式，其主要分布情况为：25 kV 高压连接在车顶通过螺旋形双绕组电缆；牵引供电和辅助供电通过尾端箱电缆连接；控制与通信连接由专用电缆通过连接器连接。还有一种特殊的过电压限制电阻器与牵引变流器之间的连接需要同其他电缆连接分开，与半永久车钩伴行，分别从 EC01/08、IC03/06 传输到 MBBC04 和 FC05 车的过电压限制电阻。

供电连接的配置情况可以用表 3-6 来说明。如：采用的连接形式、组成和设计原则等。

表 3-6　各种形式的供电连接配置表

连接类型	连接形式	组　　成
高压连接	螺旋双绕组连接	螺旋形双绕组电缆端子、特殊电缆
	端子电缆连接	
中压连接	端子电缆连接	端子、特殊电缆
低压连接	连接器电缆连接	Harting 连接器、特殊电缆
控制与通信连接	连接器电缆连接	Harting 连接器、特殊电缆

六、压缩空气连接

CRH₃ 动车组有两类压缩空气连接部分，即自动车钩压缩空气连接和半永久车钩压缩空气连接。动车组及各相邻车辆之间的压缩空气连接又可分为列车管空气连接、总风管空气管路连接和车钩解钩空气管路连接。

（一）自动车钩压缩空气连接

自动车钩风管位置示意图如图 3-13 所示，压缩空气管路在机械钩头连接完成时一同连接完毕。

1. 列车管空气的连接

列车管（BP）的连接管路（图 3-14）布置在车钩表面并安装在罩壳内。列车管连接装置的管头（包括接头和垫圈）突出车钩表面约 8 mm，在连接过程中将其压下，使其与配对车钩的管头相接触。采用这种方法，空气连接装置可良好密封。止动弹簧可以防止管头从孔中脱落。管路连接装置配有由车钩控制的阀门，该阀门保证列车管在联挂和解钩过程中自动开关。图 3-15 表示了列车管在联挂和断钩（瞬时）时阀门的位置状态。如果车钩损坏或车钩处于解钩的瞬时状态，制动管道将会保持打开状态，同时列车会启动停车。

2. 总风管及解钩空气管路的连接

总风管（MPR）和解钩空气管路（UP）的连接布置（图 3-16）在车钩表面，位于气缸筒中。总

图 3-13　CRH2 型动车组自动车钩风管示意图
1—总风管 MRP 接口；2—列车管 BP 接口；
3—解钩风管 UP 接口

风管连接装置的管头（包括接头和垫圈）突出车钩表面约 8 mm，在连接过程中将其压下，使其接触配对车钩的管头。总风管的连接装置配有压力阀，以保证在车钩断开时关闭 MRP 管道。在联挂过程中，两配对车钩的阀门推杆在弹簧的作用下，可保证总风管 MRP 始终处于开放状态。

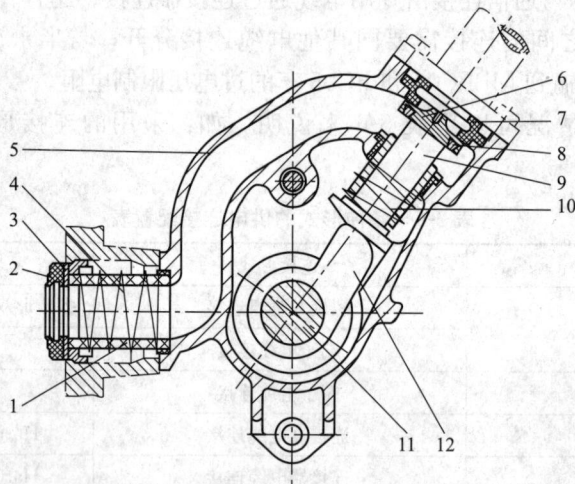

图 3-14　列车管连接
1—橡胶管；2—密封圈；3—接头；4—压力弹簧；5—阀室；6—阀板；7—密封圈；
8—橡胶圈；9—凸轮盘销子；10—压力弹簧；11—凸轮；12—钩锁

解钩空气管路连接是通过一个铜质管连接到解钩风缸控制阀出口端的空气管路上。接头的接口结构与列车管、总风管基本相仿。解钩管的空气管路连接后，只有在解钩时才导入空气。

（二）半永久车钩压缩空气连接

CRH3 型动车半永久车钩内不含有压缩空气连接接口，两车辆间的压缩空气需要像普通客车一样使用软管人工连接，连接形式如图 3-17 所示。

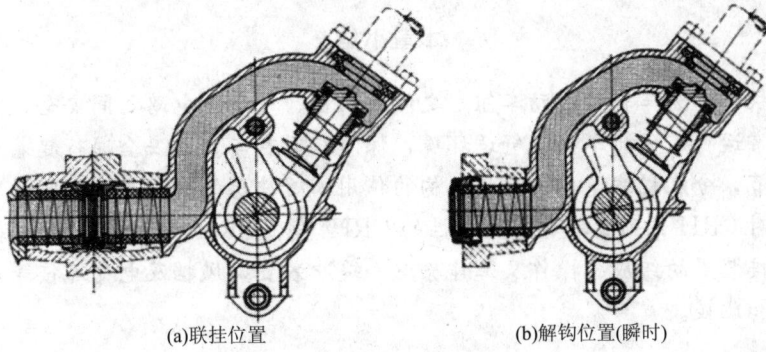

(a)联挂位置　　　　　　　　　　　　(b)解钩位置(瞬时)

图 3-15　列车管连接示意图

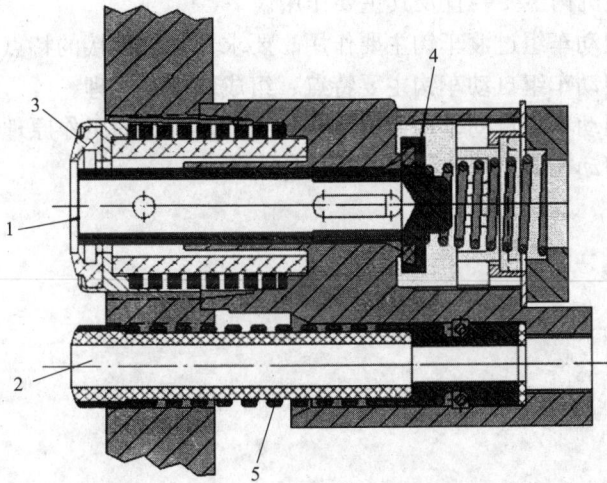

图 3-16　总风管和解钩空气管路的连接

1—总风管连接管；2—解钩管；3—接口密封件；4—阀门推杆；5—压缩弹簧

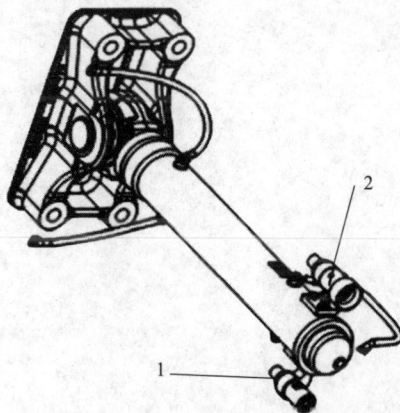

图 3-17　半永久车钩压缩空气的连接图

1—MRP 风管接头；2—BP 风管接头

本章小结

　　车端连接机构作为车辆（或动车组）之间的机械、气路、电路之间安全可靠的连接，对保证列车的正常运行、保持车内的舒适环境，保障旅客在车内的安全通行起着至关重要的作用。本章分三节，分别描述了车端连接机构的作用、缓冲器的种类及特点以及风挡装置的作用及要求，并对 CRH 系列具有典型代表性的 CRH₂ 型、CRH₃ 型动车组连接装置的组成部件（如车钩连接装置的组成、操作及工作原理，缓冲装置，风挡及电气连接等）进行了全面而详尽的说明和比较。

思 考 题

1. 简述车端连接机构主要装置及其主要作用。
2. 简述 CRH₂ 型动车组过渡车钩主要作用、要求及电气连接的特点。
3. 简述 CRH₂ 型动车组自动车钩主要特点、组成及工作原理。
4. 简述 CRH₃ 型动车组自动车钩主要特点、组成及三态的工作原理。
5. 简述 CRH₃ 型动车组风挡连接的主要功能。

第四章 转向架

本章要点

本章介绍了转向架的特点及基本性能，重点介绍了 CRH2 型为车转向架的整列配置、动车、拖车转向架的基本结构、主要功能和作用原理；以对比的方式介绍了 CRH3 型转向架的特点。

第一节 动车组转向架的特点和分类

一、动车组转向架的性能

（一）高速运行的适应性

动车组转向架适应高速运行的特点指必须保证高速运行时的稳定性、平稳性和良好的曲线通过性能。

动车组转向架在其结构形式的选取、各种参数匹配的选择上均以满足高速运行为前提，只采用成熟的技术、结构和部件构成，并对轴重、车轮踏面、形式等制定相应的限度，尽可能采用通用性强的零部件和结构，以便于维修、组装，保证动车组转向架适应高速运行这一特定工况。

随着世界铁路高速化的不断发展和完善，高速转向架的结构形式逐步趋向于类同，它们的主要特点是无摇枕、采用空气弹簧悬挂装置、有回转阻尼、加装弹性定位等。

（二）良好的舒适性

对于舒适性的提高，与转向架直接相关的系统是二系悬挂装置（包含连接牵引装置），动车和拖车转向架的二系悬挂装置（设在轮对和构架之间的轴箱弹簧装置为一系悬挂装置，设在构架与车体之间的中央弹簧悬挂装置为二系悬挂装置）既要能确保列车的舒适性，又要能满足轮轨接触力和稳定性方面的性能要求。

随着列车运行速度的提高，即使高速铁路的轨道不平顺性比一般铁路要小，但仍可能会引起车体和车内旅客承受很大的震动。空气弹簧的应用成功地解决了车体振动，特别是垂向振动及乘坐舒适性问题。

（三）结构简单与轻量化

采用轻量化的无摇枕转向架、空心车轴、小直径车轮或薄辐板车轮，以及轴箱、齿轮箱采用铝合金结构等，大大减轻了转向架的重量，特别是减轻了弹簧下质量，抑制了速度提高后线路基础振动的加剧，并使由此引起的线路疲劳损伤和环境噪声问题得到了很好的解决。

（四）方便的维修性

动车组转向架具有便于组装、拆开的结构；方便轮对更换的二分割式轴箱结构；无滑动摩擦部分，能够长期免维修，保证了动车组转向架良好的维修保养性。

（五）防止脱轨的安全性

空气弹簧前后刚度的柔软化减少旋转力矩，轴弹簧上下弹簧系数的柔软化保证了出色的轮重变动特性，以及便利的轮重平衡调整，强化了动车组转向架在高速运行时防脱轨的安全性。

二、动车组转向架的主要技术特点

- 无摇枕转向架；
- 高速稳定性和曲线通过性能；
- 轻量化结构；
- 全部车轮装备有机械制动盘；
- 动车转向架安装小型感应电动机；
- 拖车转向架在车轴安装机械式或涡流式制动盘；
- 全部车轮安装踏面清扫装置、电子防滑装置，降低了行驶噪声和提高了轮轨黏着性。

三、动车组转向架的分类

由于车辆用途的不同、运行条件的差异、制造维修方法的制约和经济效益等各种因素的影响，以及对转向架的性能、结构、参数和采用的材料及工艺等要求的差别，出现了多种形式的转向架。各种转向架的主要区别在于：弹簧悬挂系统的结构与参数、垂向载荷的传递方式、轴箱定位方式、制动装置的类型与安装，以及构架的结构形式等诸方面。目前，大多数动车组转向架结构形式的不同主要体现在轴箱定位方式的差异上。

轴箱定位装置是指约束轮对与构架之间的相对运动的机构。轴箱定位装置的基本要求是：在纵向和横向具有适宜的弹性定位刚度值，其值是该装置主要参数；结构形式应能保证良好地实现弹性定位作用，性能稳定，结构简单可靠，无磨耗或少磨耗，制造检修方便，重量轻，成本低等。

适宜的轴箱弹性定位不仅可以避免车辆在运行速度范围内发生激烈的振动，还能保证车辆在曲线上运行时具有良好的导向性能，从而减小轮对与钢轨之间的冲击和侧压力，减轻车轮轮缘与钢轨的磨耗，确保车辆运行的安全性和平稳性。

轴箱定位装置有多种结构方式，常见的主要有板弹簧式定位、拉板式（支承板）定位、拉杆式（轴梁式）定位、麦弗逊式（也叫做双连杆式）定位、轴箱导框架式定位和转臂式轴箱定位，目前CRH动车组均采用转臂式轴箱定位方式。

转臂式轴箱定位示意图如图4-1所示，定位转臂一端与圆筒形的轴箱体固接，另一端以橡胶弹性节点与焊在构架上的安装座相连接。橡胶弹性节点容许轴箱相对构架有较大的上下方向位移，但它里边的橡胶件使轴箱纵向和横向位移的定位刚度有所不同，以适应纵向和横向两方向的不同弹性定位刚度的要求。

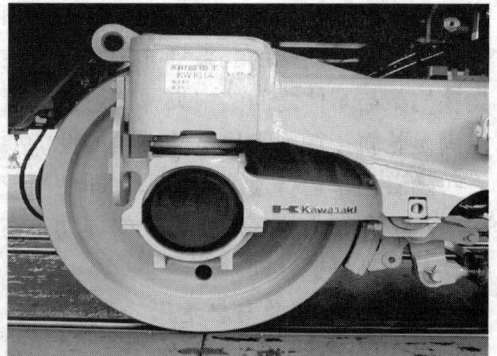

图 4-1　转臂式轴箱定位示意图

四、动车组转向架转臂式轴箱定位的结构特点

我国 CRH 系列动车组转向架均采用转臂式轴箱定位方式，其优点如下：

● 便于轴箱定位刚度的选择（可以在上下、前后、左右方向独立选择），能够同时兼顾高速运行的稳定性、乘坐舒适度及曲线通过性能；

● 实现轻量化；

● 部件数量较少；

● 便于轴箱定位装置的分解和组装；

● 无滑动部分，免维护。

第二节 CRH2型动车组转向架

一、CRH2型动车组转向架概述

CRH2型动车组转向架是在原川崎重工生产的动车转向架 DT206 和拖车转向架 TR7004B 基础上改进发展而来。如图 4-2 所示，动车组的每个车体下装有两个转向架。动车下是动力转向架（SKMB-200），拖车下是拖车转向架（SKTB-200），所不同的是动力转向架有牵引电动机和驱动装置，而拖车转向架没有。转向架除了承担车体的全部重量外，更重要的是承担动车组的高速运行任务。

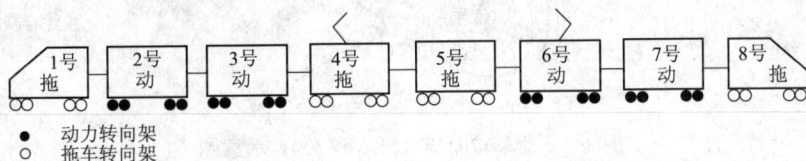

● 动力转向架
○ 拖车转向架

图 4-2 CRH2 型动车组转向架编组示意图

转向架主要由构架、轮对轴箱装置、牵引装置、基础制动装置、二系悬挂装置、牵引电动机、驱动装置组成。CRH2 型动车组转向架采用了轻量化设计，包括焊接构架、二系空气弹簧、盘形制动、转臂式轴箱定位、单拉杆牵引，以及电动机采用架悬方式等。

CRH2 型动车组转向架的主要技术参数如表 4-1 所示。主要配置如图 4-3 所示、图 4-4 所示。

二、CRH2型动车组转向架主要组成

CRH2 型动车组转向架为两轴无摇枕、H 形构架转向架，一系悬挂为钢弹簧转臂定位，二系悬挂采用空气弹簧，单连杆牵引方式，磨耗形车轮踏面。此外，由于转向架重心较低，省去了抗侧滚支承。拖车转向架和动车转向架均包含以下

表 4-1 转向架主要技术参数

技术参数	动力转向架	拖车转向架
最高运营速度	350 km/h	
最高试验速度	362 km/h	
齿轮传动比	3.036（85/28）	
最大轴重	<14 t	
固定轴距	2 500 mm	
车轮直径	860 mm（全磨耗 790 mm）	
轮对内侧距	1 353$^{-1}_{-3}$ mm	
空簧支撑高度	1 000 mm	
一系悬挂	钢弹簧＋减振器＋转臂定位	
二系悬挂	空气弹簧＋橡胶堆	
空气弹簧	带固定节流装置	
牵引装置	单拉杆方式	
车轴形式	空心车轴	

主要部件：①轮对和轴箱；②一系弹簧悬挂；③转向架构架；④二系弹簧悬挂（空簧）；⑤牵引杆；⑥抗蛇行减震器；⑦停车制动装置；⑧空气制动装置（拖车转向架上为 2×3 个轴盘制动盘，直径为 φ670 mm，动力转向架上为 2×2 个轮盘制动盘）。

动车转向架上还安装下列其他设备：①牵引电动机；②齿轮箱；③联轴节。

动车组转向架结构如图 4-3、图 4-4 所示。

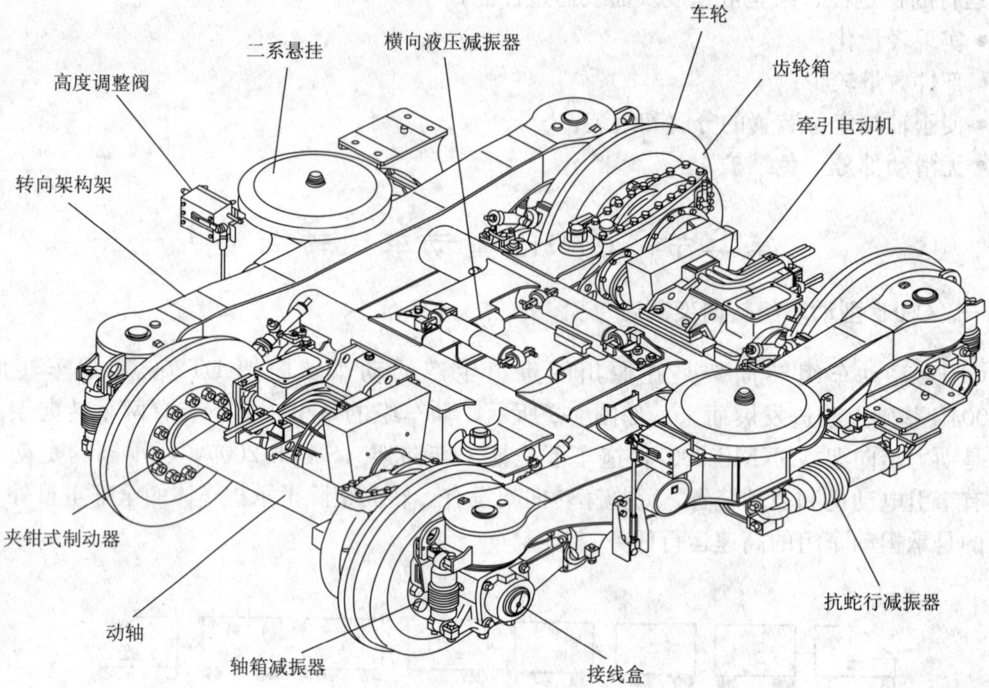

图 4-3　动车转向架（SKMB-200）示意图

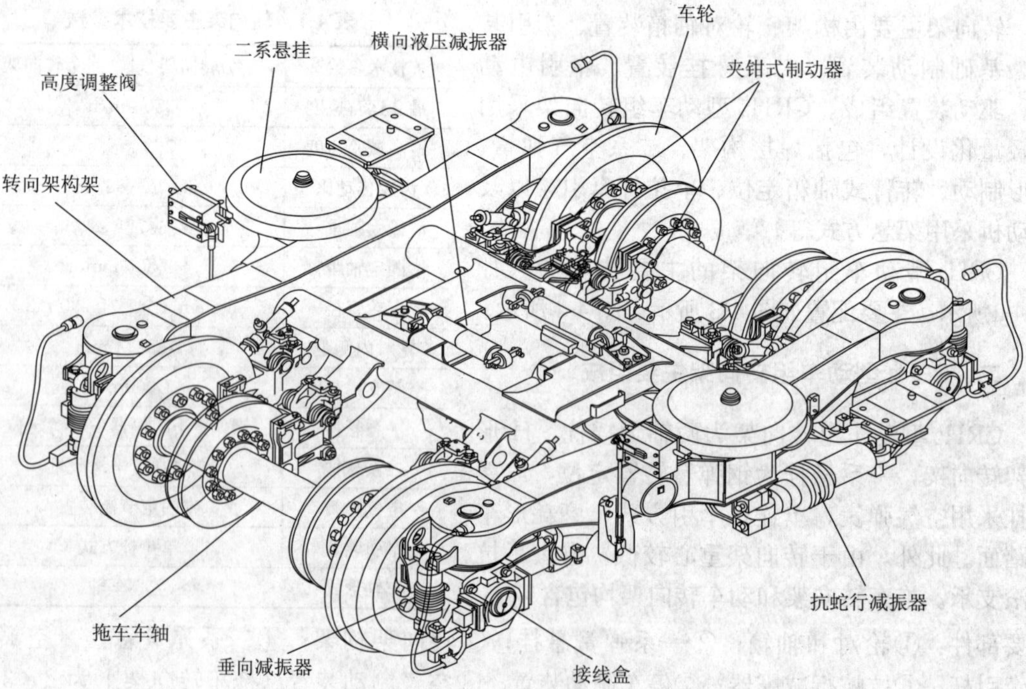

图 4-4　拖车转向架（SKTB-200）示意图

三、动车组转向架构架

CRH2 型动车组转向架构架为 H 形构架，主要由侧梁、横梁、纵向辅助梁、空气弹簧支撑梁、定位臂和齿轮传动装置座等组成，如图 4-5 所示。侧梁的中部为凹形，横梁的内腔与空气弹簧支撑梁的内腔组成空气弹簧的附加空气室。动车转向架构架和拖车转向架构架可通过安装托架实现互换性。主动控制、半主动控制和传统的非主动控制车仅通过转向架一侧的左右活动安装座的交换实现互换。转向架构架在焊接组装后进行退火处理。转向架构架应能够承受负载时及行车时的振动，具备足够的强度，其设计寿命为 20 年。动车组转向架构架实物图如图 4-6 所示。

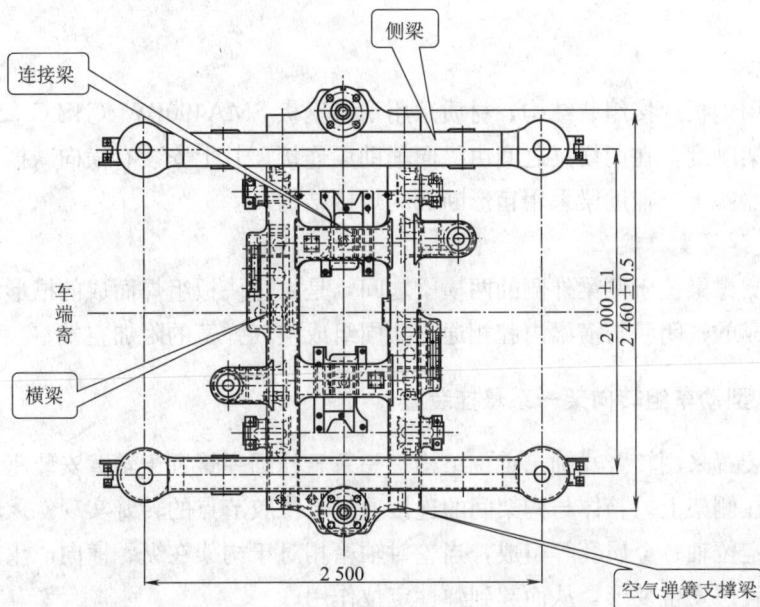

图 4-5　构架组成结构图

图 4-6　构架实物图

（一）侧梁

侧梁采用四块耐候钢板组成箱形断面的焊接结构，上、下盖板厚分别为 12 mm、16 mm，腹板厚 12 mm。与弹性节点连接的定位臂为铸钢件，其与侧梁连接部为圆滑过渡，力求应力缓和。侧梁的两前端由设置有圆弹簧的弹簧帽构成，在中央部分安装空气弹簧支架。

（二）横梁

横梁主体：横梁主体采用 $\phi203$ mm×12 mm 无缝钢管结构，表面经酸洗磷化处理，内腔作为空气弹簧的附加空气室使用。材质与侧梁的钢板相同，采用耐候性钢板。横梁支架由主电动机支架、齿轮箱悬挂支架、制动钳支架、牵引连杆支架构成，均采用钢板焊接组装结构。

（三）连接梁

连接梁采用钢板焊接组装结构，材质采用耐候钢板 SMA490BW（JIS G 3114）。

为提高构架刚度，在两横梁之间由纵向辅助梁连接，其上安装有横向减振器座、增压缸架和横向缓冲器座等。辅助梁采用箱形断面的焊接结构。

（四）空气弹簧支撑梁

空气弹簧支撑梁位于侧梁外侧的两横梁之间，是由三块板组焊而成的槽形结构，它与侧梁外侧腹板组成的密闭腔与横梁内腔相通，共同组成空气弹簧的附加空气室。

四、CRH₂ 型动车组转向架一系悬挂装置

一系悬挂装置采用转臂式轴箱定位结构。一系悬挂圆弹簧置于转臂安装座上，转臂通过橡胶节点安装在侧架上。箱体与构架间的连接通过带橡胶节点的转臂实现。橡胶节点主要由弹性定位套、定位轴、金属套等组成，当轮对轴箱相对于构架在纵、横向产生位移时，弹性定位套中的橡胶层发生变形，从而起到弹性定位作用。

（一）车轮

车轮用碳素钢整体碾压车轮，具有较好的弹性和优良的防噪声性能。车轮直径 $\phi860$ mm、宽度 135 mm，两侧装备有制动盘。车轮踏面为 LMA 磨耗型踏面，为了提高耐磨耗性，车轮踏面在轧制后实施了热处理。轮缘高 28 mm，最大可能的磨耗半径为 35 mm，即车轮直径最大磨耗时为 790 mm。轮对内侧距离为 $1\ 353^{+2}_{-1}$ mm。

由于轮座径的不同，动力转向架用和拖车转向架用之间没有互换性。

（二）车轴

为了减轻簧下重量，轮对（图 4-7）的车轴采用空心车轴，高频淬火，镗孔径为 60 mm，直线镗削，材料为 S38C，轴颈直径 $\phi130$ mm，经过超声波探伤检测。

为了防止镗削轴内面生锈，在轴的两端部安装有尼龙制的插头。为了防止缓慢地拔出，内置有孔用 C 形挡圈。车轴端面上进行 C4 的倒角、车轮修正时，使用了专用的中心用插头。

在动力转向架中，两车轴均为动力车轴（图 4-8），动力车轴安装有齿轮传动装置，它通过装在车下的牵引电机和万向轴驱动转向架及车体运行。由于动力轴的空间有限，因此，动力轴上未装轴盘式制动盘。

在拖车转向架中，两车轴均为非动力车轴（图 4-9），非动力车轴上安装有外径为

670 mm、厚度为 97 mm 的二分割锻钢制的轴盘式制动盘。制动盘的结构由制动盘环和盘毂组成，制动盘与盘毂通过螺栓、垫块和弹性套等连接，制动盘毂与车轴为过盈配合。

图 4-7　轮对实物图

（三）制动盘

拖车转向架车轮用制动圆盘为一体锻钢制，外径为 725 mm（有效外径为 720 mm），磨耗余量为 5 mm，圆盘组装时的厚度为 133 mm（车轮宽度－2 mm）。

拖车转向架车轴用制动圆盘为二分割锻钢制，外径为 670 mm，磨耗余量为 5 mm，圆盘组装时的厚度为 97 mm。

（四）轴箱体

轴箱体由铸钢制成，材质采用铸钢 SC450，前盖采用铝合金铸件，后盖采用铝合金板材或铝合金锻造材料，以此来减小质量。

轴箱体为上下分体的结构，用螺栓连接组装。轴箱体分为本体和压板两部分，本体和压板之间夹有轴梁橡胶，装配后以组合单元件安装在转向架的框架上。压板的材质采用铸钢或钢材或钢板，与轴箱体进行一体机械加工，为了一体使用这两个部件，进行打印标记管理。

前盖分一般用及安装速度发电机用两类。速度发电机安装用的有 AG37、AG43、LKJ2000 等种类，无互换性。后盖为迷宫式结构以防止雨水、尘埃等的侵入。

前盖上设有车轮踏面修正、研削时使用的橡胶盖，橡胶盖上有吸潮器，吸潮器能防止因轴承温度上升而引起的压力增加及防止漏油。前盖的开口部分是为了进行车轴的探伤作业而设置的。

另外，各个车轴箱体的侧面设置有对车轴轴承状态进行监视的轴承温度检测装置。具有当轴承温度达到一定值以上时，温度保险丝就熔断并发出轴温异常通知的功能。

轮对轴箱与定位转臂采用跨接的形式，定位转臂通过四个 M20 的螺栓与压盖连接，定位转臂跨落入轴箱外部的槽内。若需更换轮对，只需松开四个 M20 的螺栓和接地线等，便可使轮对轴箱与转向架分离。轴箱体组成结构图如图 4-10 所示。

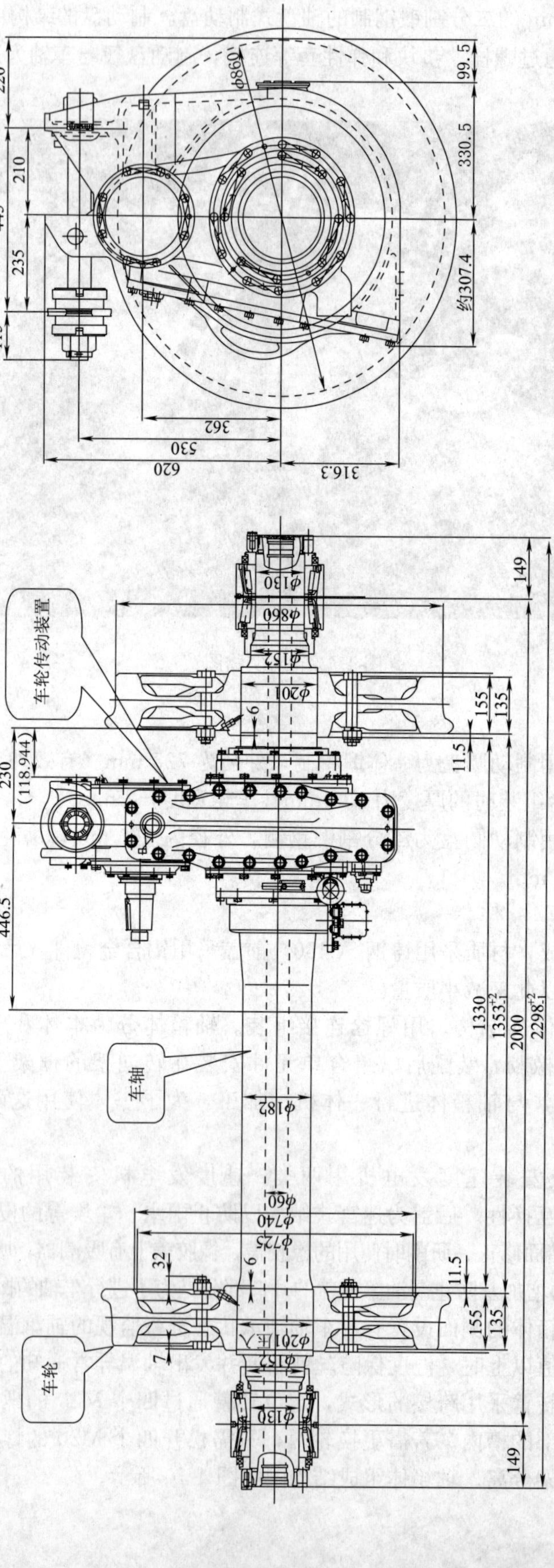

图4-8 动力轮对结构图

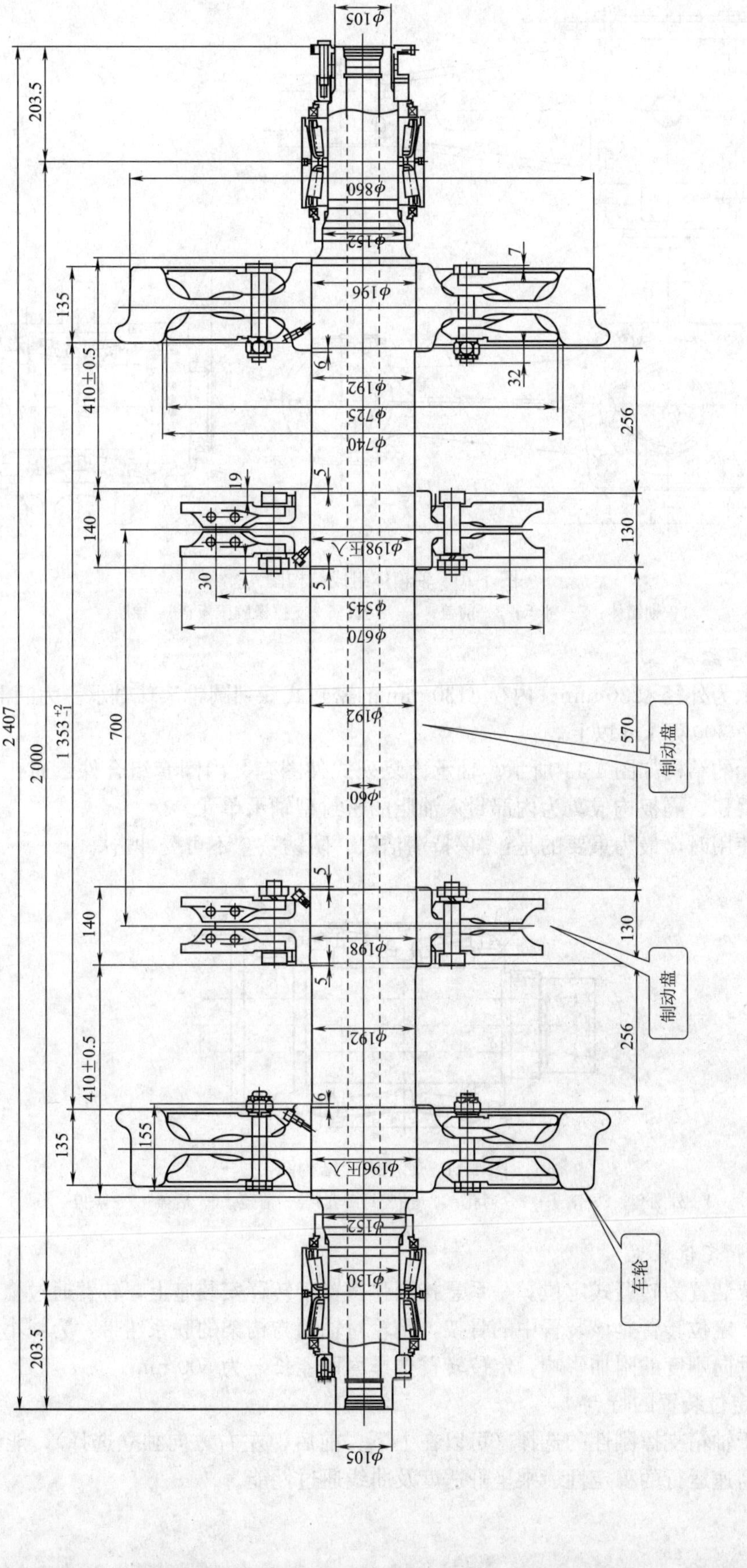

图 4-9 非动力轮对结构图

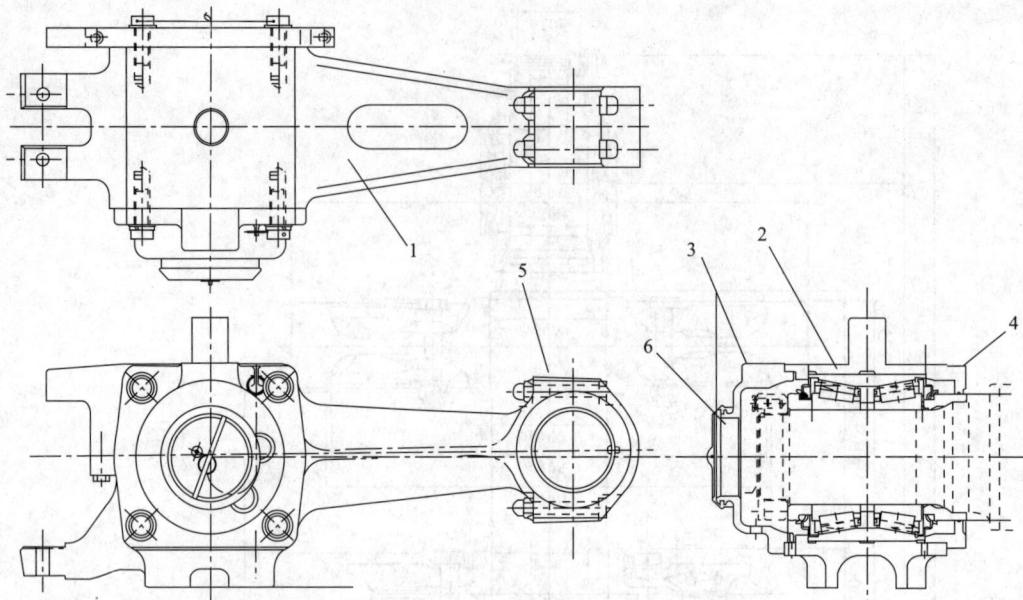

图 4-10　轴箱体组成结构图

1—轴箱体；2—轴承；3—前盖；4—后盖；5—支撑橡胶压板；6—橡胶盖

（五）轴承组成

车轴轴承为外径 ϕ230 mm、内径 ϕ130 mm 的密封式双列圆锥滚珠轴承。为润滑脂方式，设计计算寿命 500 万 km 以上。

轴承单元的结构如图 4-11 所示。轴承由复列式外圈套、内圈套组合件、通孔、油密封圈、前盖、后盖、隔板构成。为内部封入油脂的密封型轴承单元。

轴承在使用时，最为重要的是："保持清洁"、"防锈"、"不可受冲击"。

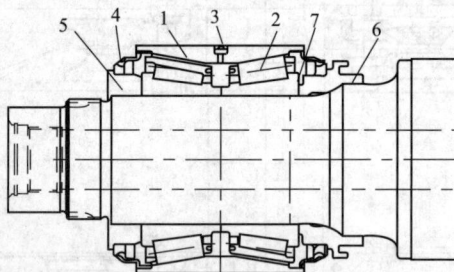

图 4-11　轴承组成结构图

1—外圈套；2—滚子；3—通孔；4—油密封圈套；5—前盖；6—后盖；7—隔板

（六）轴箱定位装置

轴箱定位装置为转臂式定位。一系悬挂圆弹簧置于转臂安装座上，转臂通过橡胶节点安装在侧架上。定位转臂是该装置中的骨架，是轮对轴箱与构架的联系纽带，为减小定位节点刚度对一系垂向刚度的附加影响，定位转臂选择尽可能长，为 500 mm。

1. 轴箱定位装置的特点

（1）便于轴箱支撑刚性的选择（可以在上下、前后、左右方向独立选择），能够在设定规格时兼顾高速运行的稳定性、乘坐舒适度及曲线通过性能。

（2）实现轻量化。

（3）部件数量较少。

（4）便于轴箱支撑装置的分解和组装。

（5）无滑动部分，免维护。

2. 轴箱定位装置的主要构成部件

轴箱定位装置组成结构和其部件组成结构分别如图 4-12 所示。

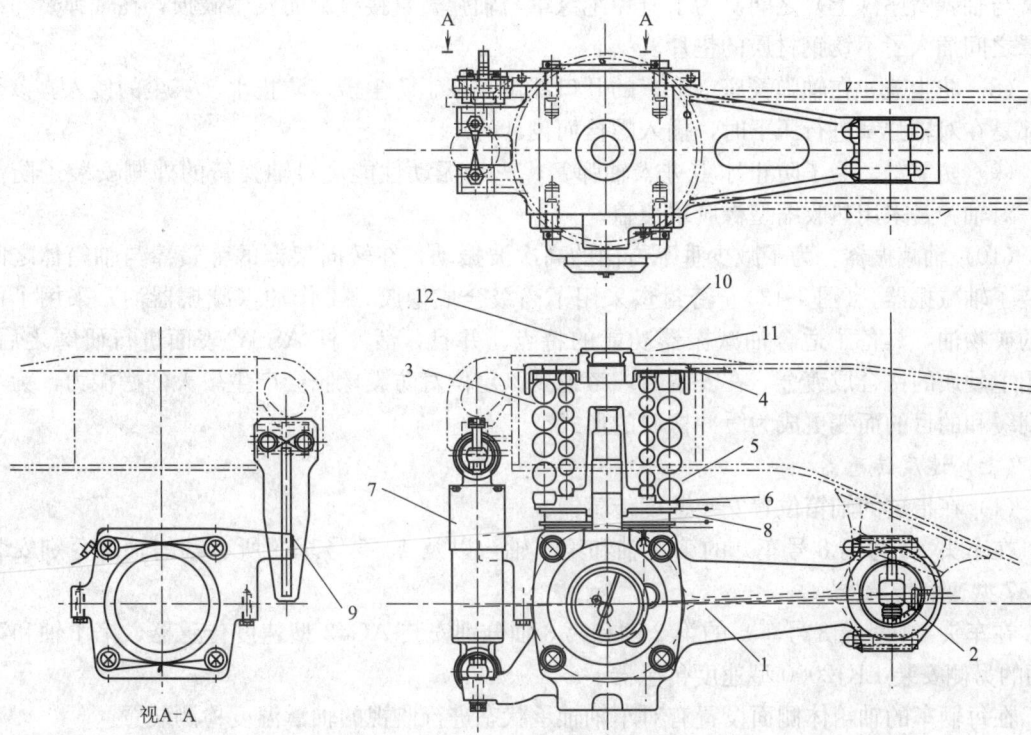

图 4-12　轴箱定位装置组成结构图

1—轴箱体；2—轴箱支撑橡胶；3—轴弹簧；4—轴弹簧座（上）；5—轴弹簧座（下）

6—防振橡胶；7—油压减震器；8—调节板；9—吊装用具；10—绝缘罩；11—挡板；12—防尘盖

（1）轴箱支撑橡胶。考虑到负荷载重量的增加，采用了大于目前在日本新干线中使用的规格尺寸。

（2）轴弹簧。在轴箱体的上部安装轴弹簧。轴弹簧采用由外簧和内簧构成的双重螺旋钢弹簧，所有车型均使用同一种弹簧。外簧的材质与内簧的材质不同。

（3）轴弹簧座（上、下）。材质采用钢材：S45C。

（4）防振橡胶。安装在轴弹簧座（下）和轴箱体之间，用于高频振动的隔振。

（5）调节板。为调节车辆之间的重量

图 4-13　减振器实物图

差，以及转向架内圆弹簧载荷的不平衡，将调节板插入轴箱体和防振橡胶之间。

通过拔出和插入调节板进行高度调整，使得一台转向架四处位置的轴弹簧高度达到规定的尺寸。

（6）吊装用具。在吊起转向架时，为了使轮对与转向架构架一体起吊而安装了吊装用具。吊装用具挂在轴箱总成的后盖突出部分。

（7）绝缘罩与挡板。为了实现转向架构架与轮对间电气绝缘的目的，把绝缘罩安装在轴弹簧与轴弹簧座（上）之间。为了避免绝缘罩与轴弹簧直接接触而发生破损，在轴弹簧与绝缘罩之间插入了不锈钢材质的垫片。

（8）防尘盖。在轴弹簧座（上）的开口部位安装了防尘盖，防止水、灰尘的侵入。该开口部是在对轴弹簧进行压下时，插入螺栓而设计的。

（9）防雪罩。为了防止冰雪进入轴弹簧，影响振动性能，对轴弹簧的外侧安装了防雪罩。对轴弹簧采用热收缩型橡胶罩覆盖。

（10）轴减振器。为了减少垂下方向的高次波振动，在转向架框的弹簧棒与轴箱体之间安装了轴减振器。（图4-13）。密封垫采用了高级合成橡胶，工作油（减振器油）采用了优质的矿物油，具备了适合油减振器功能的特点。并且，活塞杆ASSY表面进行研磨之后，使用了硬质的铬合成镀金。在安装时，考虑到该定位对防震橡胶会产生较大的摆振力，为了达到缓和的目的而变更成为缓冲橡胶的形式。

（七）速度传感器

（1）在指定的轴箱位置安装速度传感器。

在车头（1号与8号车）的第1轴和第4轴，以及4、5号车的所有轴的轴端分别安装AG37型速度传感器。

在车头（1号与8号车）的第2轴和第3轴分别安装AG43型速度传感器，第1轴和第4轴的另侧安装LKJ2000型速度传感器。

在每辆车的轴箱体侧面设置有对车轴轴承状态进行监视的轴承温度检测装置。

（2）速度传感器直接安装在轴箱体的前盖上，如图4-14所示。

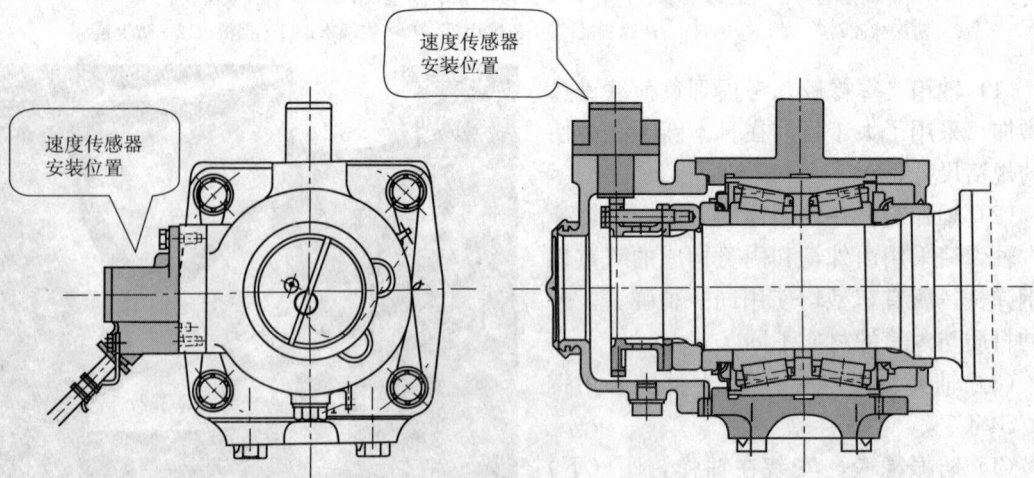

图4-14　速度传感器安装位置结构图

五、CRH2 型动车组转向架二系中央悬挂装置

（一）二系中央悬挂装置组成及主要作用

二系中央悬挂装置由枕梁、空气弹簧、横向缓冲器、牵引套、牵引中心销、抗蛇行液压减振器、牵引拉杆、横向油压减振器、高度控制阀、安全阀及供风管路等组成。

主要作用：

（1）从转向架向车体传导驱动力、制动力。

（2）通过转向架的空气弹簧支撑车体以及自动调节车体的高度。

（3）抑制车体左右摆动及变位的左右移动。

（4）抑制转向架左右摆动的减摆器。

（二）转向架与车体连接及牵引装置

转向架带有一根直接固定在车架上的连接梁，可以快速地将转向架从车架上拆除（只需拧下几个螺栓），无需分别拆除所有连接转向架和车架的组件（如牵引连杆、抗蛇行减振器、二系悬挂、侧向和纵向减振器）。

车体到转向架的连接牵引装置系统由设于车体纵轴线上的单牵引拉杆构成，杆的每端配有一个压装弹性衬套。单牵引拉杆固定在转向架后侧横梁的下侧，并连接到一个锥形枢轴上，向车体传导来自转向架的驱动力、制动力。

单连杆主体采用钢管焊接组装结构，主要材质采用钢管：STKM13A（JIS G 3445）。焊接后要进行退火。单牵引连杆所使用的缓冲橡胶，对于所承受的载荷应具备足够的耐久性，并且对于转向架的移动应具备尽可能跟踪允许变位。

车体与转向架间主要通过下列部件连接：

（1）传递驱动力、制动力的单牵引拉杆装置和中心销。

（2）通过转向架垂向支撑车体的空气弹簧，以及调节其高度的自动高度调节装置。

（3）抑制车体横向摆动及变位的两个横向液压减振器及横向移动限位橡胶。

（4）抑制转向架蛇行运动的两个抗蛇行液压减振器。

动力转向架与拖车转向架的车体支撑装置相同。

牵引装置的中心销可使用螺栓安装在车体的下部。它应能够承受载荷及行车时造成的振动，并具备足够的强度。单牵引拉杆实物图如图 4-15 所示，中心销实物图如图 4-16 所示。

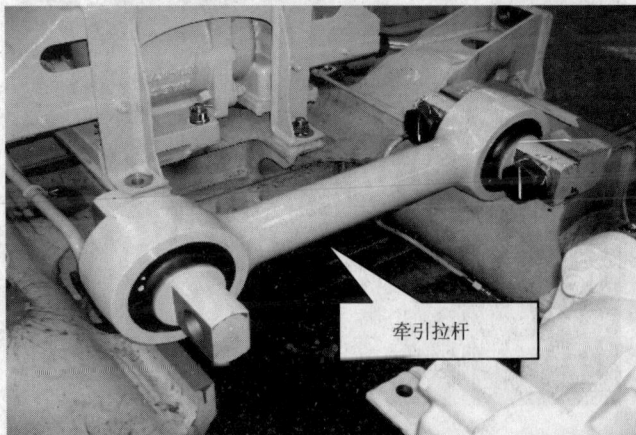

图 4-15 单牵引拉杆实物图

图 4-16　中心销实物图

（三）空气弹簧组成

空气弹簧系统由两个空气弹簧、两个高度阀、一个安全阀和一个附加空气室通过管路连接而成，是转向架构架与枕梁之间的悬挂装置。空气弹簧系统确保了车辆在运行中保持高度不变。

1. 空气弹簧

弹簧悬挂装置的性能是影响车辆运行品质的重要因素之一。空气弹簧能使车辆获得良好的垂向和横向性能。空气弹簧是由气囊和附加橡胶弹簧组合而成的自由膜形式，适用于水平位移大的无摇枕转向架。

如图 4-17 所示，气囊的上下支口为自密封结构。上盖板上设有定位柱，与车体相连，下部通气口与构架相连，为圆柱面并用 O 形圈密封。为使空气弹簧无气状态时转向架能够运行，在下支座上面设有特殊的滑板，以提高转向架的曲线通过能力。当空气弹簧破损无气时，附加的橡胶弹簧提供二系垂向刚度，以确保车辆运行安全。通常，空气弹簧在附加弹簧内设置了固定阻尼孔，以提供二系垂向阻尼。

图 4-17　空气弹簧实物图

2. 自动高度调节装置

高度阀的主要作用及要求：维持车体在不同静载荷下都与轨面保持一定的高度；在直线上运行时，车辆在正常振动情况下不发生进、排气作用；在车辆通过曲线时，如果车体倾斜程度超过无感区后，转向架上的高度控制阀分别产生进、排气的不同作用，从而减少车辆的倾斜。

每一个空气弹簧，要安装一组自动高度调节装置。自动高度调节装置由自动高度调节阀、调节杆总成、差压阀构成。

自动高度调节阀是根据载荷的变化自动调整空气弹簧内压使车体保持一定高度的装置。

自动高度调节阀采用机械式的纯空气阀 LV5B-2 型（日本），自动高度调节阀均分左右，安装在车体上；采用保温箱及加热器进行保护，以满足−25 ℃的使用条件；能够承受在供风源压力（最大总风缸压力为 882 kPa）、供风终端压力（最大空气弹簧内压为 588 kPa）的使用条件；在中立位置设置±5 mm 左右（换算为摆杆长度 140 mm）的不灵敏带，对于微小的摇动不进行持续的供排气，使其具备 3 s 左右的动作延迟时间，或者在中立位置设置±20 mm（换算为摆杆长度 140 mm）的低流量范围，防止空气消耗量的无谓增加。

调节杆：自动高度调节阀安装在转向架构架上，采用能够追踪车体与转向架之间相对运动的结构。对于调节杆组成的下部，使用调节杆支座保护，以防止受到冰雪及障碍物的影响而发生破损。为了强化车体与转向架之间的绝缘，在杆的部分插入硬质尼龙的绝缘板。

差压阀：当转向架上的左右空气弹簧压力差达到一定数值时，差压阀开始工作，使压力高的一端的空气流向较低的一端，消除内压差以防止车体异常倾斜。图 4-18 为 DP5 型差压阀实物图。

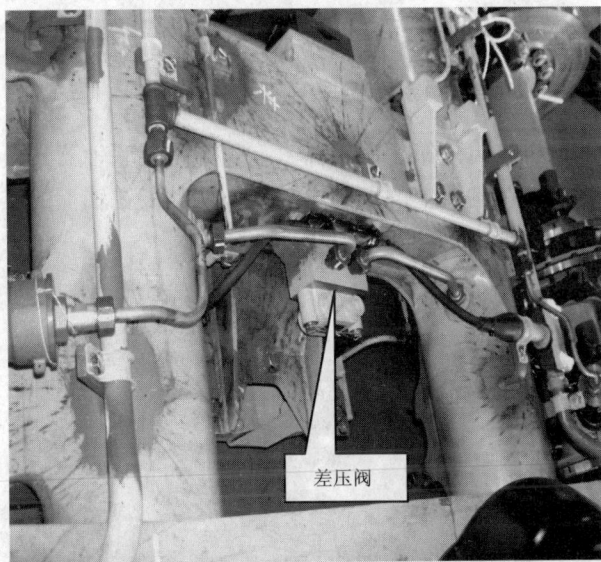

图 4-18 DP5 型差压阀实物图

（四）横向液压减振器

为了抑制运行时车体摇摆，每台转向架安装了两个横向液压减振器。减振器安装在车体和转向架构架之间，安装部安装了橡胶套管。

（五）横向限位橡胶

横向限位橡胶（也称为横向止挡）是为限制车体运行中（特别是曲线上）过大的横移而设置的，安装在转向架构架上，如图 4-19 所示。

图 4-19　横向止挡实物图

为避免运行中车体频繁碰撞橡胶或者接触后出现硬性冲击，将限位橡胶与中心销之间的初始间隙设定为 20 mm，同时规定初始间隙与最大负荷时的橡胶的挠曲变形合计不超过 50 mm。

（六）抗蛇行减振器

为了获得稳定的回转阻尼力，防止高速运行时转向架发生蛇行，每台转向架安装两个抗蛇行减振器，安装在车体和转向架构架之间，安装部安装了橡胶套管。

六、CRH2 型动车组转向架驱动系统组成（M 车）

驱动装置由牵引电动机、齿轮箱、联轴器（齿轮型挠性联轴器）及接地装置组成。每个动车转向架都有两台直接装在构架上的牵引电动机，驱动装在轴上的锥齿轮。牵引电动机及齿轮箱模型如图 4-20 所示，联轴器实物图如图 4-21 所示。

图 4-20　牵引电动机及齿轮箱模型图

图 4-21　联轴器实物图

（一）齿轮箱

齿轮箱驱动装置组成结构如图 4-22 所示。CRH2 型动车组转向架齿轮的传动比为 3.036。为尽可能减轻簧下重量，轴上的齿轮箱由轻型铝铸材质制成；齿轮由螺栓和锥形销直接固定在轴上的法兰上；齿轮箱装在三个轴承上；一侧装在圆柱滚子轴承上承受径向力，另一侧装在两个锥形轴承上承受径向及轴向力，组成一个预先放置的不可分离的单元；小齿轮安装，由两个圆柱轴承承受径向力，一个球轴承承受径向及轴向力，滚柱的材质为 SUJ2。轴承寿命 300 万 km 以上。

齿轮箱装有一个低油液位传感器，密封性能好，以防漏油，进水、雪和灰尘。

图 4-22　齿轮箱实物图

（二）牵引电动机

电动机是将电能和机械能相互转换的一种机械装置。电动机的种类有很多，有交流异步电动机、交流同步电动机、直流电动机、步进电动机、直线电动机等。而在目前我国动车上所使用的牵引电动机均为交流异步电动机。

动车用的牵引电动机结构均比较简单，一般由转子、定子、转子轴承、外罩、引出线等组成。牵引电动机安装实物图如图 4-23 所示。

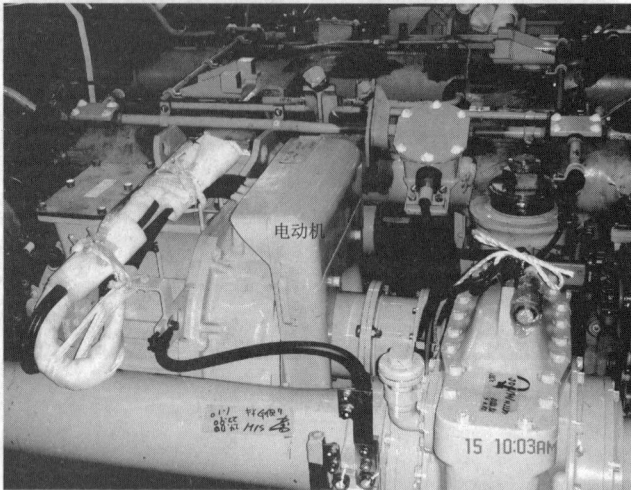

图 4-23　牵引电动机安装实物图

七、CRH2 型动车组转向架基础制动装置

CRH2 型动车组转向架基础制动装置为盘式制动方式，包括 M 车转向架侧钳盘式制动器、T 车转向架侧钳盘式制动器和 T 车转向架轴钳盘式制动器三种，但为尽量实现部件的通用化，它们的制动缸缸径分别为 45 mm、32 mm 和 32 mm，如图 4-24 所示。

图 4-24　基础制动装置实物图

设置在转向架横梁上的增压气缸，被压入空气后转变为油压再提供给锁紧装置。（因被送入锁紧装置的压力油的作用，装置在锁紧装置上的制动闸片压紧制动盘来达到制动。）油压下降后，由于锁紧装置内的自由缓冲弹簧的作用，制动闸片离开制动盘。为防止因制动闸片的磨损而引起制动盘和闸片间间隙的扩大，装置具有保持一定间隙的自动调整功能。

动力转向架与拖车转向架使用的制动闸片是不同的，制动闸片的材质为烧结合金。踏面清扫装置在行驶中将擦拭附着在车轮踏面上的尘埃、锈迹、油脂等，为防止空转和打滑，在制动时将研磨子压抵在踏面上进行清扫。作为耐寒耐雪对策，为防止装置阻塞，将气缸、复位弹簧、自动间隙调整装置合装于一箱形成一个单元。研磨子的材质采用树脂系列的。

（一）增压缸

增压缸由气缸部分、油压发生部分、PCIS 压力控制阀（滑行防止阀部分）等构成，用于将空气压力转换为一定倍率的较高液压，从而得到所需的闸片压力。另外，增压缸上还装有防滑阀，以及为解决由于防滑阀连续动作而产生的不能制动问题的给排截断阀。

（二）踏面清扫装置

为去除车轮踏面的污垢及油，保持稳定的黏着性能，防止车轮擦伤，加装了踏面清扫装置。该装置安装在制动钳的上部，采用活塞式，在制动时将研磨装置压在车轮踏面上开始工作。

踏面清扫装置由四根螺栓固定在转向架的托架上。通过连接器进行加压后，活塞连杆被顶出，装置在活塞头端的研磨子触抵车轮的踏面。

压力去除后，在复位弹簧作用下，活塞杆及研磨子被拉回。与研磨子座结合的销子由防振橡胶支持，吸收车轮的倾斜，以此来达到防止研磨子的偏磨耗和缓解振动。

止动销式间隙调整装置：研磨子、车轮的踏面一旦磨耗，止动销座（安装在活塞连杆的槽内）的凸起会抬起由弹簧抵压的止动销并使超越，由此使研磨子与车轮踏面的间隙保持在大约 15～23 mm，箱室内残留空气的场合，须将止动销拉出 2～3 次进行排气。

八、CRH₂ 型动车组转向架排障器

为排除轨道上的道砟（碎石）等大小障碍物，在转向架上设置了排障器。更大的障碍物由车体的排障器排除。排障装置由安装臂、排障板支座、排障板等构成（图 4-25）。由于排障装置安装在轴箱的下面，因此，应具备足够的强度，使其即使承受较大的振动，也不易发生破损。排障器应能够配合车轮直径、调节排障板的高度。在轴箱保持水平的状态下，排障板下端与钢轨面的距离高度可调节为大约 10 mm。

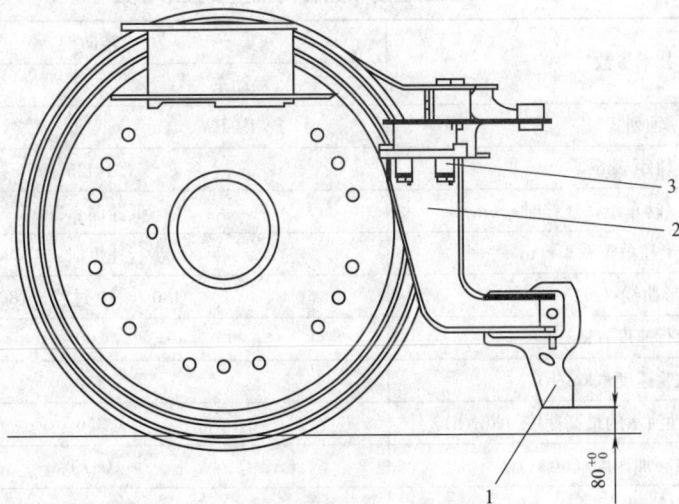

图 4-25　排障器结构组成示意图
1—排障板；2—安装臂；3—安装螺栓

第三节　CRH3型动车组转向架

一、CRH3型动车组转向架概述

CRH3型动车组采取"四动四拖"的编组构成，如图4-26所示。转向架采用二轴二系空气弹簧，是在SF500转向架的基础之上，做了适当改进。通过对车辆转向架各部件重量和中心的调整以及悬挂弹簧参数的调整使其运行品质得到优化。

CRH3型高速列车转向架分动车转向架和拖车转向架，其中，动车转向架（简称M）有四种类型，拖车转向架（简称T）有六种类型。两种转向架采用基本一致的结构形式，构架为H形焊接构架，圆锥滚子轴承单元，轴箱转臂定位，一系悬挂是螺旋弹簧加垂向减振器，二系悬挂为带有辅助橡胶堆的空气弹簧直接支撑车体，在车体和转向架之间装有主动控制的抗蛇行减振器，采用Z形拉杆牵引装置。由于特定的优化，动车转向架和拖车转向架不可互换。

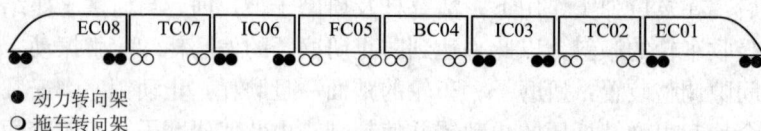

● 动力转向架
○ 拖车转向架

图4-26　CRH3型动车组转向架编组示意图

动车转向架与拖车转向架的主要区别如下：

● 动车转向架有两根动力轴，而拖车转向架有两根非动力轴，动力轴上装有两个制动轮盘和一组齿轮箱；

● 非动力轴上装有三个制动轴盘；

● 动车转向架比拖车转向架多一个电动机吊架。

CRH3型动车组转向架主要技术参数如表4-2所示。

表4-2　CRH3型动车组转向架主要技术参数

技术参数	转向架	
	动车	拖车
轴列式	B_0-B_0	B-B
轨距 mm	1 435	
最小曲线半径（动车组，连挂时）(m)	低速时：250	
最小曲线半径单车调车 (m)	步行速度时：150	
S形曲线 (m)	180＋10过渡＋180	
最高运行速度（km/h）	300	
最高试验速度（km/h）	330	
运营服务时一次性演示的最高速度（km/h）	350	
未平衡离心加速度（m/s²）	0.79	
固定轴距（mm）	2 500	
车轮直径（新/旧）(mm)	920/830	920/860
最大静轴重（变形载荷）(t)	17（1±4%）（最大17.68 t）	17（1±4%）（最大17.68 t）
转向架质量，包括摇枕及其零部件（kg）	≤10 000	≤7 500

续上表

技术参数	转向架	
	动车	拖车
一系悬挂	螺旋圆柱钢弹簧	
二系悬挂	空气弹簧	
二系纵向力传递方式	摇枕	
转向架距轨面高度(新车轮、空气弹簧充风状态下)/(mm)	1010 （摇枕上边缘）	
传动	轴装式平行轴传动装置	—
持续轴功率/（kW）	约 560	
机械制动	轮盘制动	轴装式盘形制动
停放制动	—	弹簧蓄能制动

（一）动车转向架

CRH₃ 型动车组中的动车（EC01/08、IC03/06 号车）分别装用了四种动车转向架，每个转向架轴端布置有轴温传感器，侧梁下部安装有自动过分相感应接收器，在每个动车转向架上安装有一个加速度传感器。第 1、8 号车所用的转向架轴端布置有 ATP 速度传感器及接地回流装置，另外第 1、8 号车一端转向架上有两个用来吊装天线装置的横梁，前端安装了轮缘润滑装置、撒砂装置和扫石器。第 3、6 号车每个转向架端部只有一套撒砂装置和扫石器。

动车转向架（图 4-27）主要由焊接构架组成：一系悬挂及轮对轴箱定位装置、二系悬挂及

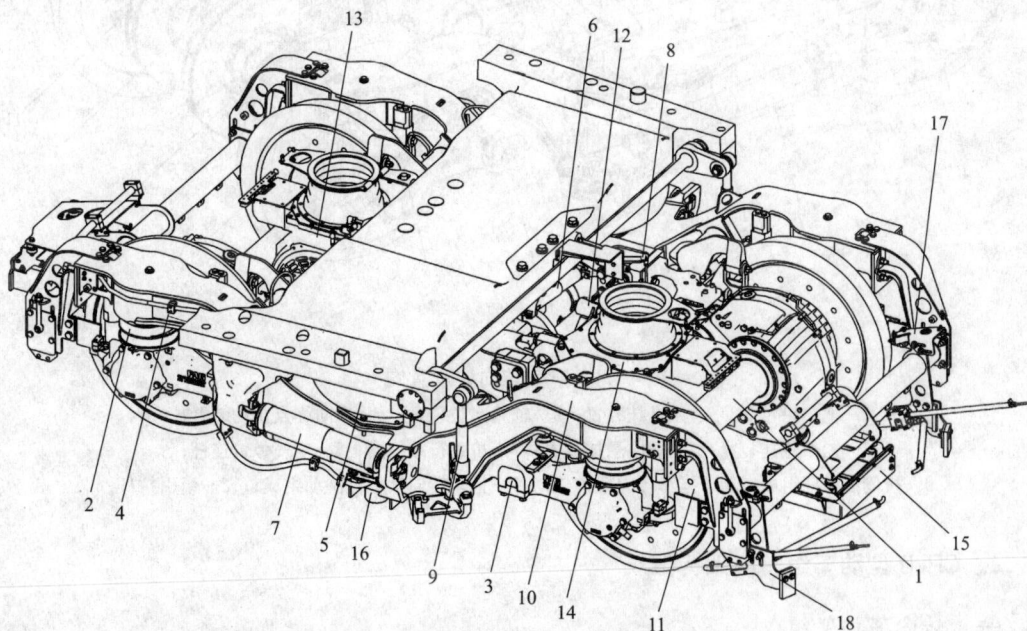

图 4-27 动车转向架示意图

1—整体动车轮对；2——系悬挂装置；3—轴箱定位装置；4—横向终点止动装置；5—二系悬挂装置；6—横向悬挂装置；
7—抗蛇行减振器；8—空气弹簧连杆；9 抗侧滚扭杆组成；10—动力转向架构架；11—轮盘制动组成；
12—牵引拉杆组成；13—牵引电动机组成；14—牵引电动机通风装置；15—天线组成；
16—感应接收器装置；17—轮缘润滑组成；18—撒砂和排障器

牵引装置、抗测滚扭杆装置、枕梁、驱动装置、基础制动装置、轴温报警装置与接地回流装置、撒砂装置、ATP 信号接收系统与轮缘润滑系统（列车头尾部动车转向架）等。

（二）拖车转向架

CRH3 型动车组（TC02/07、BC04、FC05 号车）中分别装用了六种拖车转向架，该转向架的结构如图 4-28 所示，主要由刚结构焊接构架组成：一系悬挂及轮对轴箱定位装置、二系悬挂及牵引装置、抗测滚扭杆装置、枕梁、停放储能制动装置、基础制动装置、轴温报警装置、接地回流装置和速度传感器装置等。

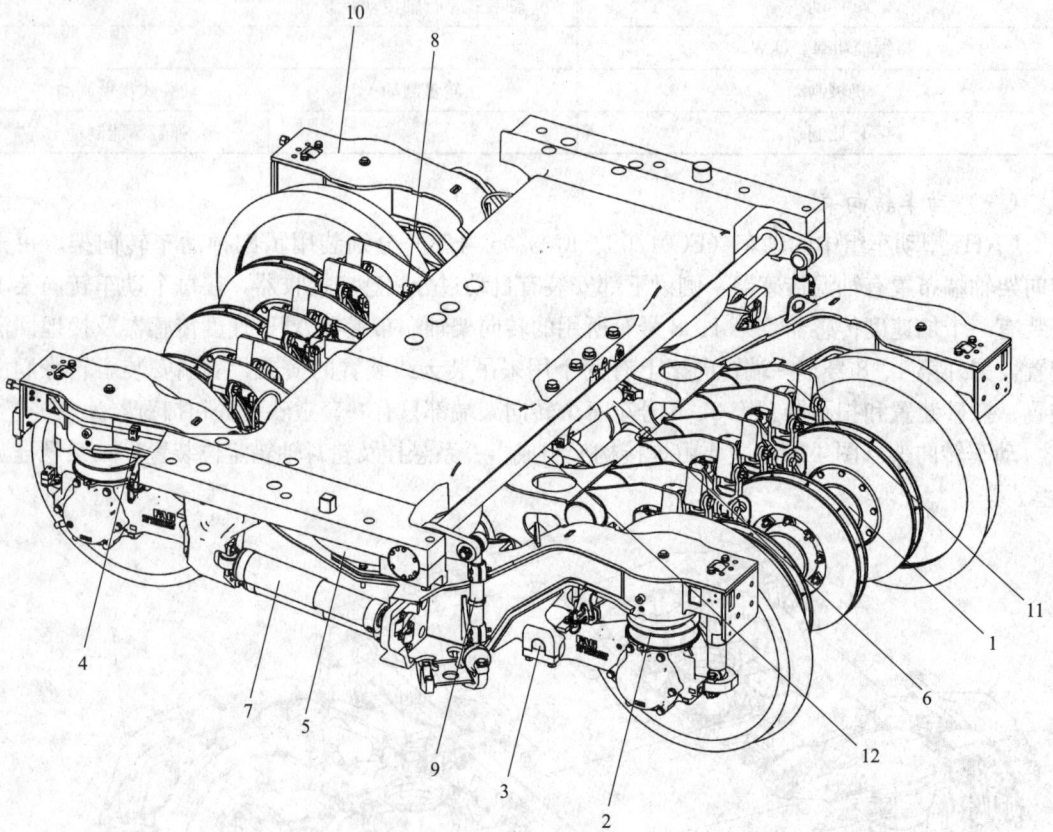

图 4-28　拖车转向架示意图

1—拖车轮对；2—一系悬挂装置；3—轴箱定位装置；4—横向终点止动装置；

5—二系悬挂装置；6—横向悬挂装置；7—抗蛇行减振器；8—空气弹簧连杆；

9—抗侧滚扭杆组成；10—拖车转向架构架；11—拖车转向架轴盘制动组成；12—牵引拉杆

二、CRH3 型动车组转向架构架

（一）转向架构架组成

转向架构架（图 4-29）由两个侧梁、两个横梁和两个纵梁组焊为双 H 形箱形结构。侧梁由钢板焊接成下凹 U 形结构，钢板材质为 S355J2G3C。侧梁上焊有拉杆定位座、一系垂向减振器座、一系弹簧定位座、二系空气弹簧定位座、抗侧滚扭杆座、抗蛇行减振器座、转向架起吊吊座、制动横梁座等；横梁为无缝钢管，材质为 S355J2H，横梁上焊有牵引拉杆座、齿轮箱吊座、牵引电机吊座等。

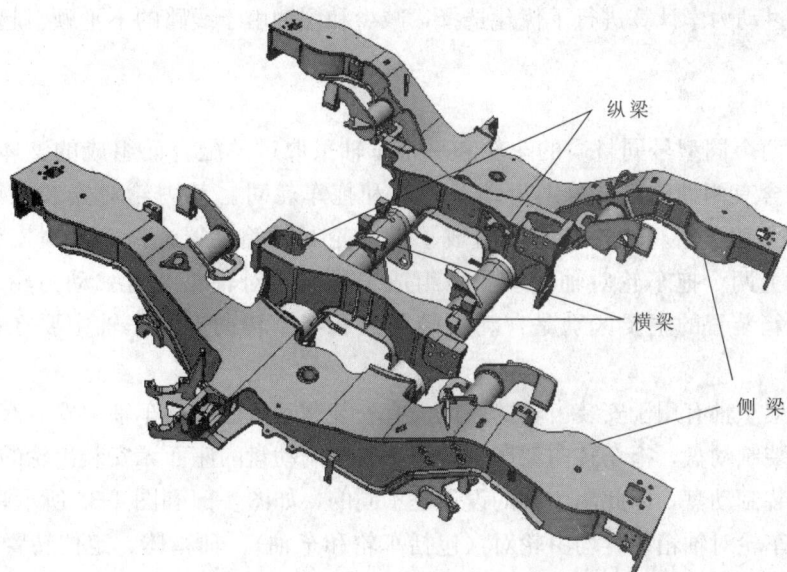

图 4-29 动车转向架构架组成示意图

（二）动车转向架与拖车转向架构架比较

CRH₃ 型动车组转向架共有两种构架形式，即动车转向架构架和拖车转向架构架。为了实现模块化设计，两种构架组成的主体结构尽可能通用。与后者相比，前者多出了齿轮箱吊座、牵引电动机吊座等驱动和轮盘制动吊座，后者则有轴盘制动吊座，如图 4-30 所示。

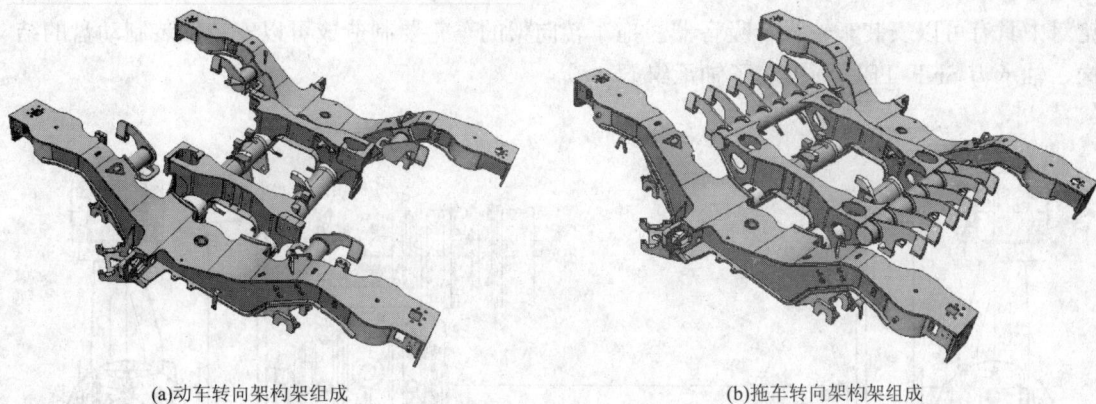

(a)动车转向架构架组成　　　　　　　　　　　(b)拖车转向架构架组成

图 4-30 动车与拖车转向架构架组成比较示意图

三、CRH₃ 型动车组转向架一系悬挂轴箱定位装置

一系悬挂装置由一组螺旋钢弹簧、一系垂向减振器和定位装置组成，采用转臂式轴箱定位结构。箱体与构架间的连接通过带有定位弹性节点的转臂实现。定位弹性节点主要由弹性定位套、定位轴、金属套等组成，当轮对轴箱相对于构架在纵、横向产生位移时，弹性定位套中的橡胶层发生变形，从而起到弹性定位作用。橡胶节点的刚度、钢弹簧的刚度和垂向减

振器的参数通过动力学计算进行了优化选择，减少和缓冲由于线路的不平顺引起的对构架的激扰。

（一）轮对组成

轮对是指两个同型号同材质的车轮和一根车轴采取过盈配合而组成的整体。CRH3型动车组转向架含有两种轮对，分别为动车轮对和拖车轮对。动力轮对安装在动车转向架上，再加上两个动车轮对轴箱装置，组成了动力轮对轴箱装置；拖车轮对安装在拖车转向架上，再加上两个拖车轮对轴箱装置，组成了拖车轮对轴箱装置。动力轮对轴箱装置和拖车轮对轴箱装置的主要区别是：动力转向架和拖车转向架的车轴主要在齿轮座和制动盘座处不同。

动车转向架车轴有用于安装齿轮的座而没有安装制动盘的座，车轴上安装有一个齿轮箱组成和两个轮装制动盘，拖车转向架车轴有用于安装制动盘的座而无安装齿轮的座，车轴上安装有三个轴装制动盘，因此两个轴的设计是不同的，如图4-31和图4-32所示。

动车、拖车轮对轴箱装置均由轮对（包括车轮和车轴）、轴箱体、定位转臂、夹紧箍及弹性定位套、油压减振器、轴承、轴箱弹簧、缓冲橡胶垫、上夹板、下夹板等零部件组成。车轴为空心车轴，中空直径为 $\phi30$ mm，车轴按疲劳寿命20年设计，材质为A4T；车轮材料的选用将依据 300 km/h 的运行速度和 350 km/h 的测试速度而定，即采用 R8T（依据 UIC819 标准）。

车轮踏面采用磨耗型踏面，保证外形应与现行轨道条件相匹配并且要使轨道疲劳、运行安全性、牵引性能和乘坐舒适性得到最佳化。轮对应使用整体车轮，新轮时车轮滚动圆直径为 920 mm，磨耗到限时动车转向架车轮直径为 830 mm，拖车转向架车轮直径为 860 mm，通过一沟槽标记出车轮径向磨耗到限；动车转向架的车轮具有可安装轮装式制动盘的结构，轮对中具有可以安装车轮噪音吸音器。拖车转向架的车轮要制造成可以安装轴装制动盘的结构，轴承为 SKF-TBU 圆锥滚子轴承组。

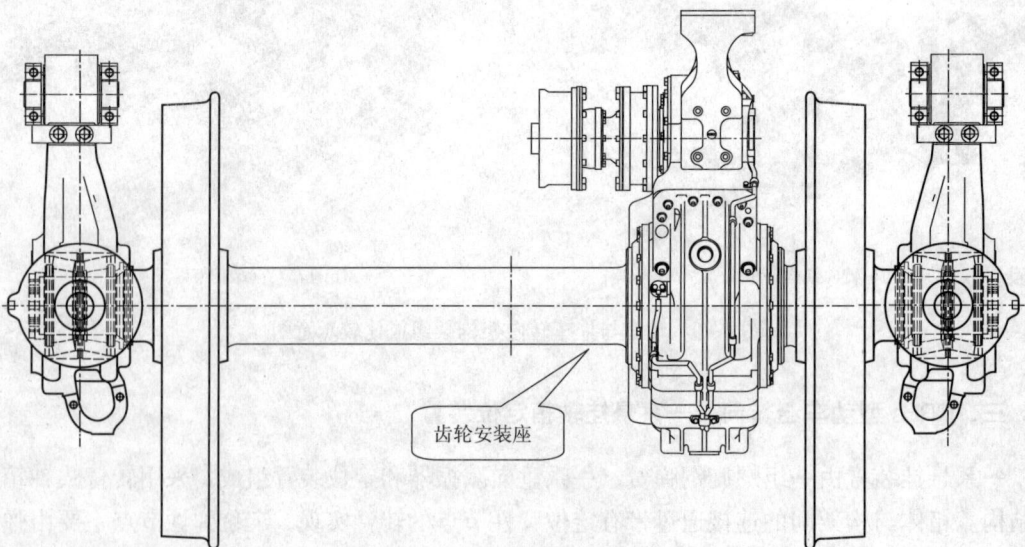

齿轮安装座

图 4-31　动车轮对轴箱装置结构图

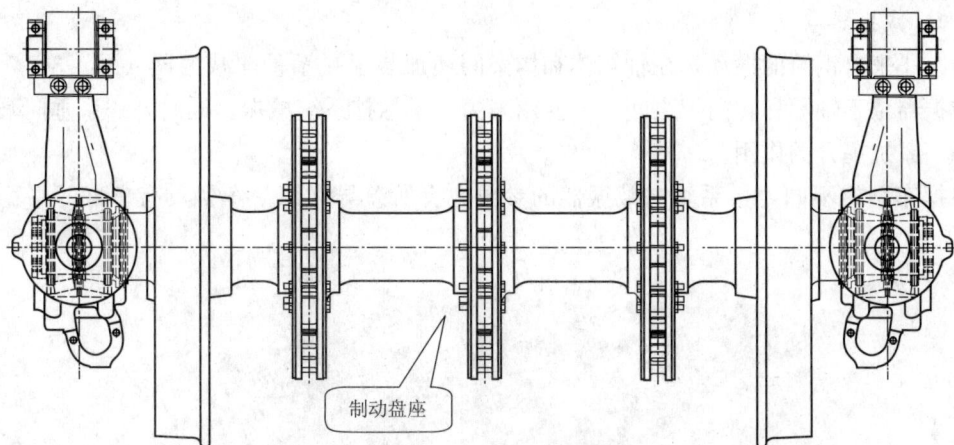

制动盘座

图 4-32 拖车车轮对轴箱装置结构图

（二）轴箱组成

轴箱上设有弹簧安装座和垂向减振器座，轴箱由 GGG 铸铁制成，并使用圆锥滚子轴承。车轴轴承箱为分体设计，可不拆卸轴承更换轮对。其下部可分离以便更换轮对，轴箱上安装有轴温传感器，部分轴端安装有速度传感器。轴箱结构如图 4-33 所示。

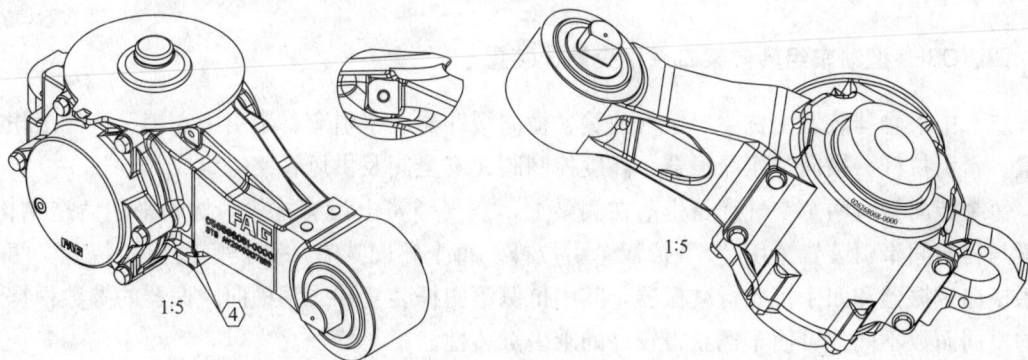

图 4-33 轴箱结构图

圆锥滚子轴承性能优于圆柱滚子轴承的性能。这是因为在高速、高负荷情况下，圆锥滚子轴承的轴向负荷主要是由滚道承受（另有约 20%～30% 是由内圈挡边承受），而滚子与滚道的接触面之间主要是滚动摩擦；但圆柱滚子轴承则主要是靠两个挡边承受轴向负荷，滚子端面与挡边之间是滑动摩擦。所以圆锥滚子轴承摩擦力矩小，小摩擦力矩导致温度低，从而提高了安全性，延长了润滑脂寿命。

轴箱组装时为了保护轴承，轴箱要与转向架构架电气绝缘。此绝缘要遵照规定，不得通过任何安装的零件桥接。

（三）弹簧

轴箱弹簧为双卷螺旋弹簧，置于轴箱顶部，弹簧组上半部伸到构架侧梁的弹簧座里面，在弹簧顶部与构架弹簧座之间设有一块橡胶垫，用以吸收来自钢轨的冲击和高频振动。

（四）减振器

为减小来自钢轨的振动，在轴箱体和构架间还加装了一系垂向减振器（图 4-34），一系垂向减振器位于轴承和转向架之间，主要用来为一系悬挂系统减振。同时，一系垂向减振器还起到一系抗提升的作用。

根据车型的不同，一系垂向减振器的参数亦有所差异，以使车辆具有良好的平稳性。

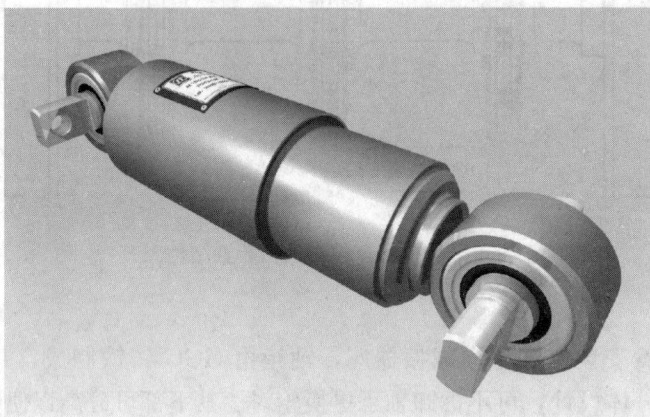

图 4-34　一系垂向减振器组成实物图

四、CRH₃ 型动车组转向架二系中央悬挂装置

二系中央悬挂装置由枕梁、空气弹簧、横向缓冲器、牵引套、牵引中心销、抗侧滚扭杆装置、牵引拉杆、横向油压减振器、高度控制阀、安全阀及供风管路等组成。

每个转向架有两个空气弹簧坐落在侧梁上，空气弹簧上设有枕梁，枕梁采用铸造结构，枕梁与构架间牵引装置采用"Z"形双牵引拉杆。每个转向架有一套抗侧滚扭杆装置、两个二系横向减振器和四个抗蛇行减振器，其中抗侧滚扭杆装置和二系横向减振器的参数根据车型的不同而数不同，可使车辆获得较高的乘坐舒适性。

（一）空气弹簧组成

空气弹簧系统由两个空气弹簧、两个高度阀、一个安全阀和一个附加空气室通过管路连接而成，是转向架构架与枕梁之间的悬挂装置，空气弹簧系统的作用是确保车辆高度保持不变。

1. 空气弹簧

弹簧悬挂装置的性能是影响车辆运行品质的重要因素之一。空气弹簧能使车辆获得良好的垂向和横向性能。如图 4-35 所示，空气弹簧由胶囊与橡胶堆组成，胶囊与橡胶堆串联工作，通过对两个部件的优化，可以获得较高的乘坐舒适性。在正常工况下（充气状态），橡胶堆有助于胶囊适应转向架的转动，如果胶囊失效，橡胶堆将独立工作，此时上盖的下表面与橡胶堆顶部磨耗板接触，磨耗板采用特殊制造，确保获得较低的摩擦系数（0.08～0.12）。该系统刚度小，可以使车辆获得较高的乘坐舒适性，悬挂系统仍然能够安全的进行工作，不会影响到车辆的运行速度。

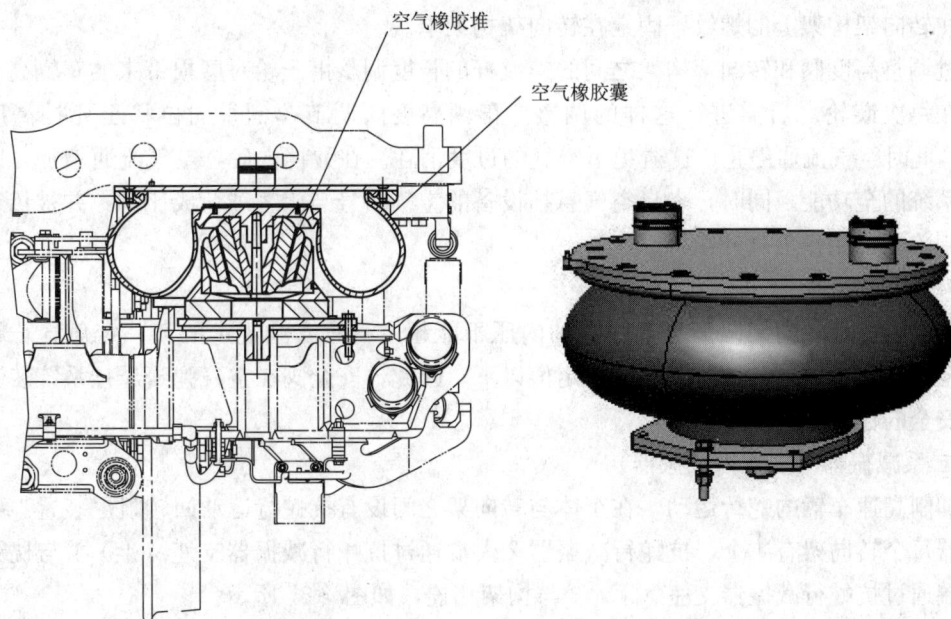

图 4-35 空气弹簧组成结构及实物图

2. 高度阀

高度阀的主要作用及要求：维持车体在不同静载荷下都与轨面保持一定的高度；在直线上运行时，车辆在正常振动情况下不发生进、排气作用；在车辆通过曲线时，如果车体倾斜程度超过无感区后，转向架上的高度控制阀分别产生进、排气的不同作用，从而减少车辆的倾斜。

高度阀的组成：主要包括高度阀座、高度阀、水平杆、螺纹杆、调节环和下座等部件（图 4-36）。

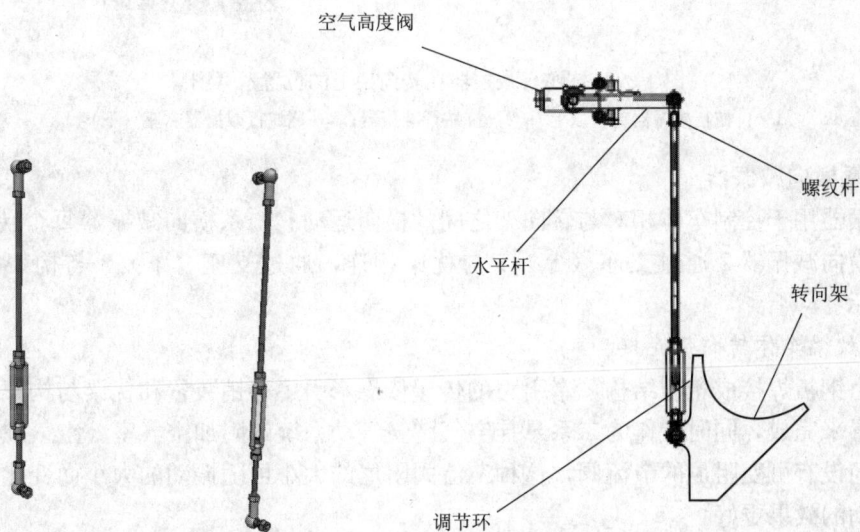

图 4-36 高度阀组成结构图

高度控制阀的主体采用螺钉固定在高度阀座上，阀座与枕梁相连，而该阀的阀杆利用一个铰接在转向架构架上的螺纹杆固定在转向架构架上。

通过调整高度阀和转向架构架之间的螺纹杆的长度调整由于轮对磨损带来的车辆高度的变化，在每次镟轮之后需进行这样的调整。车辆高度阀调节车辆垂向位移至死挡高度约±3 mm，此时空气流通停止，这避免了空气的过度消耗。在死挡之后，空气流通增加，以保证悬挂系统的全功能。同时，来自空气悬挂设备的空气信号与旅客载荷成比例，并被传送到制动控制单元，用作负载补偿。

3. 安全阀

安全阀是保证转向架两侧空气弹簧的内压不能超过行车安全规定的某一定值。若超出时，安全阀将自动排风，使压差维持在定值以下。因此，安全阀在空气弹簧悬挂系统装置中起保证安全的作用。

4. 二系减振器（抗蛇行减振器）

为抑制高速车辆的蛇行运动，在车体与转向架之间设有抗蛇行运动回转阻尼装置。抗蛇行减振器每个转向架有 4 个，抗蛇行减振器 2 大端通过抗蛇行减振器支座（上）1 与枕梁相连，小端通过抗蛇行减振器支座（下）3 与构架相连，如图 4-37 所示。

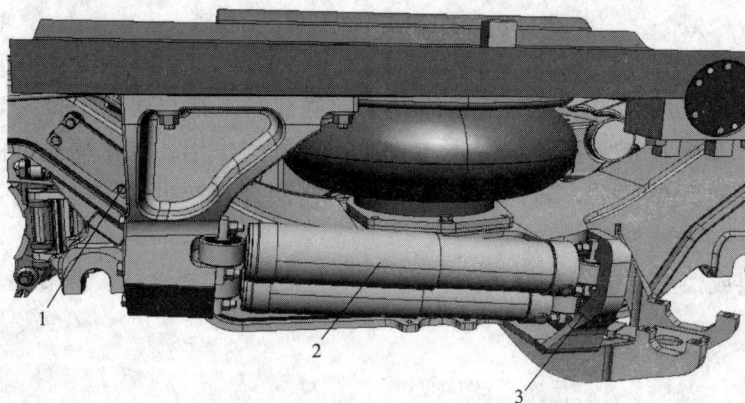

图 4-37　抗蛇行减振器在转向架上的位置示意图
1—抗蛇行减振器支座（上）；2—抗蛇行减振器；3—抗蛇行减振器支座（下）

5. 二系横向减振器

该减振器用于控制车体相对与转向架之间的横向运动。二系横向减振器每个转向架有 2 个，二系横向减振器 2 通过支座（上）1 与枕梁相连，通过支座（下）3 与构架相连，如图 4-38所示。

（二）枕梁车体转向架连接

枕梁由钢板焊接成箱型结构，牵引力的传递依靠牵引中心销装置和枕梁与构架之间的牵引拉杆装置来完成，同时，作为二系悬挂空气弹簧气动系统的附加空气室。空气弹簧与附加空气室之间设有可变阻尼的节流阀，这种节流阀阻尼的大小可随振动的大小而变化，从而能使衰减振动的效果更好。

枕梁通过定位销 7 与车体连接。通过空气弹簧、牵引装置与构架相连，抗侧滚扭杆、二系横向减振器、抗蛇行减振器等都通过相应的支座与枕梁和构架相连，如图 4-39 所示。

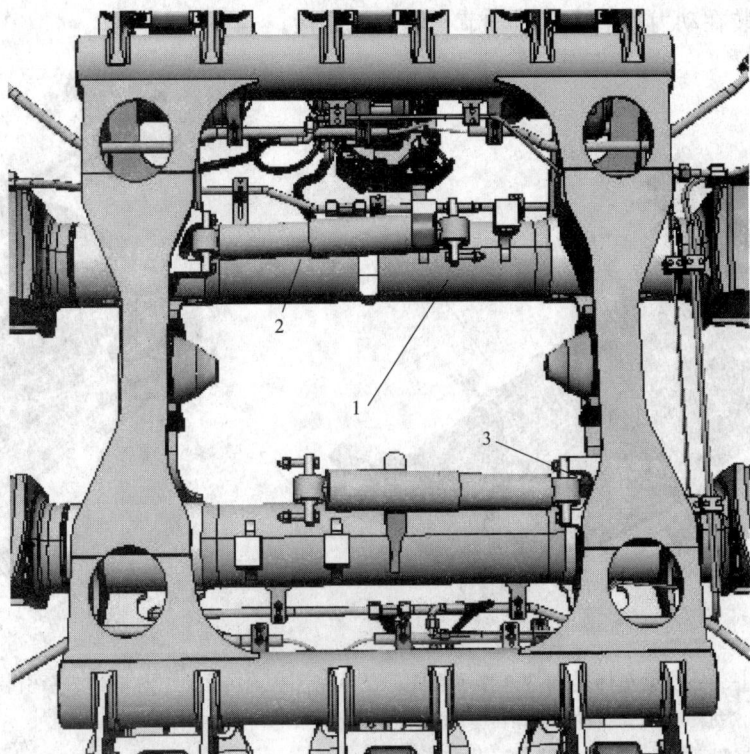

图 4-38 二系横向减振器在转向架上位置示意图

1—二系横向减振器支座（上）；2—二系横向减振器；3—二系横向减振器支座（下）

（三）牵引装置

车体与转向架间采用双牵引杆的牵引装置（图 4-40）传递牵引力和制动力。牵引装置成 Z 形连接，由一个均衡梁、两个带有弹性关节的牵引拉杆组成。转向架与车体枕梁通过中心销连接，中心销铸钢制成并通过螺栓与枕梁固定。一带橡胶混合物弹簧的铸铁套插入中心销底部与其相配。

（四）抗侧滚扭杆

抗侧滚扭杆安装在构架和枕梁间，由扭杆、两个扭臂和两个连杆组成，主要作用是减小车辆曲线运行时车体的侧滚角。每个转向架装有一套抗侧滚扭杆。

扭力杆安装在组合为枕梁的两个空心套内。轴承套是由枕梁（上轴套）和两个下轴套形成的。扭力杆的轴向间隙可以调节，是由垫圈和相应的定距垫圈限定的。轴承套利用轴承盖进行紧密封。扭力杆与转向架之间是通过可调长度的连杆实现连接的。

转向架的两侧各有一根热装到扭力杆上的扭臂。这些扭臂通过锥形接头和球形接头挠性连接到连杆上。连杆的另一端通过球形块连接到转向架上。通过这样的安排，绕车身中心线滚转的曲线运动被转换为扭力杆的扭力，因此，扭转弹簧的刚度减小了车身的滚转倾向。

一列动车组使用的扭力杆其长度和刚度各不相同，共有四种。两头的车厢因为车身较短，其转向架是用较短的扭力杆固定的。

五、CRH₃ 动车组转向架机械传动装置

机械传动装置仅在动车转向架有，是由齿轮箱、联轴节、安全装置和牵引电动机等组

成，齿轮箱安装在动力轴上通过联轴节与电动机连接。

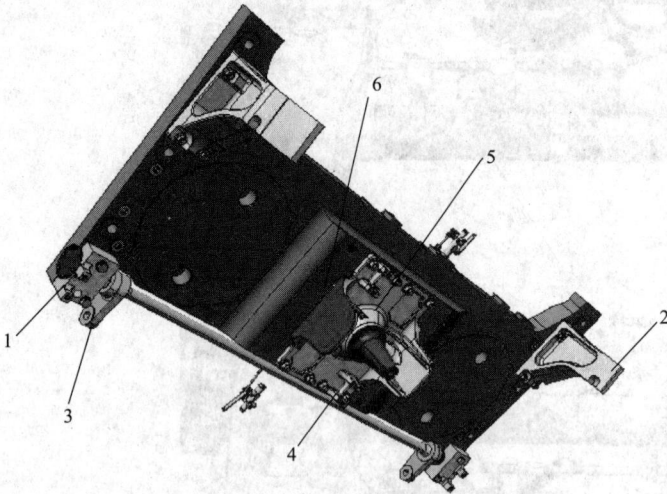

图 4-39　枕梁车体转向架连接示意图
1—抗侧滚扭杆座；2—抗蛇行减振器座；3—转臂；
4—抗侧滚扭杆；5—中心销；6—横向挡板

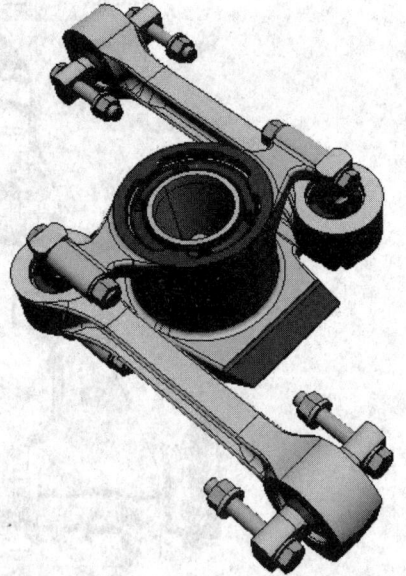

图 4-40　牵引装置示意图

（一）齿轮箱

齿轮箱基本结构如图 4-41 所示，CRH₃ 型动车组转向架齿轮的传动比为 2.788。齿轮装置的一端在轴的滚动轴承中运动，另一端通过一反力杆在转向架构架处悬挂。因此，约 2/3 的齿轮重量为簧下重量，1/3 的重量为一系悬挂重量（通过反力杆在转向架构架上的悬挂）。一安全止挡用于防止当反力杆损坏时，齿轮装置掉到轨道上。

小齿轮输入轴的轴承配置为两套单列圆柱滚子轴承和一套四点接触球轴承。四点接触球轴承作为推力轴承，只承受轴向力不承受径向力。齿轮箱轮对上的轴承配置为两套圆锥滚子轴承。圆锥滚子轴承面对面配置，除承担径向载荷外，还作为轴向推力轴承之用。齿轮箱的润滑方式为油飞溅润滑。齿轮箱还配有油位观察传感器以检查油位。

在齿轮箱下部与构架间设有一个两端带有弹性橡胶关节的支反力杆，用以克服牵引力矩。齿轮箱是由一级斜齿正齿轮和分体式箱体组成。联轴节带有锥形轴孔，安装在吊挂在转向架上的牵引电动机和齿轮箱之间。联轴节可以抵消牵引电动机和齿轮箱之间的相对运动。齿轮箱安装在轮轴上。锥形注油压装配合用来传递齿轮箱和轮轴之间的力矩。

（二）牵引电机

CRH₃ 型动车组将牵引电动机悬挂在电动机吊架上，电动机吊架横向具有弹性。一安全杆用于固定电动机并防止其向轨道的垂向移动。安全杆插入转向架构架中心横梁和电动机架的座中。为使齿轮装置可垂向移动，在牵引电机和齿轮装置中间有一弹性连接器。

在车轮最大直径差为 3 mm 的情况下，每台牵引电动机在车轮上的最大功率为 550 kW（相当于 562 kW 的电动机轴驱动），如图 4-42 所示。

图 4-41 齿轮箱示意图

图 4-42 牵引电动机示意图

六、CRH₃ 型动车组转向架基础制动装置

基础制动装置包括动车转向架的轮装制动盘和拖车转向架的轴装制动盘。动车转向架的每个轮上安装一套轮装制动盘，如图 4-43 所示，制动盘直径为 750 mm。拖车转向架的每轴安装三个轴装制动盘，如图 4-44 所示，制动盘直径为 640 mm，每轴有一个带弹簧制动器的制动夹钳。

制动盘和车轮踏面不得涂抹防锈油，其他所有裸露金属表面都应涂抹防锈油。

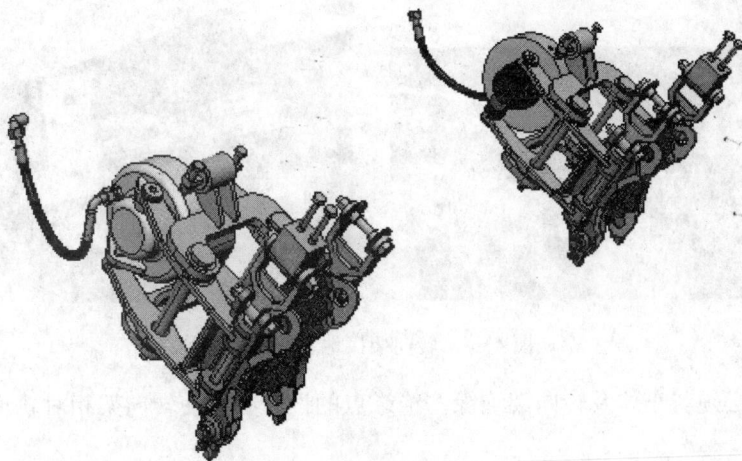

图 4-43 动车转向架的轮装制动夹钳示意图

七、CRH₃ 型动车组转向架接地装置

如图 4-45 所示，为确保从铁轨到车辆的电流不从第二条通道流走，必须将支路绝缘。第二条通道包括：轴承（轴箱轴承）、电动机和电动机轴承、齿轮箱和齿轮箱悬挂装置、制动系统、悬挂系统和发射器（传感器）。

图 4-44　拖车转向架的轴装制动夹钳示意图

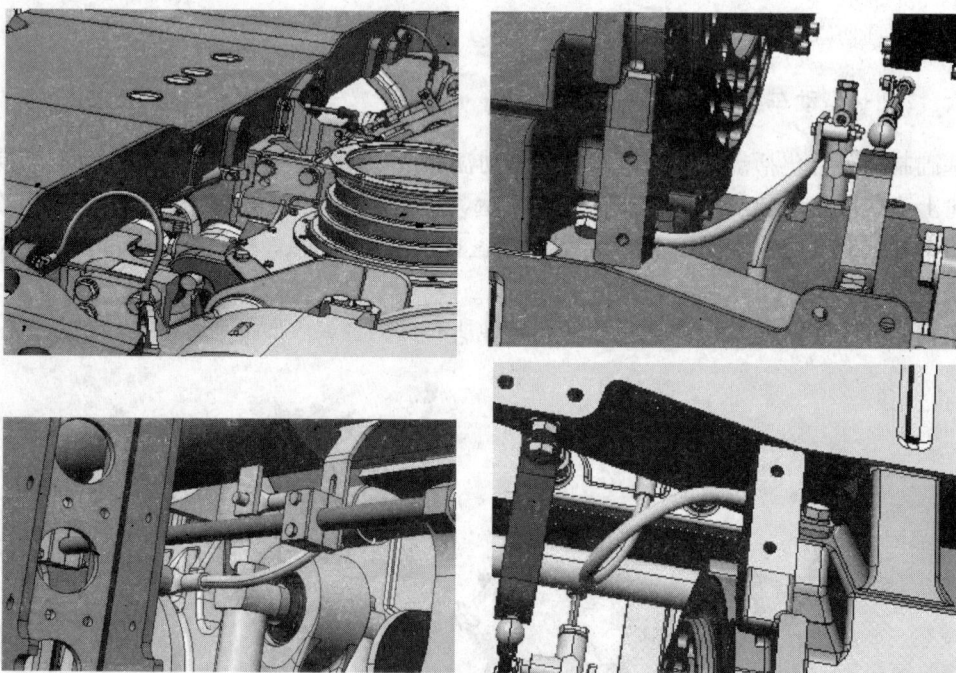

图 4-45　转向架接地装置示意图

这些部件必须与车体及转向架绝缘。绝缘点的设计必须使转向架相对轨道的总电阻大于 100 Ω。

（一）转向架的保护接地

所有转向架都有两个接地线与车体相连，转向架的两次接地设计是为保证其中一条接地线缺陷或缺失时，转向架仍可充分接地。这样转向架构架可与车体可靠地连接，转向架的所有部件也这样与转向架构架接地（如需要）。虽然轮对轴承自身为非绝缘设计，但内部装有轴承的轮对连接件的悬挂连接使得它们与转向架构架绝缘。因此，铁轨与车体间不会产生低阻抗电路。

（二）轴箱轴承的绝缘

运用中应避免电流通过转动的轴承，因为电流通过时会对轴承造成损伤。基于这个原因，轴承组装时必须绝缘，轮对连接件内轴承的绝缘点设在一系弹簧附近和一系减振器上。

在选择绝缘元件时必须保证元件有足够的绝缘强度。依据使用的污染等级环境。必须考虑绝缘元件持续的 12 V 电势差，故障状态下（接触网电压与车体短路）最大可达到 320 V 的电势差。绝缘元件必须能经受这样高的电势差，才能使得故障时它们的绝缘作用仍能保证车辆运营。

（三）接地及装在车轴上的元件

要依据相应的工作电流选择轮对接地材料，特别是用于车体保护接地的轮对接地装置，必须确保选择匹配的材料。

八、CRH₃ 型动车组转向架轮缘润滑装置

轮缘润滑系统用于 CRH₃ 型动车组头车（EC01 和 EC08）的第一个动力轮对上。该系统的作用是防止车轮轮缘与钢轨由于干摩擦引起磨耗。为此，要保证有规律的、自动控制的润滑间隔。润滑总是在列车通过曲线时，在列车的第一个轮对上发生。其安装可以调整，以适应新轮和磨耗轮的喷嘴位置。

在不损害轮缘润滑系统功能的前提下，为使环境污染降低到最低程度，要求润滑脂的数量尽可能少。应当至少运行 100 000 km 后，才填充油脂。必须保证在半径不大于 1 200 m 的曲线上实现轮缘润滑。

九、CRH₃ 型动车组转向架撒砂和扫石器装置

除了 EC01/08 二位端转向架外，其余所有动车转向架均安装撒砂装置。砂箱安装在车体上，在车辆底架上不用安装撒砂管路，撒砂管路可从上面引到撒砂喷嘴，砂通过软管送到转向架构架上的撒砂管。撒砂管可通过电气加热，如图 4-46 所示。

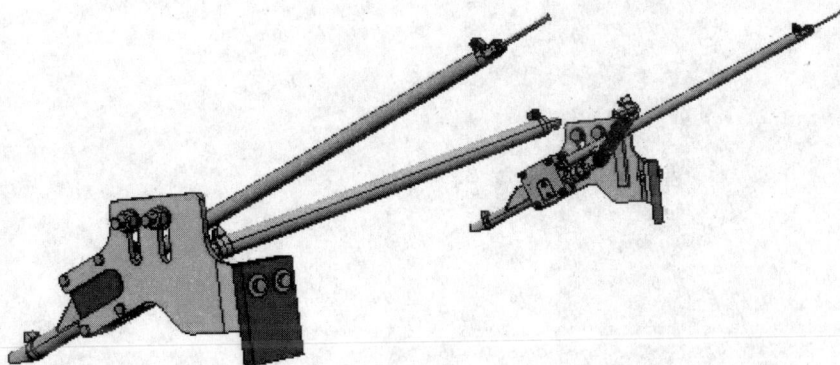

图 4-46　撒砂和扫石器装置示意图

本章小结

转向架是关系到动车组运行品质的关键部件，二系悬挂减振、横向油压减以及空气弹簧系统等的设计，使得车体运行起来更加平稳舒适。转臂式轴箱定位方式、空心的 H 形构架、空心轴以及橡胶弹簧的全面使用，使得结构更加简单并且有效地降低了轴重。盘型制动、踏

面清扫器的设计使得制动力更加平稳有效，同时减少了踏面检修的工作量，提高了轮对的使用寿命，体积小、重量轻、功率大牵引及传动装置地使用较大地体现了 CRH$_2$ 型动车组技术特点。

思 考 题

1. 简述动车组转向架的主要技术特点。
2. 简述 CRH$_2$ 动车组动车转向架的主要组成。
3. 简述 CRH$_2$ 动车组构架的主要作用及其组成。
4. 简述 CRH$_2$ 动车组轴箱定位装置的结构组成及其特点。
5. 简述 CRH$_2$ 动车组转向架二系悬挂装置的结构组成及其特点。
6. 简述 CRH$_2$ 动车组转向架驱动系统的结构组成及其特点。
7. 简述 CRH$_2$ 动车组转向架基础制动装置结构组成及其特点。
8. 简述 CRH$_3$ 动车组动车转向架的主要组成。
9. 简述 CRH$_3$ 动车组轮对轴箱装置的组成及其作用。
10. 简述 CRH$_3$ 型转向架基础制动装置结构组成及其特点。

第五章　牵引传动系统

本章要点

通过本章学习，能够正确理解动车组牵引系统的基本概念及主要作用；掌握受电弓的结构、组成及工作原理；掌握牵引变压器和变流器的概念、工作原理、结构特点、组装方式及差异比较；掌握牵引电动机和真空断路器的概念、结构及工作原理；了解CRH系列动车组牵引传动系统的组成。

第一节　牵引传动系统概述

一、牵引传动系统概念

牵引传动系统（简称牵引系统）是高速动车组的重要组成部分，它决定着动车的运行方向、牵引效率、运行速度等一切和运动有关的参数。牵引系统将电网的电能通过电力变换，转化为牵引电动机能够接受的电能，驱动列车前进。牵引传动系统同时还要对电动机进行控制（电动机调速），以便输出适当的牵引力，使得动车在任何环境下都能按照司机室的指令，以要求的速度运动。

二、组成及原理

牵引传动系统一般由受电弓、主断路器、主变压器、变流器、中间直流滤波组件、逆变器、牵引电动机等几大部分组成。图 5-1 为一个完整的牵引系统的框图。

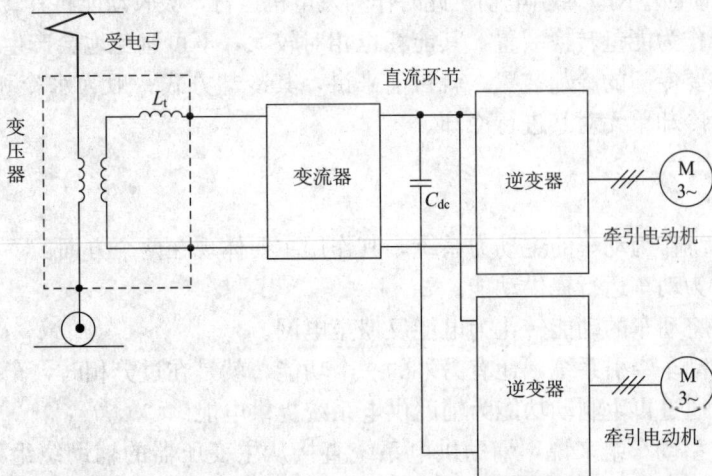

图 5-1　牵引系统基本组成示意图

受电弓的作用是在动车需要能量时，将电网的电能通过受电弓传送到动车上；在动车不需要通电时，受电弓降下，将动车和高压电隔离。通常受电弓都安装在一个带绝缘柱的底座上，以实现安装在车体上的同时，实现高压电和车体之间的隔离。需要特别指出的是，运用时，这个绝缘柱一定要保持良好的清洁，否则上面附着的杂质很可能降低绝缘等级，从而发生被高压电击穿的危险。受电弓的主要参数包括其自身质量、升降弓时间、升弓接触压力、升弓时所需气压等。

主断路器的作用是在受电弓升起时，切段或连接主回路和电网的联系。现有动车主断路器大致可分为欧系和日系两种，它们主要的绝缘参数和额定使用次数都大致相同，主要区别在于安装位置的不同。日系的主断路器一般将其安装在车底部，而欧系的主断路器则主要安装在车体顶部。就目前情况来看，在车底部由于处在相对封闭的环境中，且震动比车顶部小，因此，故障率相对较低。

变压器的作用是将受电弓得到的高压电变压至电压等级合适的电能，以方便变流器对电能进行控制。变压器的体积和质量都比较大，因此一般都将其安装在拖车上。由于变压器是一种电能变换装置，动车所有的能量都从变压器变压而来，因此，变压器的容量很大。而变压器作为一个能量转换装置，不可避免地要有损耗，虽然人们主观上都尽可能将损耗降到最低，但是由于总传输功率特别大，因此其损耗的总量会相对较大，其外在表现就是有很大的发热现象。为解决这一问题，通常会给变压器配置一套循环油的内冷却系统和强迫风冷的外冷却系统，循环油冷却系统通过油泵将冷却油不停地输送到铁芯和线圈之间，而热油就被输送到冷却风扇处进行强迫风冷，冷却后的油在油泵的作用下又重新回到铁芯处，这样在变压器内部进行循环，从而达到冷却的目的。

变流器的作用是将变压器输送过来的电能经过稳压、变换后输送给牵引电动机。在这里，牵引电动机的运行状态和输出功率的大小直接决定了动车的所有运动特性，即动车是需要加速、减速或恒速运行等，因此，变流器的作用非常关键。通常变流器由一个前级的脉冲整流器将从变压器过来的交流电整流为一个稳定的直流，然后将这个直流电进行逆变，将电能输送给牵引电动机。通常情况下，电动机由专门的 TCU 控制，结合司机室指令信息和本车的自身情况，如本车自重、坡度等信息，输出适当的牵引力，以实现对动车的恒速或变速牵引。目前，动车变流器都具备再生制动功能，也就是在制动情况下（电制动），变流器还可以反向运行，将制动的能量反馈回电网。牵引电动机此时作为发电机运行，吸收动能将其转换为电能。

由于变流器作为能量转换装置，其能耗也相对较大，不可避免地会产生较大的热量，因此，变流器也需要专门的冷却装置。就目前来讲，其冷却方式一般为水冷和风冷结合冷却，也需要专门配置冷却单元对其进行冷却。

三、作用

牵引传动系统作为动车的主动力系统，其作用主要体现在两个方面：

（1）牵引时为动车运行提供动能。

（2）制动时将动车的动能转化为电能反馈至电网。

对于欧系的动车牵引系统，还有另外的一个功能，就是在过分相时，车速达到一定速度值的时候，可以通过再生制动功能为辅助供电系统提供电能。

对于 CRH2 型动车组来说，辅助供电系统直接从主变压器的辅助绕组处得电，不通过牵引变流器，因此其辅助供电系统在动车过分相区时，仅蓄电池负载得电，其他部分处于失电状态。

牵引传动系统为动车组运行提供所需要的能量，且能根据自身车重等信息，精确地控制电机输出所需要的转矩，从而使得动车能够严格按照司机室指令的要求恒速或变速运行。

第二节　受电弓

受电弓在接触网与电气操作的车辆之间起电气接触作用，它是一种高电压设备，该设备可从 25 kV，50 Hz 交流接触网处得到电能，线路上的钢轨可用做回流导体。受电弓有单臂和双臂两种，我国目前所使用的均为单臂受电弓。

受电弓的设计应该具有最高的操作可靠性和符合要求的接触压力，即使在高速运行工况下也要满足这个要求。

无论是动车还是电力机车，一般都会配有两个相同型号的受电弓。每次只有一个受电弓工作，另一个受电弓作为备用，不上电。且由于每种动车动力单元配置情况不同，变流系统安装位置也有差异，因此，每种车型的受电弓安装位置也不太相同。表 5-1 所示为各种不同车型受电弓安装位置的情况。

表 5-1　目前四种动车受电弓安装位置的差异

车型	CRH$_1$	CRH$_2$	CRH$_2$ 长编	CRH$_3$	CRH$_5$
安装位置	2 号车 7 号车	4 号车 6 号车	4 号车 13 号车各两架	2 号车 7 号车	3 号车 6 号车

一、受电弓结构和组成

受电弓一般包括底架、阻尼器、升弓装置、紧急降弓装置（ADD）、上臂、下臂、碳滑板、弓架、导向杆等，受电弓总体结构如图 5-2 所示。

受电弓底架由钢制成，上臂和下臂由较轻的铝合金材料制成并固定在底架上。整个受电弓安装在三个绝缘子上，并用适当的紧固件进行刚性固定。由于绝缘子易受到污染，且较脆弱，如受异物打击时易出现破损，因此绝缘子设计为可单独拆卸结构，便于更换。

绝缘子由陶瓷材料制成。在升弓位置，受电弓的整个结构均可传输电功率，是一个带电导体，而绝缘子的下部就是车体，车体和受电弓之间依靠绝缘子绝缘。因此，绝缘子是受电弓上的安全部件之一。

升弓装置包括气动操作的气囊驱动装置和空气升弓装置。任何时候只要压缩空气通入气囊驱动装置，升弓装置就会运动，向上转动下臂。由此，上臂向上移动，直至弓头接触到接触网。

阻尼器一端固定在底架上，另一端则固定在

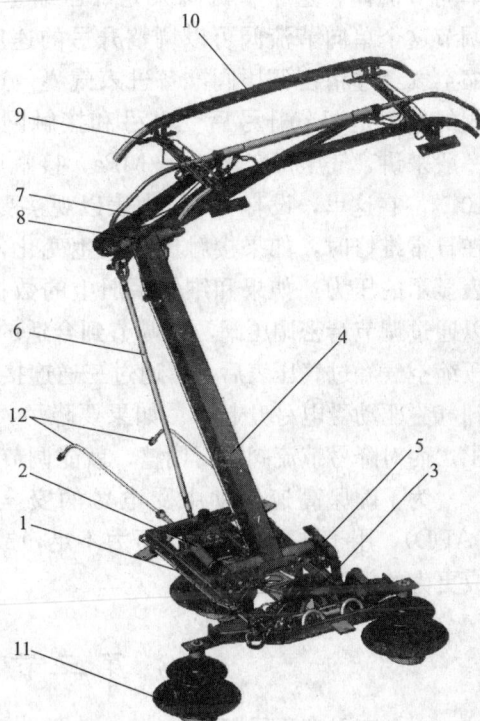

图 5-2　受电弓总体结构图

1—底架；2—阻尼器；3—升弓装置；4—下臂；5—弓装配；6—下导杆；7—上臂；8—上导杆；9—弓头；10—碳滑板；11—绝缘子；12—绝缘软管

升弓机构的升弓装置（下臂）中。阻尼器可在升弓和降弓时降低受电弓对车顶的冲击，同时也可吸收由车辆运动和接触网相互接触引起的受电弓振动。

弓头包括：托架构架、横向弹簧、弓角、碳滑板、气动软管连接（ADD）。它设计用于承受横向和纵向冲击。此外还可保持对接触网线的恒定接触压力。

受电弓上装有一个气动提升系统，可确保受电弓正常的动态特性、保持与接触网之间的恒定接触压力。该气动提升系统可实现调整碳滑板与接触网之间的接触压力。

另外，在受电弓的上导杆和下导杆之间设有铜质连接线，铜制连接带用于对流经移动/转动零部件（轴承）的电流进行旁路。这样可以提高轴承的使用寿命，有助于流经受电弓的电流的自由流动。

二、升弓原理

受电弓气囊装置的升弓原理示意图如图 5-3 所示。

如图 5-3 所示，来自总风管的压缩空气经过升弓电控阀 14 后进入受电弓系统，经空气过滤器后进入一个单向节流阀，这个节流阀只允许压缩空气单向通过，调节这个单向节流阀可以调整升弓的速度。然后，压缩空气经过精密调压阀准备进入气囊，这个精密调压阀的作用是调节升弓后受电弓和接触网的接触压力，一般来讲，气压每变化 0.01 MPa，接触压力就变化约 10 N。在这里，设有一个压力表以观察受电弓的气压，在日常维修时，如果接触压力发生变化，可观察这个表显示的压力，如果和维修手册上的数据有差异，可以通过调节精密调压阀，以调节到合适的接触压力值。

图 5-3　受电弓气囊装置升弓原理图

1—空气过滤器；2—单向节流阀(升弓)；
3—精密调压阀；4—压力表；
5—单向节流阀（降弓）；
6—安全阀；12—升弓装置；
14—电控阀；15—绝缘管；
16—车顶界面

压缩空气经过气压表后，再通过三通连接到一个降弓用的节流阀和安全节流阀，就可以输入到气囊驱动受电弓升起了。如果要降弓，只需要打开降弓节流阀，将压缩空气排出就可以了。而对降弓节流阀进行调整，就能调节降弓的时间。

为了确保高速运动中受电弓的安全，在受电弓气路中还设计了一个快速降弓装置（ADD），用于在受电弓接触压力不足，或者受到意外情况破损时，能够快速降下，以免造成更大的损失。

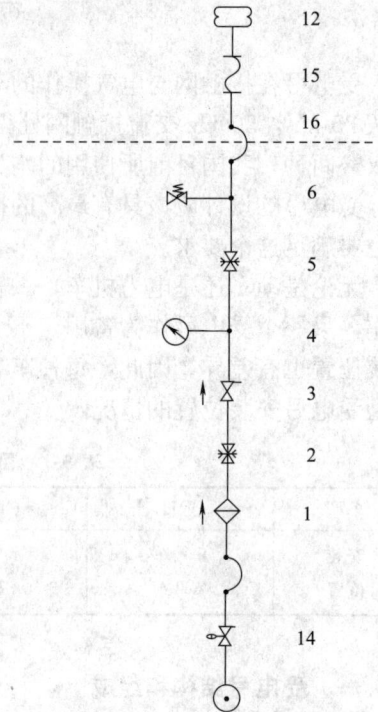

第三节　牵引变压器

一、牵引变压器概述

变压器的工作原理是利用交流电的互感原理，通过共轭线圈将原边电压感应给副边。通过设计原、副边线圈匝数之比不同，就可以得到需要的输出电压。由于接触网的电压高达25 kV，这样的电压等级显然是不能够直接引入动车进行牵引供电的。因此，需要通过电压变换装置将来自电网的电压进行降压变换后再对变流器供电。变压器的主要工作原理基本相同，都是通过原副边绕组通过铁芯耦合而传递能量的。但是由于牵引变压器（图 5-4）容量很大，而且安装在高速运动的动车上，因此，不仅需要其安全可靠的运行，还需要最大程度的减轻其重量。目前我国现有四种动车的变压器主要工作原理基本相同，只是在结构上，对轻量化设计、冷却、抑制谐波等方面采取了不同的手段。我国目前四种动车的变压器主要参数对比如表 5-2 所示。

图 5-4　牵引变压器实物图

表 5-2　各种不同车型的变压器主要参数

参数	CRH₁	CRH₂	CRH₃	CRH₅
原边	25 kV	25 kV	25 kV	25 kV
副边	900 V	AC1 500 V	1 551 V	1 770 V
原边绕组	1 组	1 组	1 组	1 组
副边绕组	4 组	3 组（2 牵引 1 辅助）	4 组	6 组
质量	4 300 kg	2 910 kg	6 200 kg	7 000 kg
数量	3	2 (4M4T)	2	2
容量	2 266 kV·A	3 060 kV·A	5 644 kV·A	5 262 kV·A

由表 5-2 可以看出，CRH₂ 型车的变压器轻量化设计较优，在保证了一定容量的情况下，变压器的总重只有不到 3 t，为动车运行减轻了负担。下面以 CRH₂ 型动车变压器为例介绍牵引变压器的结构特点和技术参数。

二、牵引变压器结构特点

CRH₂ 型动车组使用的变压器，其绕组为一个一次绕组、三个二次绕组（其中有两个牵引绕组和一个辅助绕组）。其绕组如图 5-5 所示。

其结构特点如下：

（1）两次绕组为两个独立绕组，每个绕组与一台牵引变流装置连接，使二次绕组具有高电抗和弱耦合性，确保牵引变换装置具有稳定运行的特性。另外，为对应于每个两次绕组的增容，一次绕组配置了两个并联结构的线圈。

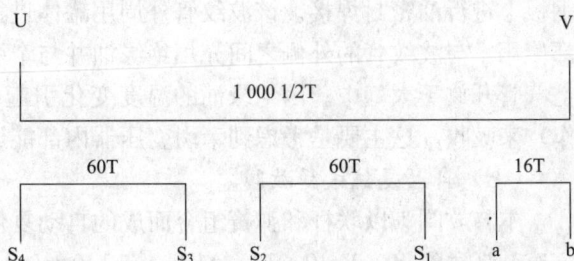

图 5-5　CRH₂ 型动车组牵引变压器绕组示意图

（2）为了减轻质量，一次线圈采用了铝质线圈。

（3）一次绕组接地侧、二次绕组侧及三次绕组侧的绝缘套管采用了耐热环氧树脂将 11 根铜质中心导线注塑为一体成形的端子板，相对于三次绕组侧的一端子使用并引出了两根中心导线。

三、附属部件

变压器除了参与能量变换的铁芯和绕组外，为了对其进行冷却、绝缘等处理，还需要很多附属部件。由于 CRH2 型车的变压器采取了油冷和强迫风冷相结合的冷却方式，因此其附属部件有油泵、风扇、冷却电动机等。

（一）油冷却器

油冷却器采用了全铝制的铝制波纹散热片，散热片间隙及形状采用经过防堵塞改进的部件。当发生堵塞时会造成冷却性能下降，故必须进行清扫。

油冷却器风管部位的侧面设有清扫（检查）窗口，易于进行堵塞检查及清扫。

（二）电动油泵

变压器采用半径方向空隙式油泵，该油泵为泵与电动机一体形结构，全部以硅油浸泡，轴承为硅油润滑结构。变压器油泵实物图如图 5-6 所示。

（三）电动送风机

本电动送风机为三相鼠笼式感应电动机与送风机的直连结构，采用了防振橡胶，悬挂于车体下牵引变压器油冷却器的一侧。送风机为 2 级轴流式，以其小型化来对应车辆地板面的降低。

图 5-6　变压器油泵实物图

（四）温度继电器

检测牵引变压器的油温，其报警温度设定值为（135±2.5）℃。当超出该值时，则闭合接点，设置在车辆上的指示灯点亮。

（五）油流继电器

检测牵引变压器运转中的油流，当流量达到（150±15）L/min 以上时则动作，当流量降至（120±18）L/min 以下时则闭合接点。

（六）金属波纹管式油枕

金属制波纹管的形状如蛇腹状具有伸缩性，由油枕薄钢板冲压成环状并按规定层数层叠重合后对其内外周交互焊接。其中一端用钢板密封，另一端留有通气孔，在兼作油枕罐体的钢板上进行油密封焊接。该波纹管外周用罐体进行油密封覆盖，该装置配备在牵引变压器上部使用，与波纹管的外侧之间充填绝缘油并与牵引变压器主体联通。另外，波纹管内侧通过空气管开放于大气中。因绝缘油的温度变化引起的容积变化则通过波纹管的伸缩（对应动作）来吸收。这主要是考虑到牵引变压器内部能经常保持常压。

（七）自动复位式释放阀

本释放阀为以联杆和弹簧组合而成的自动复位阀结构。万一本体内部发生异常引起内压急速升高达到（0.1±0.015）MPa〔（1.0±0.15）kg/cm²〕以上时，则释放内压。同时，当动作之后其内压约下降到 0.03 MPa（0.3 kg/cm²）以下时，则自动关闭释放阀盖。这主要是考虑避免油的不必要流出。

第四节　牵引变流器

一、牵引变流器概述

牵引变流器是动车运行的关键设备，也是动车组关键技术之一。其工作原理：利用新型的半导体功率器件（如 IGBT 或 IPM 等），采用先进的 PWM 脉冲调制技术，对电能进行智能控制，以实现对牵引电动机的输出功率进行精确控制。

牵引变流器的外形和内部结构如图 5-7 和图 5-8 所示。

由于动车从交流电网输入的电源为单相交流电，而牵引电动机一般为三相交流电动机，因此，变流器通常采用一个前级的交-直环节，将单相交流电整流为中间直流，然后再通过 PWM 逆变器将其逆变为三相交流，输出给交流电动机，以实现对其的基本控制。在动车的牵引变流器设计中，还采用了先进的四象限技术，即：当动车处于牵引状态时，变流器可以将电网的电能输送给牵引电动机；而在动车处于制动工况时，牵引电动机变为发电机状态运行，变流器将牵引电动机发出的电能反馈至交流电网。目前，我国运行的所有动车变流器都具备再生制动功能。

由于牵引变流器也是一个能量转换设备，因此也需要专门对其额外的配置冷却设备进行散热。通常牵引变流器使用水冷和强迫风冷相结合的方式进行冷却。

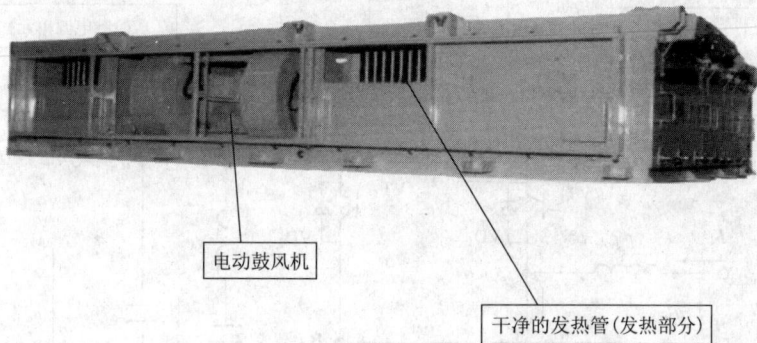

电动鼓风机

干净的发热管(发热部分)

图 5-7　CRH2 型动车组牵引变流器外形实物图

二、牵引变流器结构

牵引变流器包含一个前级的交-直环节和一个 PWM 逆变器。由于考虑到能量需要双向流动，因此，前级的这个交-直环节通常用一个四象限整流器。对于不同的动车而言，这个四象限变流器的结构也有所不同。传统四象限变流器结构如图 5-9 所示，是由四个功率开关组成的桥式电路，即每一个桥臂上有一个功率器件（IGBT 或 IPM），每个功率器件上反向并联一个二极管以用于能量的双向传输和电路必要的续流。而由于动车所用的牵引变流器功率相对较大，电压等级也相对较高，因此对这个脉冲整流器的处理上就有不同的方案。这几种方案中，有 CRH2 型车的带二极管钳位的三电平变换器，CRH5 型车的双整流器并联的方案，还有 CRH3 型车的单桥臂双管并联方案。从设计思路上看，CRH2 型车的三电平变换器能够降低单管的压降，从而可以提高系统容量，在相同的中间直流电压下，减低单管压降。并且采取三电平输出，二次谐波含量低，这样就可以省去体积和质量都相对较大的二次谐波滤波器，减轻了变流器的体积和质量。而采取双整流器并联的方案，可以输出较小的纹波，有利于中间直流的稳压。采用双管并联的方案，能够提高系统的容量，可以使用耐压更高的开关管，从而降低直流损耗。目前我国动车所用的几种方案的选择都和主电路的选择有关，各有特色。

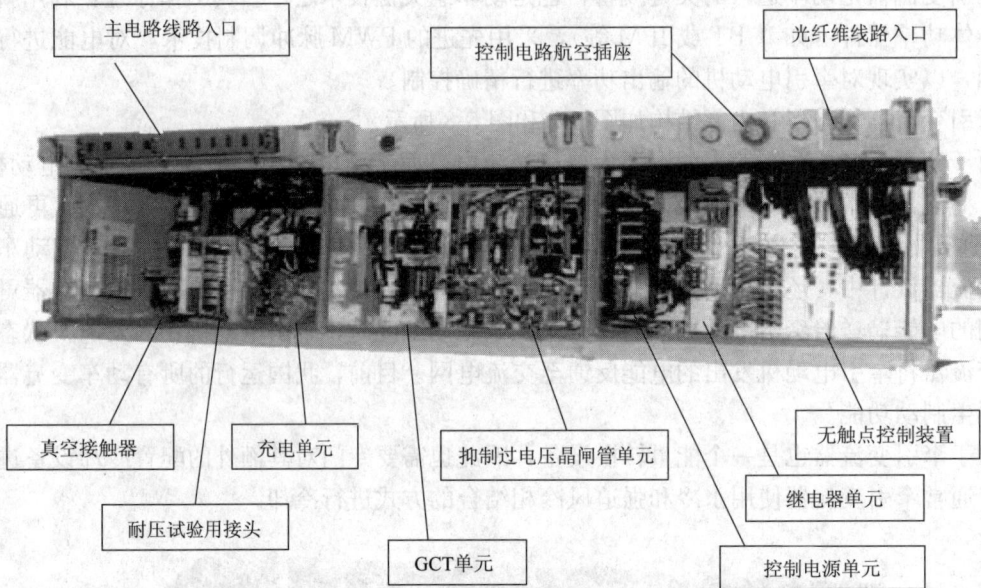

图 5-8　CRH2 型动车组的牵引变流器内部结构实物图

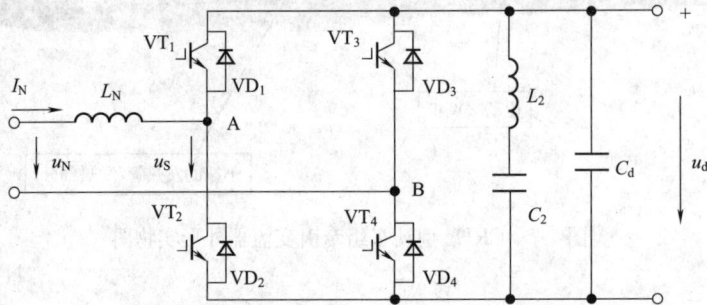

图 5-9　传统的四象限变流器原理图

　　由于动车组结构紧凑，其对各部分空间要求比较严格，因此，牵引变流器的结构也要求尽可能紧凑。无论是何种型号的动车，均把牵引变流器作为一个单独的模块进行封装，各电路元件之间的距离要求尽可能的近，这样才能满足动车空间的要求。

　　在结构上，日系动车和欧系动车间最显著的区别在于：欧系动车的主牵引系统中，一般都包括了辅助供电系统，其牵引变流器中包含辅助逆变器，它们安装在一起，封装在一个变流器箱内，采取集中逆变和集中散热的方式；而日系动车组的主牵引系统中，仅从主变压器上抽出一个辅助抽头，然后单独构成一套辅助供电系统，主牵引系统和辅助变流系统是分开的。

　　产生这种结构上的差异的原因如下。在整车的供电系统的设计中，欧系动车将主牵引系统和辅助供电系统均设计成具有统一供电母线的供电系统，即分为高压母线、中压母线和低压母线。而变流器则作为供电系统的源头，统一向这些母线提供稳定的输出。因此，其在设计时将辅助供电系统也设计在主变流器内，直接从主变流器的中间直流处获得辅助供电系统的能量，然后再输出给中低压母线，辅助负载均从中低压母线上获得电能。而日系动车组将辅助供电系统作为一个专门的部分从主牵引系统中分开。主变流器上专门设计了一个辅助绕组以给辅助系统提供电能。而辅助系统则专门设计一个辅助变流器，针对车内不同的负载，辅助变流器输出多路不同制式的电压，给不同的负载供电。

这两种结构上的区别，导致了其工作原理和性能上也产生了很大的差异。

由于日系的辅助供电系统直接从牵引变压器的辅助绕组供电，因此在列车运行时，当主断路器断开（过分相），或接触网暂时无电的情况下，辅助供电系统就处于失电状态，若列车频繁的过分相，则会导致辅助系统频繁的启动和停止。

而欧系动车组的情况则不同，由于其辅助供电系统和主变流器是做在一起的，辅助供电系统从主变流器的中间直流处获得电能，而主变流器具备再生制动功能。因此，当动车在运行中，即使当主断路器断开，或者接触网短时无电的情况下，辅助供电系统依然能从中间主编变流器的中间直流处获得电能。这样辅助供电系统就能一直平稳工作了。

三、牵引变流器工作原理

前面已经知道，变流器工作时，主变压器送来高压电后，由四象限变流器将其变为稳定的中间直流，再由 PWM 逆变器由中间直流处取电，逆变出三相交流电后驱动牵引电动机运行。其工作原理如图 5-10 所示。其中的两个主要部分四象限变流器和 PWM 逆变器的工作原理如图 5-10 所示。

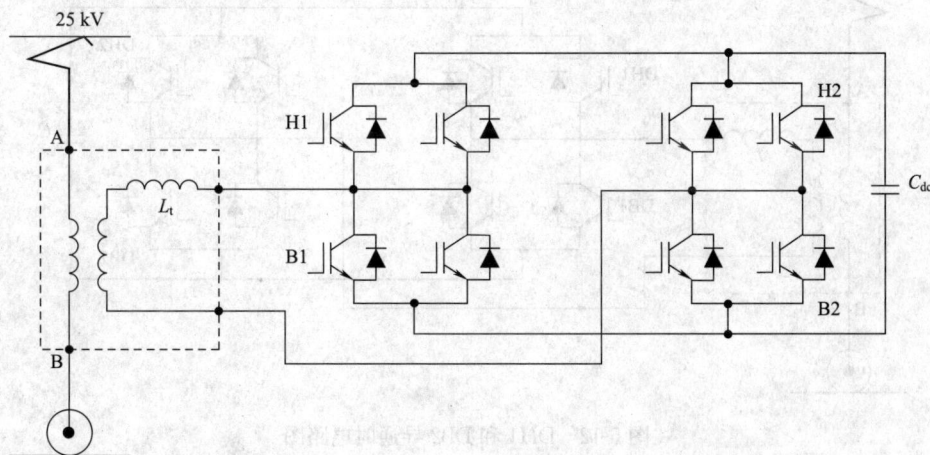

图 5-10　四象限变流器工作原理图

如图 5-13 所示，每个桥臂配有两个并联 IGBT，以增加同一桥臂的承载电流的容量，每个 IGBT 内置一个反并联二极管。在下文的描述中，将以 DH1、DH2、DB1、DB2 代指与 IGBT H1、H2、B1、B2 等相关的二极管。而四象限变流器可以工作在牵引和制动两种工况，现在就这两种不同的工况来分别介绍其工作原理。

（一）牵引工况

当工作在牵引工况时，四象限变流器相当于执行一个"整流器"的功能，在载波固定频率为 250 Hz 且占空比可变（PWM 调制）的情况下，采用某个逻辑（下文将进行具体分析）控制四象限变流器。因此，假如变压器端子 A 和 B 上存在线电压的正极性半波，可在某段时间（T_{ON}）内对某个元件（如 DH2）进行控制。DH1 和 DH2 导通时的电路图如图 5-11 所示。

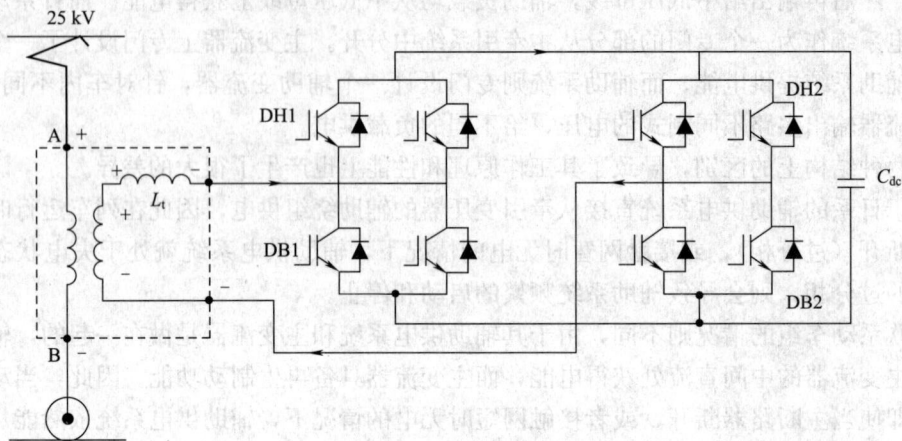

图 5-11　DH1 和 DH2 导通时电路图

实际上，可通过 DH2 和 DH1 使变压器短路，且电感器"L_t"以线性增大电流运行，更精确来讲，它可积聚特定能量。紧急情况下，电子牵引调节装置可控制 DH2（T_{OFF}）的关闭，由"L_t"积聚的能量通过二极管 DH1-DB2 传送至输出滤波器（由电容器"C_{dc}"表示），如图 5-12 所示。

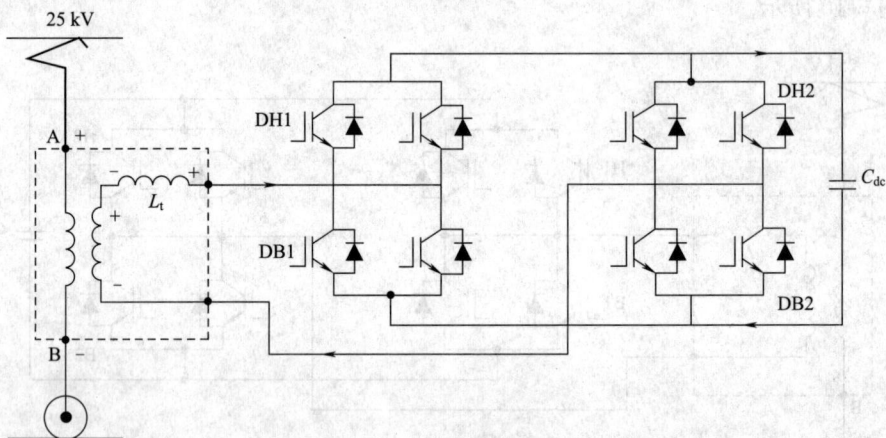

图 5-12　DH1 和 DB2 导通时电路图

主变压器输出端子上存在的电压（进而流经滤波电容器），由变压器次级电压和电感器"L_t"的自动感应电压的矢量之和构成。因此，IGBT 中 T_{ON} 适当调整明显改变，确切来讲，由"L_t"积聚的能量和输出滤波器上存在的整流电压值改变。通过传导二极管 DB1 和 DB2完成之后的循环 $T_{ON} \sim T_{OFF}$。DB1 和 DB2 导通时的电路图如图 5-13 所示。

主变压器上获得的效果与图 5-16 上所分析的相同（输出端子上出现短路），但是通过不同的 IGBT-DIODI 连接器获得。这便于耗散 IGBT 开关过程中产生的热量，因为两个相关IGBT 设在两个单独的电源模块内。DB1 关闭情况下（T_{OFF}），由"L_t"积聚的能量以相同的模式被传输至输出滤波器。线电压负极性半波期间，工作原理保持不变，除非与其他电源组件的电流传导有关。

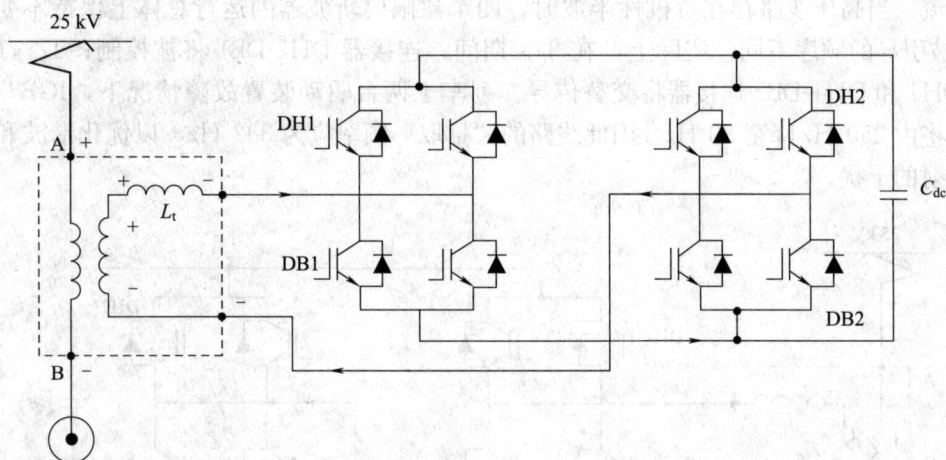

图 5-13   DB1 和 DB2 导通时电路图

（二）制动工况

当四象限变流器工作在制动工况时，在执行电制动阶段，能量回收可通过将能量从四个象限（C_{dc}）输出内的滤波电容器传输至主牵引变压器的次级来实现。所有这些与 25 kV 线路上存在的电压和上述次级绕组上电压之间的相位紧密相关。另外，此情况下，功率变压器分散电感的重要结果应在高值时实现。假设 25 kV 线压上存在正极性半波，然后要将能量从电容器传输至"C_{dc}"滤波器（图 5-14），再到主变压器的次级，需要连接器 DH1 和 DB2 引入传导。

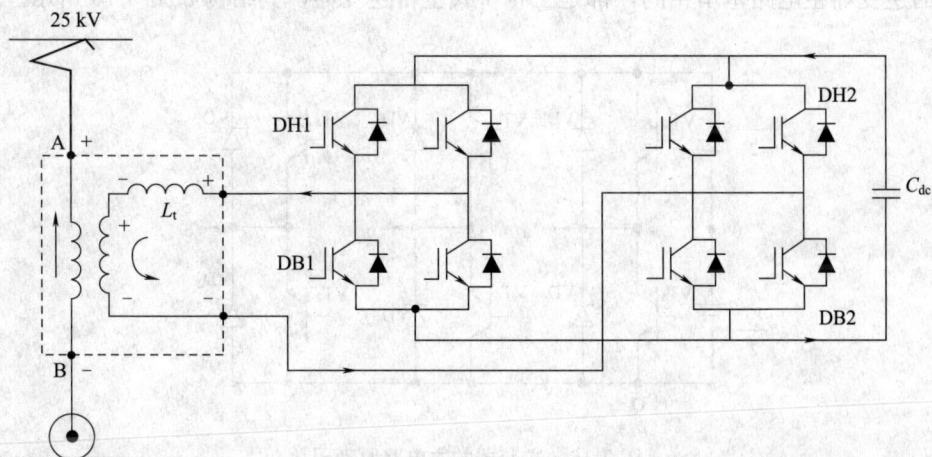

图 5-14   制动阶段时 DH1 和 DB2 导通电路图

此阶段可注意到两个重要现象：

（1）"L_t"电感器的电流正增长（上升），很明显，流经功率变压器次级绕组的电流也一样。

（2）功率变压器初级绕组上感应电流形成相位及线电压，甚至允许变压器用做发电机（与线路相关），然后向其发送预设强度电流。

制动阶段时 DB1 和 DB2 导通电路图如图 5-15 所示，电流呈现负增长，然而所不同的是 DH1 及 DB2 交替传导以便进行散热。通过适当调制 T_{ON} 和 T_{OFF}，可向高压线路输送预设振幅的电流。当高压线路存在负极性半波时，四个象限内斩波器的运行总体上保持不变，除 IGBT 被引导的顺序不同。实际上，在 T_{ON} 期间，连接器 DH2-DB1 将被控制；T_{OFF} 期间，DH2-DH1 和 DH1-DB2 连接器将交替传导。列车上两台驱动装置故障情况下，IGBT 的换向频率将由 250 Hz 降至 83 Hz，因此线路的"拾取"频率应为 332 Hz，以优化谐波和驱动装置发射的干扰。

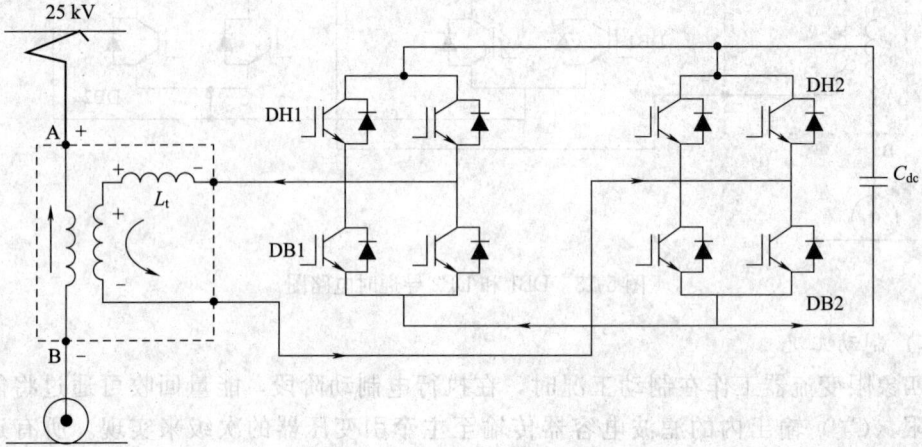

图 5-15　制动阶段时 DB1 和 DB2 导通电路图

以上就是脉冲整流器的工作原理。

就对于目前几种车型来讲，除了 CRH2 型动车组的逆变器结构为三电平以外，其他几种车型的逆变器主电路基本相同，都是三相桥式全桥逆变器，其结构如图 5-16 所示。

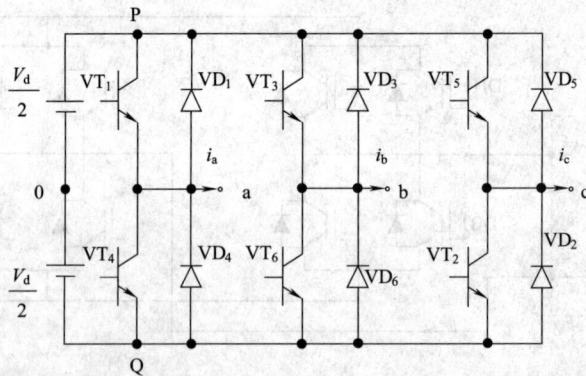

图 5-16　逆变器的主电路原理图

现以图 5-16 为例，说明逆变器工作的原理。

在图 5-16 所示的逆变器中，只需要将每只 IGBT 的开关信号按下图 5-17 所给顺序依次给出，即 VT_1 至 VT_6 依次相隔 120°导通，每次导通 180°，就能得到如图 5-17 所示的相电压 V_{bc} 和 V_{ca}，这样就可以得到一个交流的方波输出了。

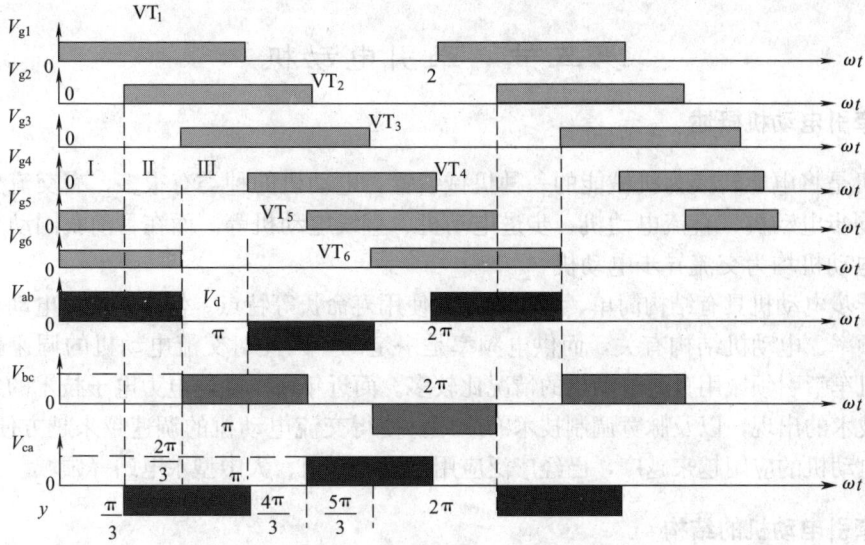

图 5-17　方波逆变器的输出电压示意图

但在负载是交流电动机的情况下，方波电压的输出脉动很大，而且不能对电动机的转矩进行控制，因此不能适应动车的需求，所以采用了 PWM 调制的办法，即用一个频率较高的载波（通常为三角波）和我们需要的正弦波（调制波）相叠加，从而产生一系列的脉宽，由此来得到每只开关管的开关信号。详细情况如图 5-18 所示。

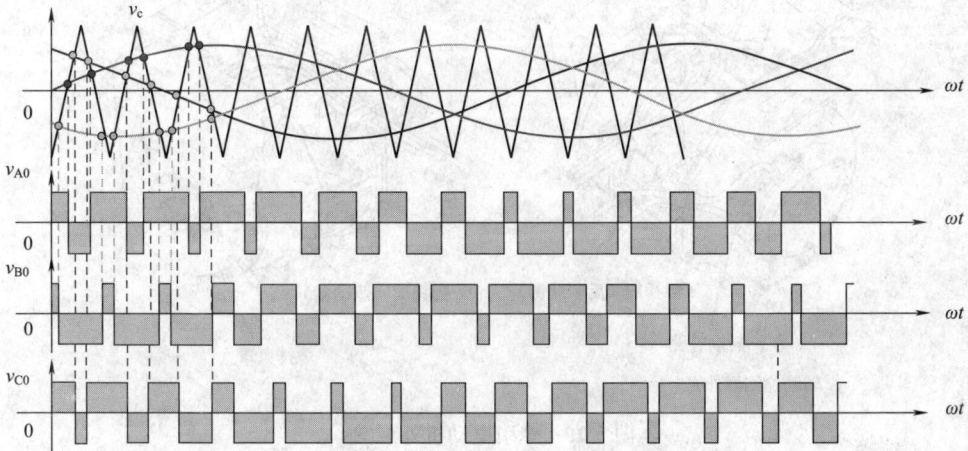

图 5-18　正弦波调制的 PWM 脉宽调制法示意图

这样得到的输出电压就很接近正弦波了。如果对调制波的生成再经过适当的控制，加上合适的算法，结合输出值和给定值的变化，就能够精确地控制输出正弦波的频率和幅值，从而大大提高输出电源的质量，更精确地对电动机进行控制。

目前动车上的逆变器控制方法各不相同，这种算法之间也互有利弊，但通常都以空间矢量控制算法为基础，再结合各自特点进行控制。空间矢量控制在电动机控制算法里也叫做直接转矩控制，这种控制方法的思想是：无论是控制电动机的电流或电压，归根结底都是要对其输出力矩进行控制，而输出力矩又是转子磁链的单值函数，仅和磁链的变化有关。既然如此，就直接观测其转子磁链，并以其为控制对象，从而达到对电动机输出力矩的精确控制。

第五节 牵引电动机

一、牵引电动机概述

电动机是将电能转换为机械能的一种机械装置。电动机的种类有很多,有交流异步电动机、交流同步电动机、直流电动机、步进电动机、直线电动机等。而在目前我国动车上所使用的牵引电动机均为交流异步电动机。

交流异步电动机具有结构简单、便于维护、使用寿命长等特点。但由于交流电动机的转速仅和供电频率、电动机结构有关,而供电频率是一定的,因此对交流电动机的调速就特别困难,故在机车牵引领域用直流电动机的情况比较多。而近年来,随着电力电子技术的发展,尤其是变频技术的出现,以及脉宽调制技术的应用,使得交流电动机的调速越来越方便。因此,交流异步电动机的应用越来越广,已经广泛应用于机车牵引、大中型水电站等领域。

二、牵引电动机的结构

动车用的牵引电动机(图 5-19)结构均比较简单,一般由转子、定子、转子轴承、排风罩、引出线等组成。

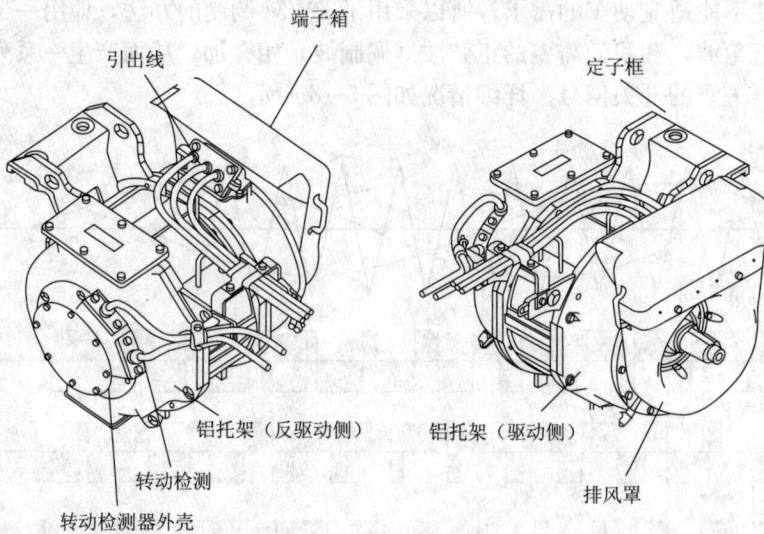

图 5-19 牵引电动机外观图

(一)转子

转子(图 5-20)为牢固的鼠笼形状,该结构也适用于高速运转。为确保转差率,转子导条采用电阻系数较大、强度足够的铜锌合金(红铜)。为尽量减小运转过程中因温度上升而产生的热膨胀,短路环采用电阻系数较小的纯铜。此外,为应对高速转动,还在短路环的外围设置保持环。

1. 转子铁芯

转子铁芯用硅钢板和钢板(端板)进行叠焊,热

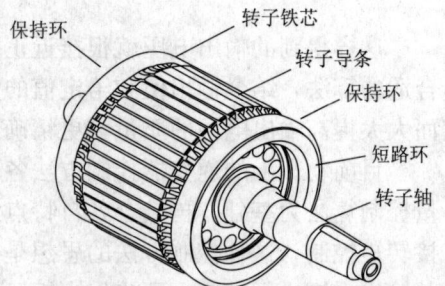

图 5-20 转子外观图

压在转子轴上。铁芯上设有冷却用的通风孔，以此使转子轻量化及提高冷却效率。

2. 转子导条及短路环

转子导条为纵长的矩形形状，插在转子铁芯的切槽中。短路环通过银焊牢固地接合在转子导条的两端。转子导条从转子铁芯外周通过模锻牢固地固定在槽内。

3. 转子轴

轴材为铬钼钢，转子轴的端部开有槽与齿轮接头配合。

（二）定子

为了追求轻量化，定子框采用连接板连接铁心的无框架结构，设有转向架安装凸头和安装座。在 CRH2 型动车组的电动机中，定子框的两侧采用铝合金铸件（铝托架）制作部件，进一步实现了定子框整体的轻量化。

1. 铝托架（反驱动侧和驱动侧）

铝托架的材质及板厚都考虑到适应高速行驶。另外，铝托架的定子框安装部分通过加强筋提高强度。和框一侧的装配，为了防止由于铁和铝热膨胀的差异而造成错位，采用双重装配方式。

2. 定子铁芯、定子线圈

定子铁芯由厚度为 0.5 mm 的硅钢板和厚度为 1.6 mm 的 SPCC（端板）叠焊而成。另外，定子铁芯上设置的切槽为后退式切槽，这样可以留出通风空间，还可以提高冷却效果。

为防止过度温升，在定子线圈上增加线圈的并列根数，使线圈导体的断面形状呈偏平形状。

（三）轴承

反驱动侧使用 6311C4P6 轴承，驱动侧使用 NU214C4P6 轴承。另外，为防止轴承受到电腐蚀，驱动侧和反驱动侧都采用在轴承外轮上喷镀陶瓷形成一层绝缘外膜的绝缘轴承。驱动侧轴承和反驱动侧轴承结构分别如图 5-21 和图 5-22 所示。

轴承带有可以中途注油的加油嘴，可以把润滑脂注入轴承内部。

在反驱动侧的轴端安装了用于逆变控制及制动控制的两个转动检测器。

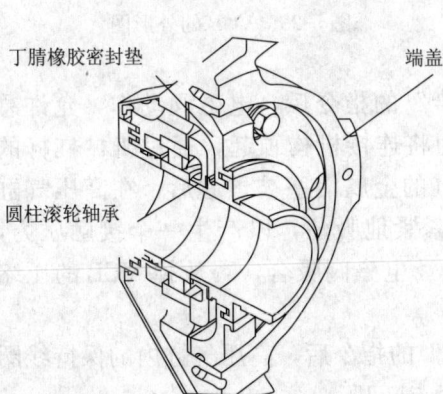

图 5-21 驱动侧轴承结构图　　　　图 5-22 反驱动侧轴承结构图

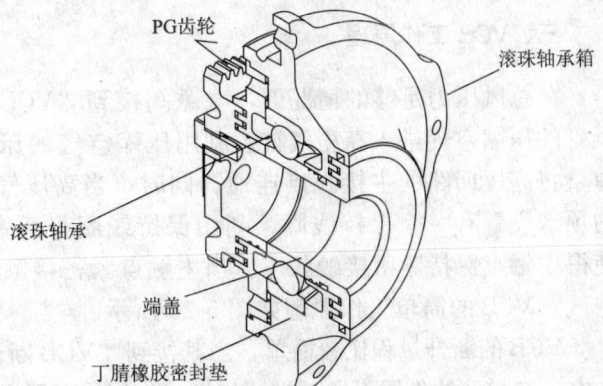

（四）排风罩

冷却风采用从车体风道进入的方式，排气部安装了排风罩盖以防止雨雪进入。

（五）引出线（引线）

在驱动侧的铝托架上部安装端子台，在其内部连接引出线。引出线通过焊接，和从各相线圈引出的铜扁线牢固地连接在一起，之后实施绝缘处理。

第六节　真空断路器

一、真空断路器概述

真空断路器（VCB）是一种高压电气开关装置，动车上安装 VCB 是为了当牵引变压器在二次侧以后的电路中发生故障时，以迅速、安全、确实地断开过电流为目的安装的，同时，它也是平常开闭主回路的一种开关，是兼具断路器和开关两种功能的机器。VBC 外形图如图 5-23 所示。

这种 VBC 在被封闭的真空容器中配置动静触头，通过动静触头，利用真空中有较高的耐绝缘能力和电弧扩散作用来断开电流。对不同的车型而言，VCB 的安装位置也不同。对于日系车来讲，其配置在车底部的高压设备箱内；对于欧系的 VCB，其一般配置在车顶部。

二、VCB 性能参数

对于 VCB 来说，我们一般对其性能有如下要求：

（1）非常高的绝缘等级。

（2）对气候条件的敏感度低。

（3）尺寸小。

（4）断开能力强。

（5）吸合时间短。

（6）使用寿命长。

（7）维护工作量少。

图 5-23　VCB 的外形图

三、VCB 工作原理

在总风压力足够的情况下，电磁阀接到"VCB 合"的指令后，电磁阀动作，允许总风管的压缩空气进入高压气缸。利用压缩空气的压力将连接机构顶起，通过机械杠杆的力量将高压回路的主接触点连通。同时，当高压气缸的金属活塞被顶起后，在高压气缸的顶部设置有一个保持线圈，利用保持线圈将活塞紧紧地吸住，以产生一个接触压力，使得主触点保持紧密接触状态。当主触点紧密接触后，电磁阀吸合，释放掉 VCB 的压缩空气。VCB 的简单工作原理如图 5-24 所示。

VCB 的断开过程比较简单，当其接到"VCB 断开"的指令后，高压气缸内的保持线圈失电，在弹簧的作用下通过机械杠杆的作用将高压主触点断开。

以上是 VCB 简要的工作原理。当然，在实际过程中，为了使 VCB 可靠工作，还有很多辅助机构，但其主要的工作原理就是如图 5-24 所示。

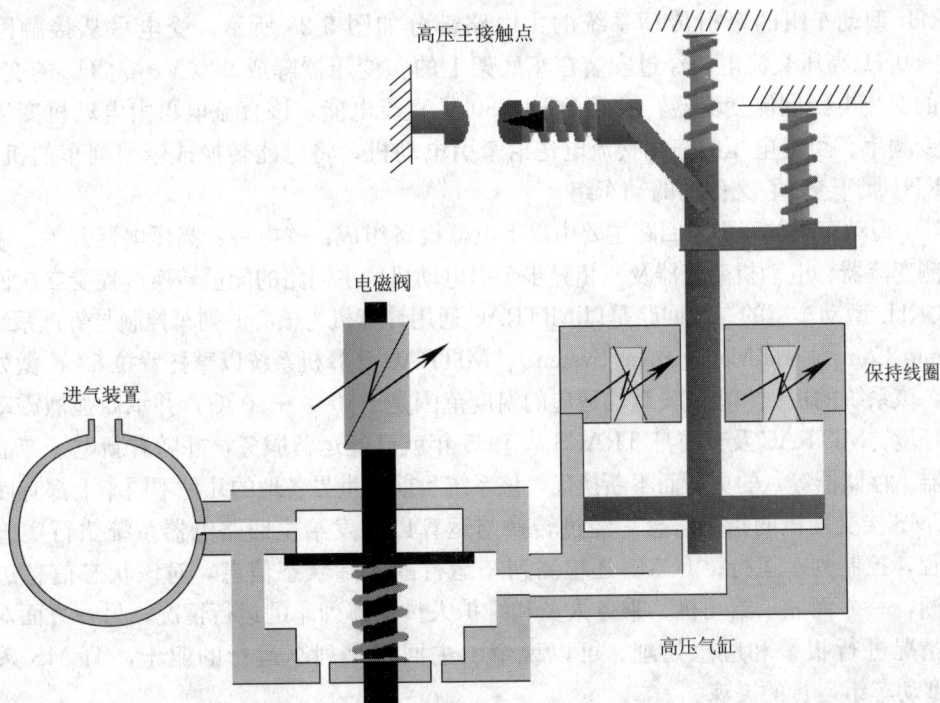

图 5-24　VCB 动作原理图

第七节　CRH 系列动车组牵引系统

　　虽然都是对高速动车组进行牵引控制，也都是通过交-直-交变换后驱动交流电动机对动车进行牵引，但是由于各国技术发展方向各异，动车的设计时速也有差异，而采用的技术手段也存在差异，因此 CRH 系列动车组的牵引系统各不相同。从动力单元的划分，各动力单元的配置、所采用的设备和元器件、变流器的主电路选择、控制方法等，都存在很大的区别。

一、CRH1 型动车组牵引系统

　　一列 CRH1 型动车组的编组如图 5-25 所示，由三个 TBU（牵引单元）共 8 辆车组成一列动车组，8 节车共有 20 个驱动轴，占车轴总数的 5/8。其中，TBU1 和 TBU2 完全对称，由两动一拖构成；TBU3 由一动一拖构成。根据客流需要，可将两列动车组编挂成一列，共16 辆车，最大定员 1 340 人，单列整备质量 421 t。

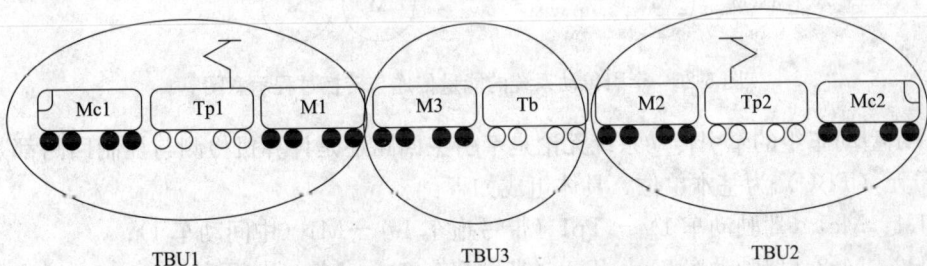

图 5-25　CRH1 型动车组的牵引系统配置图

CRH1 型动车组的牵引传动系统的主电路部分如图 5-26 所示，受电弓从接触网接受 25 kV、50 Hz高压交流电，经过安装在车底架上的主变压器降成 900 V、50 Hz 的交流电，降压后的交流电经网侧变流器转换成 DC 1 650 V 直流电能，该直流电再由电动机变流器转换成可变频率、可变电压的三相交流电送给牵引电动机，将电能转换成牵引列车的机械能。所以 CRH1 属于交-直-交传动的动车组。

CRH1 型动车组的牵引主回路主要由以下电器设备组成：受电弓、高压电器开关、主变压器、网侧变流器、电动机变流器及三相异步牵引电动机。主回路的能量转换过程受二次回路的控制，CRH1 型动车组的二次回路是以 MITRAC 通用计算机为核心的列车控制与管理系统 TC-MS（Train Control and Management System）。MITRAC 计算机系统以摩托罗拉 68 K 微处理器为基础，该系统的机械和电气设计均适应的温度范围是 −40～ +70 ℃，并承受强烈震动冲击的牵引环境。MITRAC 及其前身 TRACS 从 1985 年就已经运营服务，并随着新电子产品（如微处理器、存储器等）的更新而不断换代，该系统目前在世界各地的几种不同车上都有使用。

TCMS 接受司机的指令信息，经过转换与运算以后发给主回路电器系统执行实施能量转换过程，控制列车运行；TCMS 还检测列车运行的实际状态信息，对该状态信息进行处理和判断，一方面显示给司机、乘务人员和维护人员了解列车的运行情况，另一方面对出现的异常情况进行报警和应急处理。可以说牵引主回路是列车运行的躯干，TCMS 系统是 CRH1 型动车组运行的灵魂。

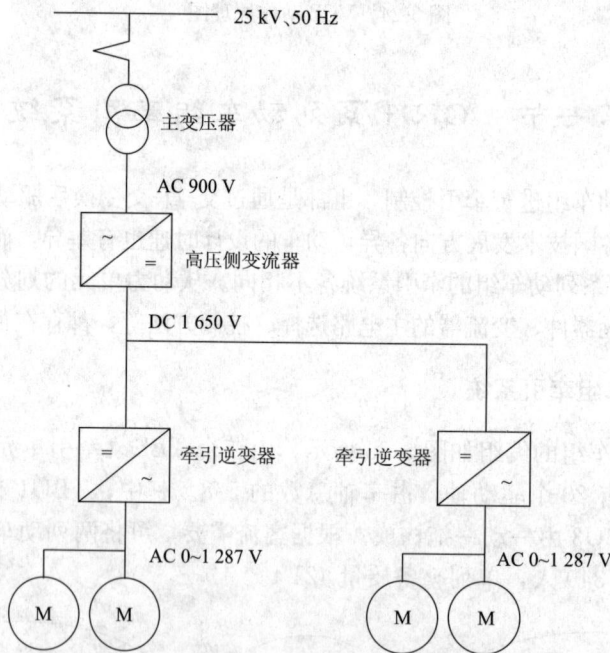

图 5-26 牵引传动系统的能量传递与转换过程示意图

CRH1 型动车组的牵引传动系统无论是牵引主回路还是计算机检测与控制回路都是以列车基本单元（TBU）为基本单位，具体组成如下：

TBU1：Mc1（驾驶动车 1）−Tp1（带弓拖车 1）−M1（中间动车 1）；

TBU2：Mc2（驾驶动车 2）−Tp2（带弓拖车 2）−M1（中间动车 2）；

TBU3：M3（中间动车 3）−Tb（带吧台拖车）。

五个动车有五个变流器箱，分别位于每个动车的底架上，对于 TBU1 来说 Mc 车和 M 车的变流器箱都从拖车（Tp1）内主变压器的次级绕组通过同一网侧断路器供电。

网侧变流器 LCM（Line Converter Module，将高压整流成为直流环节电压）和电动机变流器 MCM（Motor Convertor Module，将直流环节电压逆变成为频率可变电压可变的三相交流电供给牵引电动机）都装在变流器箱中；一个电动机变流器给两台牵引电动机并联供电，每个动车转向架有两个轴，每轴一个牵引电动机。

动车组有三个相对独立的主牵引系统，对应于上述的三个 TBU，其中两个牵引系统（TBU1 和 TBU2）有两辆动车和一辆拖车，另一个牵引系统（TBU3）有一辆动车和一辆拖车。正常情况下，三个牵引系统均并行工作，当一个牵引系统发生故障时，可以自动切断故障源，列车继续运行。图 5-27 所示的是 TBU1 的主牵引系统框图。

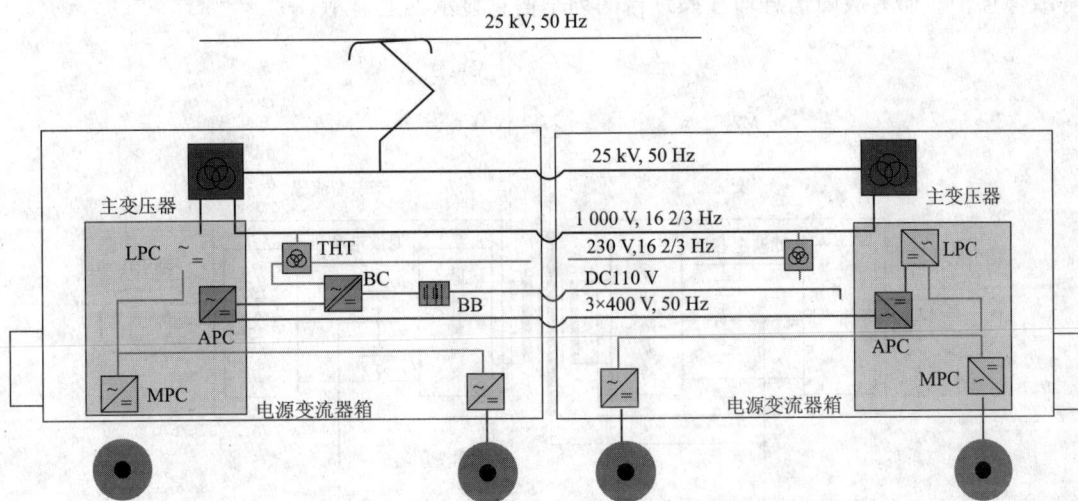

图 5-27　CRH1 型动车组每个动力单元情况示意图

二、CRH2 型动车组牵引系统

CRH2 型动车组引进以后，经历过几次改造，由最初的时速 250 km/h 的 CRH2A 型改进为 300 km/h 的 CRH2B 型，然后又经过外形和内部的进一步改造，使其成为具有更高时速的 CRH380A 型。这几种车型都是由最初的车型改造而来，最初的车型是包含两个动力单元的四动四拖（4M4T）的设计。为提高时速，将该车型改造为三个动力单元，即将中间的两节拖车改造为动车，并加设两组牵引变流器和一套辅助供电系统。虽然牵引变流系统增加了一组，但其基本原理并没有改变，仅仅是动力配置发生了变化。

CRH2A 型动车组的牵引系统结构如图 5-28 所示，受电弓将单相交流 25 kV 引入动车，经过 VCB 后进入变压器，然后将电压降至 AC1 500 V 后，进入牵引变流器。牵引变流器将单相交流 1 500 V 经过交-直-交变换后转化为三相交流电供给牵引电动机，从而使动车运动。

CRH2A 型动车以两动两拖为一个基本动力单元。一个基本动力单元的牵引传动系统主要由网侧高压电气设备、1 个牵引变压器、2 个牵引变流器、8 台三相交流异步牵引电动机等组成。全列共计 2 个受电弓、2 个牵引变压器、4 个牵引变流器、16 台牵引电动机，动车组正常时升单弓运行，另一个受电弓备用。供电设备布置在 4、6 号车车顶，电传动设备布置在 2、6、3、7 号车的车底。

牵引传动系统控制策略分为脉冲整流器控制、逆变器控制和牵引电动机控制三个部分。

脉冲整流器控制策略：牵引变压器牵引绕组输出的 AC 1 500 V、50 Hz 电源输入脉冲整流器。脉冲整流器由单相三点式 PWM 变流器、交流接触器 K 组成。脉冲整流器实现对输出直流电压 2 600～3 000 V 输出稳压控制、牵引变压器原边单位功率因数的控制及故障的保护。再生制动时，牵引变流器向牵引变压器反馈电源。

逆变器控制策略：采用了 VVVF（变压变频）的控制方式。

牵引电动机控制方式：采用矢量控制，独立控制力矩电流和励磁电流，以使力矩控制高精度化、反应高速化，提高电流控制性能。

由于动车组主电路较为复杂，为保证系统安全可靠地工作，牵引传动系统设置了各种故障检测和保护功能，包括防空转、防滑行、牵引电动机过流、牵引电动机电流不平衡、接地等故障保护。所有故障信息均在操纵台的列车信息显示器上显示。

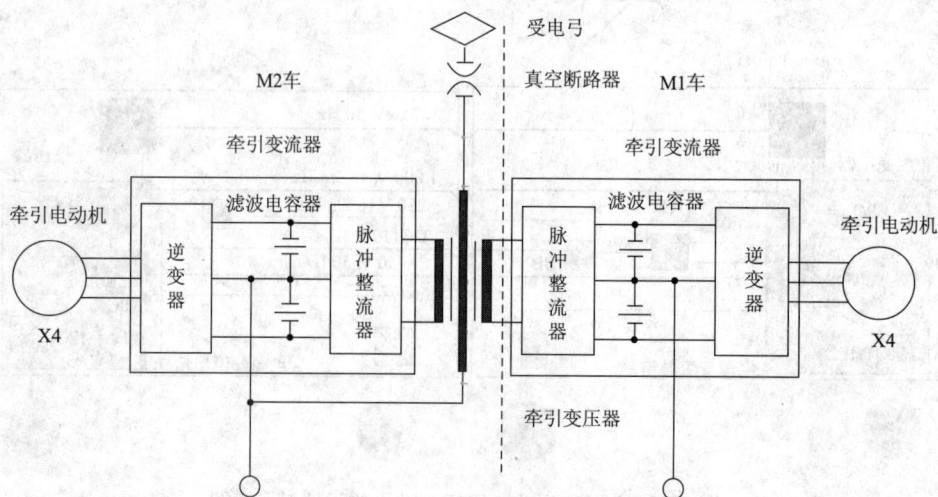

图 5-28 CRH2 型动车组牵引系统结构图

车下高压设备箱在考虑防止危险和绝缘距离的基础上，力求小型化、轻量化，为防止触电事故发生，采用继电联锁保护，通电状态下不能打开箱门。

CRH2A 型动车组的电气设备主要包括：受电弓、主断路器、避雷器、电流互感器、接地保护开关等。

CRH2A 型动车组牵引传动系统采用交流传动，在牵引变压器、牵引变流器、牵引电机、控制策略等方面有自身的特色，具体如下：

（1）牵引变压器采用壳式结构、车体底部吊挂安装、油循环强迫风冷，原边采用两组并联结构的绕组，从而增加了每相牵引绕组的容量；牵引绕组为两个独立线圈，确保牵引绕组的高电抗、弱耦合性。

（2）牵引变流器主电路采用两主管串联与中点带钳位二极管的方案，功率开关器件采用 IPM 智能功率模块或 IGBT 模块。其中 IPM 是将芯片、驱动电路、保护电路等封装在一个模块内的新型电力电子器件，是 IGBT 集成化、智能化的一种应用方式。除具有 IGBT 的优点外，还具有驱动功率小、吸收回路简单、器件模块本身具有检测和自保护功能、可以采用多个并联以增大电流容量等优点。

（3）脉冲整流器采用单相三点式 PWM 脉冲整流器，具有以下优点：每一个功率器件所承受的关断电压仅为直流侧母线电压的一半，在相同的情况下，直流母线电压可以提高一倍，容量也提高一倍；在同样的开关频率及控制方式下，输出电压或电流的谐波大大小于两点式变流器，其总的谐波失真 THD 也远小于两点式变流器；即使在开关频率很低时，其输入侧的电流波形也能保证一定的正弦度，从而减小对通信系统的谐波干扰。

（4）牵引变流器中间直流环节不设二次谐波滤波装置，减轻了牵引变流器质量。

（5）逆变器采用三点式拓扑结构，与二点式逆变器相比，端电压波形包含较少的谐波分量。在一个周期内，两点式逆变器电路只有 7 种状态，而三点式有 19 种，有利于减小相邻电路状态转换时引起的电压和电流波动，从而有利于降低损耗，提高电动机效率，减少脉动转矩。

（6）牵引电动机具有良好的牵引特性，可以实现宽范围的平滑调速，使动车起动时发出较大的起动转矩；异步电动机结构简单，可靠性高，同直流电动机比较，没有因换向引起的电气损耗和机械损耗，没有环火，运行可靠性进一步提高；耐振动、耐风雪，可以在多尘、潮湿等恶劣环境下正常运行；电动机过载能力强；转速高，功率/质量比高，有利于电动机悬挂；转矩-速度特性较陡，可抑制空转，提高黏着利用率。

（7）牵引电动机采用矢量控制策略，把定子电流分解成转子磁场定向坐标系下的励磁电流分量和转矩电流分量，实现了定子电流的完全解耦，控制方式简单，使整个牵引传动系统具有良好动态性能和控制精度。

三、CRH₃ 型动车组牵引系统

（一）组成

牵引系统是基于 AC 25 kV 供电条件下运行设计的。每列动车组都由两组互相对称的牵引单元组成（01 车到 04 车为一组，05 车到 08 车为另一组），它们之间用车顶电缆连接起来。两列 CRH₃ 型动车组可以重联形成一列车组。

动车组牵引系统的组件分布在以下车上，它们对称地位于两个牵引单元中。其具体的分布如图 5-29 所示。

（1）在 01、08、03、06 车中，安装有：

①牵引变流器及其冷却装置（CLT）。

②牵引电动机（TM）和齿轮装置。

（2）在 02 车和 07 车中，安装有：牵引变压器及其冷却装置。

（3）在 04 车和 05 车中，安装有：限压电阻器。

图中各部分的英文缩写含义如表 5-3 所示。

由图 5-29 可知，CRH₃ 型车的动车组牵引系统采用了交-直-交的传动方式，由受电弓、主断路器、牵引变压器、牵引变流器和牵引电动机组成。其中，辅助供电系统从牵引变流器的中间直流侧取电，在安装上和牵引变流器安装在一个模块内。其牵引变流系统采取了冗余设计，在基本动力单元中的电气设备发生故障时，可全部或部分切除该基本动力单元，但不应影响到其他动力单元。

（二）设备及工作原理

1. 高压设备

（1）高压电缆。高压电缆也称"车顶电缆"，将动车组两个牵引单元连接起来，这样一个受电弓和一个主断路器可以通过电缆同时给两个牵引单元供电。当列车发生故障时可以有隔离开关将车顶电缆断开。如果一个牵引单元主系统发生故障，另一个牵引单元可以继续工作。

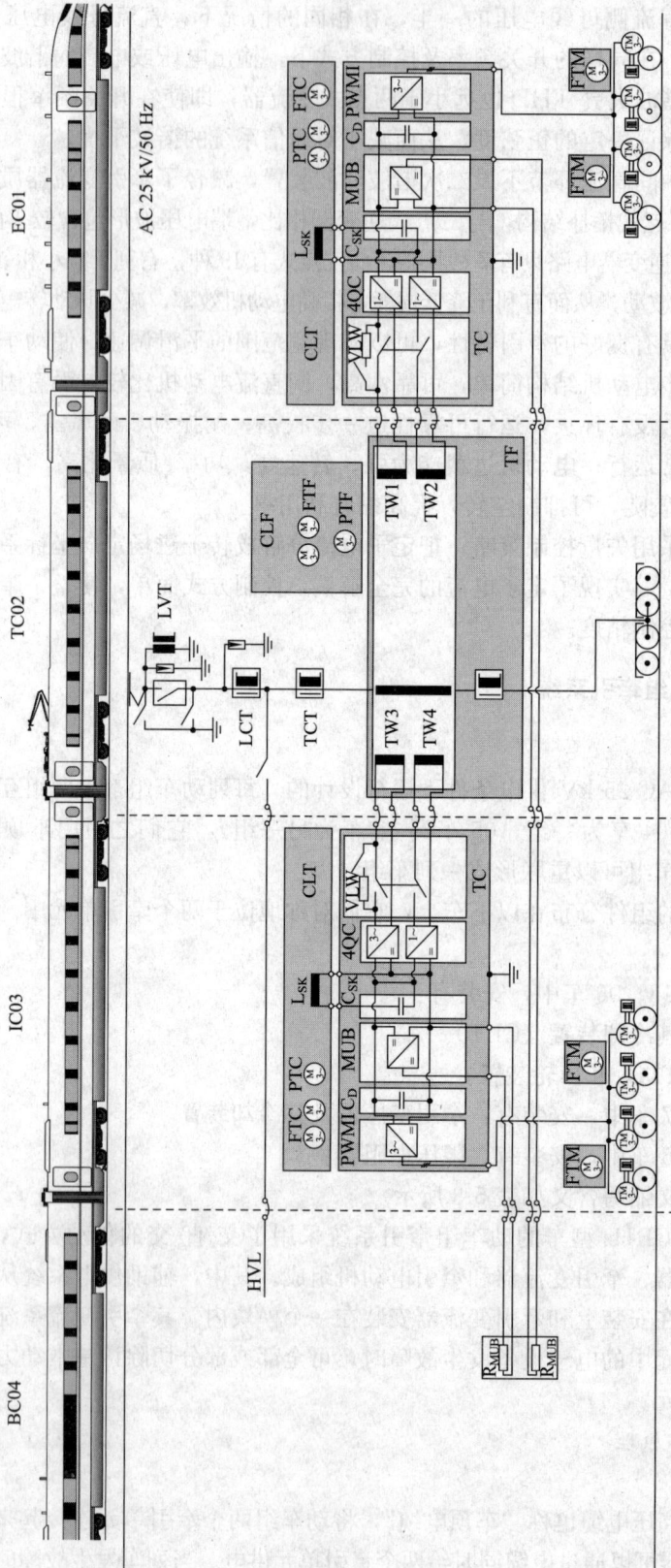

图5-29 一个动力单元的牵引系统的结构图

（2）真空断路器。真空主断路器将受电弓接收的 AC 25 kV 高压电与车顶电缆连接。在受电弓的右后方有一个避雷器防止空气过压，避雷器的下方是变压器，作为从接触网获得的 AC 25 kV 变压的传感器，主断路器中集成了接地绝缘和电流互感器用于测量动车组的电流，从电流互感器出来的信号通过中央控制单元进行评估，而从变压器出来的信号通过中央控制单元和牵引控制单元进行评估。带有接地绝缘的真空断路器将受电弓和其牵引单元主变压器原边绕组连接起来，同时通过车顶电缆与另一个牵引单元主变压器原边绕组连接起来。真空主断路器中设置了装有弹簧的空气驱动作动器。

表 5-3　各部分英文缩写的含义

C_D	DC-link capacitor 直流侧电容器	R_{MUB}	Voltage limiting resistor 限压电阻器
C_{SK}	Capacitor (series resonant circuit) 电容器（串联谐振电路）	TC	Traction converter 牵引变流器
HVL	High voltage line 高压线	TCT	Transformer current transformer 变压器电流互感器
LCT	Line current transformer 线路电流互感器	TF	Transformer 变压器
L_{SK}	Inductor (series resonant circuit) 电感器（串联谐振电路）	TM	Traction motor 牵引电动机
LVT	Line voltage transformer 线电压互感器	TW1 - TW4 Traction winding 牵引绕组	
MUB	Overvoltage limiter 过压限制器	VLW	Precharging resistor 预充电电阻器
PWMI	Pulse-width modulated inverter 脉宽调制逆变器	4QC	4-quadrant chopper 四象限斩波器

（3）电流互感器和避雷器。电流互感器以及避雷器（分流变压器断开时产生的过电压）通过电缆与变压器原边绕组连接。电流互感器相当于一个变压器原边绕组的输入电流的传感器。变压器的输出端通过接地电流互感器与地面连接，电流互感器采集变压器的输出电流。每个牵引单元的中央控制单元通过比较两个电流互感器测得的电流差来判断两个电流互感器间原边电路是否有接地故障，如主变压器原边接地故障。

2. 主变压器

主变压器设计成单制式的变压器，在额定电压为单相 AC 25 kV、50 Hz 的线路上运行，其次级绕组为牵引变流器提供电能。使用一个电气差动保护、冷却液流量计和电子温度计对主变压器进行监控和保护。主变压器箱体是由钢板焊接的，安装在车下，主变压器采用强迫导向油循环风冷方式。

3. 牵引变流器

牵引变流器安装在动车组动力车的车下牵引设备箱中，即 01 头车，03 中间车，06 中间车及 08 头车。

每一个牵引变流器基本上由两个四象限斩波器（4QC），一个带谐振电路的中间电压电路，一个制动斩波器 BC 及一个脉冲宽度调制逆变器（PWMI）组成。牵引变流器的输入线路接触器由列车控制单元 TCU 控制。

4. 牵引电动机

动车组有 16 个牵引电动机，这些电动机被安装在下列动力转向架上：01 头车，03 中间车，06 中间车，08 头车。牵引电动机遵守 EN 60349-2 标准的要求。

动力转向架的每一条轮对都装有一个牵引电动机，电动机被相对于列车方向横向安装在转向架上。牵引电动机采用 1TB2019 型号的四极三相异步电动机，采用强迫风冷却，并用温度监测方式保护牵引电动机过热。在动力上采用机械力传递系统将牵引电动机的驱动力矩传递到轮对。这套系统主要由轴向、径向都具有柔性的联轴节及轮对上的齿轮传动装置。联轴节的设计可以补偿在驱动过程中电动机与车轮间的相对运动。

该电动机的主要参数如表 5-4 所示。

表 5-4　CRH3 型动车组牵引电动机主要参数

额定电压	约 2 700 V
额定电流	约 145A
额定频率	138 Hz
额定功率	562 kW
额定速度	4 100 r/min
结构	三相四极
质量	775 kg

四、CRH5 型动车组牵引系统

CRH5 型动车组牵引系统使用交-直-交传动方式，主要由受电弓、主断路器、牵引变压器、牵引变流器及牵引电动机组成。受电弓通过电网接入 25 kV 的高压交流电，输送给牵引变压器，降压成 1 770 V 的交流电。降压后的交流电再输入牵引变流器，经整流后逆变成电压和频率均可控制的三相交流电，输送给牵引电动机牵引整个列车。牵引传动系统工作原理如图 5-30 所示。

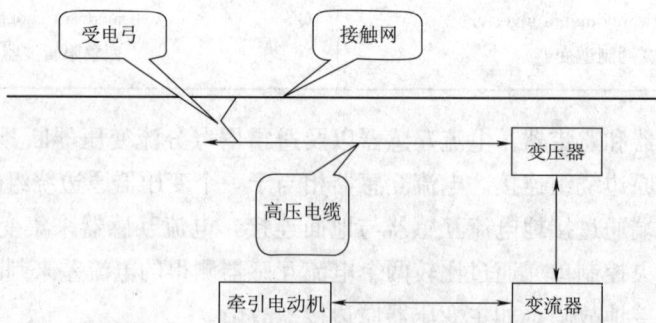

图 5-30　CRH5 型动车组牵引系统原理示意图

CRH5 型动车组牵引系统主变压器使用油冷方式，牵引变流器使用成熟的 IGBT 技术。异步牵引电动机的功率为 550 kW，采用体悬方式，由万向轴传递牵引力。动车组有两个相对独立的主牵引系统单元，每个牵引单元配备一套完整的集电、牵引及辅助系统，以实现所需的牵引和辅助电路冗余，其中一个单元由三辆动车加一辆拖车构成（M-M-T-M），另一个单元由两辆动车加两辆拖车构成（T-T-M-M）。动车组编组及动力设备的配置如图 5-31 所示。

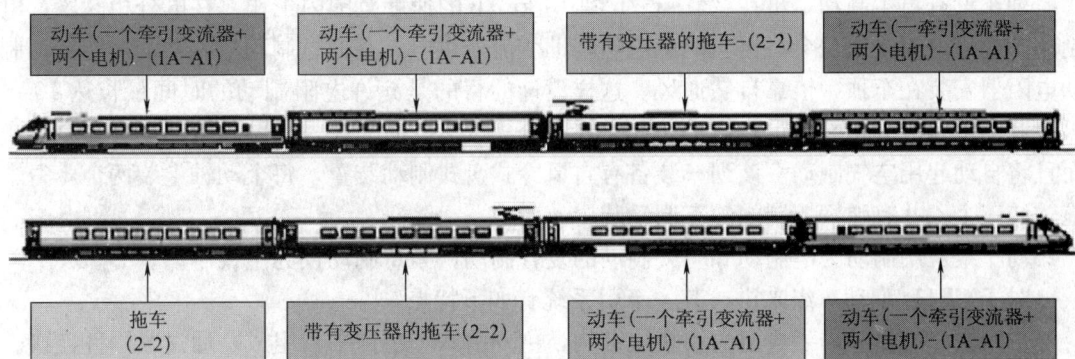

图 5-31 牵引设备布置示意图

每个动力单元带有一个主变压器和受电弓。在正常运行中，每列车只启用一个受电弓。每个牵引动力单元的牵引设备由下列设备组成：

(1) 一个高压单元，带受电弓和保护装置。

(2) 一个主变压器。

(3) 两套或三套 IGBT 水冷技术的主牵引套件。

(4) 四台或六台异步牵引电动机，底架悬挂，最大设计负载 550 kW（轮缘处功率）。由于每台电动机是由一个独立的牵引逆变器驱动的，在同一车辆内轮对间轮径差最大为 15 mm 的情况下，无需减小负载。每节动车装有两台牵引电动机。

正常情况下，两个牵引系统均工作，当一个牵引系统发生故障时，可以自动切断故障源，继续运行。

CRH5 型动车组可分为两个动力单元，每个动力单元的牵引设备都由下列设备组成：

(1) 高压电器单元具有受电设备、保护装置和主变压器，其中主变压器采用强制油冷却。

(2) 第一牵引动力单元具有三个牵引/辅助变流器，第二牵引动力单元具有两个牵引/辅助变流器，每台牵引/辅助变流器驱动两台牵引电动机。牵引/辅助变流器获得可调节的直流电压，并驱动异步牵引电动机的牵引和再生制动。在过电分相时由于再生制动短时停止工作，过渡的制动电阻器投入使用。每辆动车配置两台异步牵引电动机，底架悬挂，单台电动机设计持续功率可达 550 kW，并且车轮的直径差（在相同车轴上）接近 3 mm 时也能够提供 500 kW 的负载。

(3) 一台牵引控制器，能够完成如下的功能：

①控制设备发送牵引/制动命令。

②控制中间直流线电压和受电弓输入端的功率因数。

③控制电动机牵引/制动转矩。

④进行电力设备的保护。

⑤对控制器本身进行自诊断。

(4) 安装在 M2 和 MH 车辆上的电气装置，如 100 Hz 谐振的制动器和瞬时电制动电阻。

对于 CRH5 型动车组，第二牵引单元与第一牵引单元极其相似，唯一的区别是仅配备一个辅助变流器（在正常运行条件下，对于整列车来说仅需要两个辅助变流器，第三个仅作备用，随时替换出现故障的辅助变流器）。

列车设有再生制动，可在 220 km/h 到 10 km/h 的速度范围内工作。在电分相区段，电制动不仅不会停止而且会将再生的电流给辅助变流器供电，并通过制动电阻器消散能量。制动电阻器安装在车顶，依靠自然通风。这样设计的目的是允许电阻制动的时间最长达 10 s。再生制动可在电分相端部重新启动，如果在电分相区段的时间超过 10 s，电制动会完全停止而且将自动起用空气制动。该列车装备有自风冷式盘式制动装置，每个动轴上装两个，每个拖轴装三个，并有弹簧控制的停车制动装置。

动车组常用制动为电制动和空气制动的复合制动，紧急制动仅为空气制动。

对于 CRH5 型动车组来讲，其主牵引系统有如下特点：

①牵引变流器采取了典型的模块化结构，主要由八个组件平台组成，通过紧固件连接。

②牵引、辅助变流器集成在一个箱体中，辅助回路输入电压来自中间直流环节。

③主变流器的冷却方式采用水冷和强迫风冷。

④变流器车底安装，防护等级为 IP54。

⑤采用最新的高压 IGBT（6 500 V、600 A）技术，中间直流电压在额定工况下为3 600 V。

⑥采用矢量控制技术，多种 PWM 模式优化调制。

⑦牵引电动机采取体悬技术，极大的减小了转向架的簧间质量，优化了动力学性能。

本章小结

本章共分七节，分别描述了动车组牵引系统。总体说明了动车组牵引系统的概念、组成及基本工作原理；分别讲述了动车组受电弓、牵引变压器、变流器、牵引电动机及真空断路器的组成、结构及原理，将动车组牵引系统的各个组成部件分别展开进行说明，内容详尽且通俗易懂；最后对 CRH 系列动车组的牵引系统在使用方式、组成材料、组件分布及主要参数等方面进行了比较说明。

思 考 题

1. 简述牵引系统的作用、基本组成及原理。
2. 简述 CRH2 型动车组使用的牵引变压器结构特点及附属部件。
3. 简述牵引变流器的工作原理。
4. 简述四象限变流器的工作原理。
5. 简述 PWM 逆变器的工作原理。
6. 简述交流异步电动机的基本结构及特点。
7. 简述 CRH1 牵引系统的基本组成及原理。
8. 简述 CRH2 型动车组牵引系统的基本组成及原理。
9. 简述 CRH3 型动车组牵引系统的基本组成及原理。
10. 简述 CRH5 型动车组牵引系统的基本组成及原理。

第六章　制动系统

本章要点：

通过本章学习，理解和掌握动车组制动系统的特点及其总体组成；了解 CRH1、CRH2、CRH3、CRH5 各型动车组制动系统的系统构成及功能实现。

第一节　概　　述

高速铁路上动车组运行的速度越高，对其速度控制的安全性、可靠性、准确性要求也就越严。为确保动车组运行的安全、快速和及时、有效地进行动车组速度调整或停车，一般都在高速动车组上装备有高效率、高可靠性和高安全性的制动系统，以确保在意外故障或其他必要情况下及时、准确地停车，且有尽可能短的制动距离。

由于列车制动能量和速度的平方成正比，时速 200 km/h 以上的动车组的制动能量是普通列车的 4 倍以上。因此，动车组制动系统的性能和组成与我国目前旅客列车上所安装的制动系统完全不同。一般来说，动车组制动系统应具有如下特点：

（一）安全性高

高速动车组制动系统的制动能力强，反应速度快，具有相当高的安全性。在结构上具体表现在以下两个方面。

（1）采用电空联合制动模式，电制动优先，且普遍装有防滑器。电制动与空气制动结合可保证列车在较大速度范围内都有充足的制动力，而防滑器的安装可使轮轨间的黏着力得到充分运用，进而有效地缩短制动距离。电制动由于操纵控制方便，且可以大大减少空气制动系统零部件的磨耗，因而得以优先使用。

（2）操纵控制采用电控、直通或微机控制电气指令式等灵敏而迅速的系统。这些装置使制动系统的反应更为迅速，进一步缩短了制动距离。

（二）控制准确

制动作用采用微机控制，可为确保列车正点运行，精确地提供所需制动力；对复合制动的模式进行合理设计，使不同形式的制动力达到最佳组合作用。

（三）舒适度高

高速动车组制动作用的时间和减速度远大于普通旅客列车。因此，采取了相应措施来提高旅客乘坐的纵向舒适度；其制动平均减速度、最大减速度和纵向冲动的指标均高于普通的旅客列车。所采取的措施主要有：

（1）采用微机控制的电气指令制动系统可实现制动过程的优化控制，并在提高平均减速度的同时尽量减少减速度的变化率。

（2）减少列车中不同车辆制动力的差别，以缓和车辆之间的纵向冲击力。

（3）防滑装置还可避免因轮轨间黏着力不足而产生车轮踏面擦伤，继而防止列车运行平稳性恶化，提高乘坐舒适性，以及避免对车轴等部件产生附加应力的问题。

（四）可靠性高

（1）采用"故障导向安全"机构（fail-safe），以便在制动系统发生故障时，能向安全方向动作。例如，高速动车组一般设有空气制动、微机控制的电空制动和计算机网络三种制动控制方式。在正常运行情况下，由计算机网络控制并传递全列车各车辆的制动信息。当该控制系统发生故障时，能自动转为电空制动作用。在电气故障或电空制动故障时，能依靠纯空气制动来保证不良状态下的制动距离。

此外，在高速动车组微机控制的制动控制过程中需要有大量的信息输入、数字运算和输出指令，为防止故障，在该指令系统的设计中也考虑了相应的可靠性措施。

（2）进行"防止误操作"设计（fool-proof），使得非熟练操作者也能可靠地实施制动系统的功能。

（五）维修方便

动车组在设计时开发了在故障时能够进行自检的自诊断功能等，并减少了磨耗件，大大减少了维修工作量。

（六）轻量化

制动系统采用模块化设计，并改进和集成制动部件，以实现小型轻量化。例如，高速动车组可将空气制动的电气—空气—液压方式变换为电气—液压直接变换方式，省却副风缸、增压缸和大量空气配管。从而实现小型轻量化，可将质量减轻约 2/3。又例如，在动车组的空气制动控制装置中，各种阀、塞门多采用单元化方式集中安装在铝合金安装板的前面，以减轻质量和减少维护、检修工作量。

第二节　　CRH1 型动车组制动系统

一、CRH1 型动车组制动系统构成

CRH1 动车组制动系统有两套，一套是电制动，将牵引电动机转换成发电机形式工作，即再生制动；一套是空气制动，将电指令转换成空气指令送入制动缸起制动作用。列车制动优先采用再生制动方式，制动方式转换均由微机系统控制完成。当司机通过司机台上的制动控制器实施制动指令时，制动电信号首先到达车辆计算机系统，再传入制动控制系统。制动控制系统根据列车速度，自动实施空气制动与电制动。列车采用安装在动力车轮上的盘形制动机和安装在拖车车轴上的盘形制动机及再生制动机。

动车组每三辆车的单元设置一个主压缩机单元，每个受电弓有一个辅助压缩机，主压缩机和辅助压缩机都装在拖车上。主压缩机压力在 850～1 000 kPa 之间，列车总风管风压为750～900 Pa，当救援或回送时总风管风压为 600 Pa。

动车组采用直通式电空制动系统，并由 TCMS 来控制，制动系统的防滑装置使列车在任何情况下都根据载荷调整制动力，以获得不变的制动距离和最佳的黏着效果。常用制动时采用复合制动，电气制动优先。

在司机室和车厢内均可以实施紧急制动，但在司机室可以抑制车厢内实施的紧急制动，以防止在适宜的区间内停车。任何制动距离不大于 2 000 m。动车组设安全制动环路，安全制动以故障导向安全的原则启动。动车组的停放制动装置可以使动车组停放在 30‰ 的坡道

上，保持制动在动车组停车后自动实施。

电气制动系统的组成与牵引系统一致。空气制动系统由制动控制器、空气压缩机、干燥器、制动控制装置、制动缸及相关的电气和空气管路组成。制动系统工作原理如图 6-1 所示。

转向架上安装一个盘形制动机，有下列两种情况：

（1）动力转向架：四套盘形制动装置，制动盘安装在车轮上。

（2）拖车转向架：六套盘形制动装置，制动盘安装在车轴上（每个车轴三个）。

拖车制动装置：每轴设有三个制动单元，每轴三个制动盘，无停车制动。图 6-2 为实物图。制动盘的材料是灰铸铁盘。

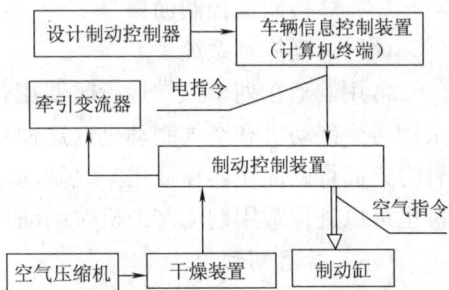

图 6-1　制动系统工作原理示意图

图 6-2　拖车制动装置结构图

动力制动装置：每个轮对有两个制动单元，每轮有两个制动盘，每个动车有三个停车制动，图 6-3 所示为实物图。

图 6-3　动力制动装置实物模型及结构图

二、CRH₁ 型动车组制动种类

（一）常用制动

常用制动是列车制动的常用方法。常用制动通过两个不同的制动系统被激活。即再生的电子动态制动系统和摩擦制动系统（救援回送时除外）。常用制动可以通过以下部件启动：

（1）制动控制器。

（2）ATC/ATP列车自动驾驶/列车自动保护系统。

（3）救援回送控制面板。

（4）速度控制系统。

常用制动在列车正常运行时使用，制动时有效的平均减速度为 0.8 m/s²。常用制动时采用再生制动机和空气制动机，这种复合式制动在 LCC（闸片和制动盘磨耗）、舒适性和黏着力方面得以优化，在使用空气制动之前应最大限度地使用再生制动。在救援时，空气制动机也可以进行常用制动（纯机械制动）。在常用制动中的最大冲动应低于 0.65 m/s²。

（二）紧急制动

紧急制动的功能是为尽量缩短的制动距离。紧急制动的启动有两种方式：

1. 司机启动紧急制动

（1）计算机控制以达到可能的最短的停车距离。

（2）由牵引/制动控制器启动。

2. 乘客启动的紧急制动

（1）如果乘客/乘务人员要进行紧急制动，系统能在 10 s 内实施常用全制动。

（2）同时，司机桌子上的一个相应信号灯应亮起来，向司机表明有乘客/乘务人员启动了紧急制动。

（3）在所规定的 10 s 内，当司机发现在线路的某个位置不适合停车时，可以通过按压阻止按钮超过 3 s，以控制乘客的紧急制动要求。

（4）如果司机在所规定的 10 s 内没有控制紧急制动，系统会启动紧急制动机。在紧急制动中的冲动不控制。

（三）安全制动

列车装用安全回路。如果安全回路打开，则实施安全性制动。所有与安全有关（并且同实施制动有关的）的系统和部件都可以打开安全回路。安全性制动能确保同紧急制动机相同的停车距离。

安全性制动是间接的，在下列情况下以故障导向安全的方式控制和启动：

（1）在与安全性有关的系统中发生非常严重的故障（失去联络、系统压力低等）。

（2）安全制动的控制电源被切断。

（3）列车部件松动（分离）。

（4）ATP 制动需要。

（5）司机安全装置（DSD）制动需要。

（6）司机紧急停车按钮按下。

（7）列车回送救援安全制动需要。

（四）停放制动

停放制动能够使具有最大载荷的列车停在坡度为 30‰ 的坡道上不溜车。停车制动机能够通过使用特殊的工具（弹簧力）手工缓解。停车制动机在压力升高时能确保制动装置内的弹簧（实施停车制动用）一直处于绷紧的状态。这是为了确保在手工缓解后停车制动也能够实施。

（五）保持制动

保持制动在列车停下后自动实施，以避免列车在坡度不超过 30 ‰ 的坡道上溜车。

保持制动确保列车能够较为舒适的停车。当列车处于静止状态时，为了避免列车的移动，保持制动系统在此时将启动指定水平的摩擦制动力。若保持制动系统作用力不够，将启动安全制动系统。

（六）停车制动

停车制动系统是自动防故障装置，与供风无关（弹簧的机械作用力）。停车制动系统的截断塞门带有一个电动开关，以显示该辆车内停车制动系统的工作状态。

当系统压力降至 350 kPa 以下时，停车制动系统将自动启动。若没有系统压力，当完全启动停车制动系统时，可以保持"最大重量、特殊载重"的列车在 3‰ 坡度上处于静止状态。

（七）救援回送制动

若列车需要救援回送，有救援回送面板、压力开关及传感器等对救援回送车辆内的制动管压力进行识别。压力传感器与车载计算机相连接，车载计算机将制动管中的压力转化为被救援回送的车中的相应的制动要求。救援回送过程中的蓄电池通过救援回送车辆的外部三相电源或供给辅助转换器的辅助发电系统（再生制动）供电。若制动管内的压力降至紧急制动压力以下，则安全回路将通过与压力开关相连的继电器被打开。

救援回送过程中的蓄电池电压始终处于被监控状态，以确保在打开蓄电池开关之前的安全停靠。由于车轮安全保护系统需要蓄电池的供电，因此，此功能避免了列车的车轮变形。

（八）防冰制动

此制动模式可以防止制动盘结冰。它可以监控输入到制动盘的能量，并在有必要保持制动瓦片和制动盘温度的情况下实施气动制动。

（九）车轮防滑保护

车轮防滑保护功能可以在制动时提供最佳的黏着。通过解读分别来自每个车轴的速度信号和制动力，相应启动和缓解制动系统。

电子动态制动系统解读惯性数据，并实现每个车轮防滑的优化。

气动制动系统解读每个制动缸内的压力，并实现瞬间的压力优化从而防滑。

电子动态车轮防滑保护系统和气动车轮防滑保护系统之间的分离通过列车控制与管理系统（TCMS）实现。当发现电子动态制动系统使用率较低时，将关闭电子动态车轮防滑保护系统。车轮的防滑保护则完全通过气动系统完成。

三、制动模块

每辆车均带有制动模块用于实施制动功能，每辆动车转向架均有动态制动系统，每辆车在靠近转向架区域都有防滑阀门，每辆带有司机室的动车内均安装有救援回送控制面板。

模块的设计形式为可以预先完全组装完毕，可以直接安装到底架的组件中。如图 6-4 所示，需进入的部件放置于车辆的每个侧板后面，维护维修时可以方便进入，面板的安装也可以实现部件的简单的更换。模块应放置在车辆的中间，从而使到两个转向架的管路的距离尽量缩短。

四、空气制动系统

- 动车组由 8 节车组成，其系统配置如下：
- 每一个 Tp 和 Tb 车上有主压缩机；

- 每一个 Tp 车上有辅助压缩机；
- 所有车上都有空气悬挂控制；
- 所有车上都有制动和主储风缸。

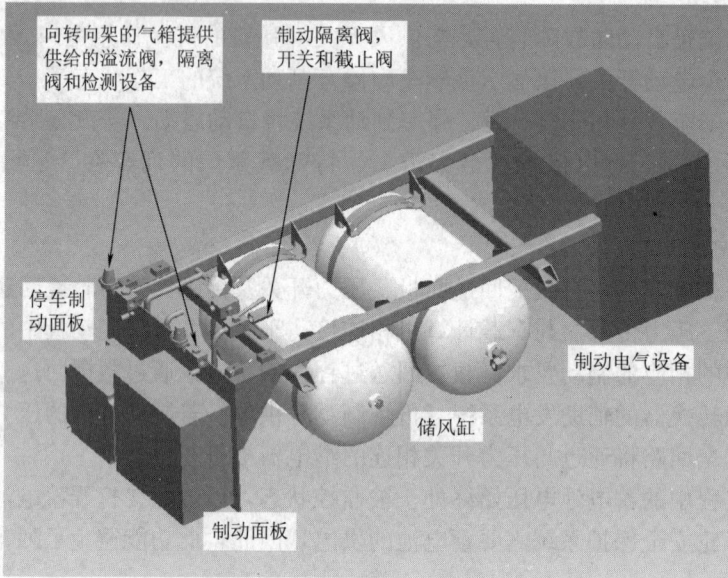

图 6-4　制动模块的安装示意图

图 6-5 是八辆车编组为一列车的空气制动系统配置图。

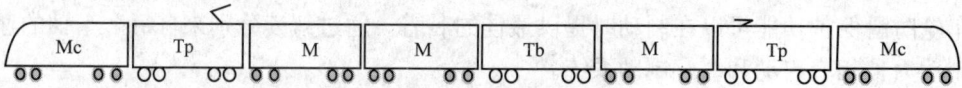

图 6-5　空气制动系统配置图

在每列车的供风系统中，Tp 和 Tb 车供风模块包括下列设备，这些设备安装在同一个框架上。

- 压缩机；
- 空气干燥器；
- 过滤器；
- 模块内的管道；
- 外部空气连接；
- 辅助设备，如压力传感器，测试装置，安全阀等；
- 压缩机储风缸。

Tp 车辅助供风模块包括下列设备：

- 压缩机；
- 空气干燥器；
- 过滤器；
- 模块内的管道。

Mc 车设有防止机车车头污染的主储风缸管道过滤器。

所有车中，在车与车之间有闭锁阀和排水塞门。

（一）主供风模块

1. 主压缩机

主压缩机型号是 Knorr-Bremse VV120，供风 720 L/min，工作压力为 0～1 MPa。输入电压是 AC 400 V/50 Hz。压缩机结构示意图，如图 6-6 所示。

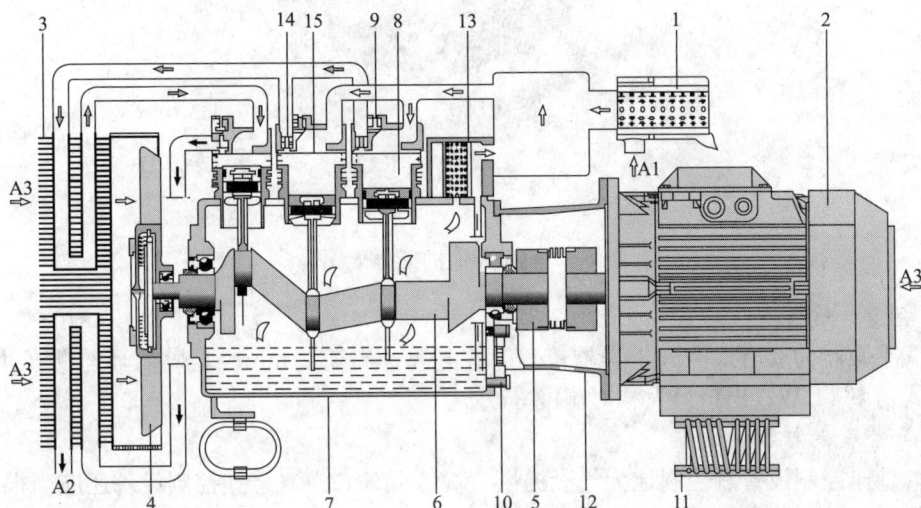

图 6-6　压缩机机构示意图

1—空气过滤器；2—电机；3—冷却器；4—风扇轮＋黏液耦合；5—真空管接头；6—曲柄；

7—曲轴箱；8—气缸；9—安全阀；10—油标尺管；11—弹簧件；12—中轮圆；13—集油器；

14—输出阀；15—吸入阀；A1—进气；A2—出气；A3—冷却气

压缩机有两个工作级别，在低压级上有两个汽缸，高压级上有一个。空气由一个干式空气过滤器过滤之后，进行预压缩，然后通过冷热气自动调节机吸入低压气缸。被冷却的空气被送到高压工作级进一步压缩到最终水平。高压级的下部的后冷却机再次冷却压缩空气。

出口处微孔网状油过滤器过滤干燥压缩空气中的油悬浮微粒和固体杂质。在微孔网状油过滤器之上的安全阀保护气路系统中的出口处的配件。

2. 辅助压缩机

辅助压缩机采用克诺尔 LP115 型压缩机，供气量为 70 L/min，工作压力 0～700 kPa。输入 110 V 直流电压。机械集成辅助压缩机如图 6-7 所示，辅助压缩机安装在底架的空间内。压缩机有一个单活塞压缩机，工作电源 110 V。气体经干燥型空气过滤器过滤，通过管道到空气干燥器，然后，由缸体吸入。安全阀保护设备部件不受高压的损害。空气干燥器是单塔干燥器，可净化空气。当压缩机停止工作，干燥压缩空气通过空气干燥器，干燥塔重新产生。当压力开关显示压力超过设定值时，电动机压缩机停止工作。

辅助压缩机控制是通过使用被激活的司机室内司机控制台上的一个按钮实现的。当 TCMS（从司机控制台可看到）接收到升高受电弓的要求时，压缩机接触器关闭，压力升起受电弓。辅助压缩机由一个压力开关控制。当升高受电弓并连接三相电压时，主压缩机启动，升高受电弓的主压缩机空气排出。当主系统压力增高时，辅助压缩机停机。

图 6-7　辅助压缩机实物模型图

3. 空气干燥器

空气干燥器为双塔式空气干燥器；110 V 电源；周期 2 min；干燥循环监测压力开关；更换塔式功率14 W；出口最大相对湿度35 %。

（二）空气悬挂控制设备

空气悬挂控制设备有控制地为气囊提供空气。此外，空气悬挂控制设备还应当根据车辆内荷载的相应压力信号为制动系统提供空气。

1. 溢流阀

溢流阀可以阻止供风系统压力低于 670 kPa 的空气通行空气悬挂设备中。通往空气悬挂设备的供风口处有一个截止阀，可以关闭通往二级悬挂系统的空气供给。应当有一个气门，可以在气囊出现故障时，限制通往空气悬挂设备的气流。

2. 高度调节阀

每个气囊均带有一个高度调节阀，也就是说每个转向架有两个阀门。高度调节阀应使用一个机械臂控制车辆的高度，通过向气囊供应或排出气流，保持车辆处于设定的高度。应当在设计阶段就确定这些阀门的设定。BSP 的设定如下：

从中点 0.8°至 1.0°不反跳。开启时，气流应当为 0.3 L/s，6°时气流应当为 0.5 L/s，10°之后应当为 5~6 L/s。所有这些数值均在 400 kPa 的供应压力条件下所得。

3. 平衡阀

每个转向架均应在两个气囊中间安装一个二次检查阀，以避免气囊故障时车辆会发生倾斜。设置应当为 250 kPa。

4. 平均阀

平均阀可以在转向架内生成来自两个气囊的平均压力。然后，平均压力被输送到制动控制系统中，从而根据车辆中的荷载等级对制动力予以校正。

五、制动控制系统

制动控制系统主要由制动信号发生与传输部分、微机制动控制单元（MBCU）、气制动控制单元（PBCU）、备用制动控制系统等部分组成。

（一）制动信号发生与传输部分

制动信号发生与传输部分的主要任务是产生制动信号并将该信号传递到各车辆的 MB-

CU 或 PBCU，主要由制动控制器、制动信号调制器及其信号传输线、非常制动和强迫缓解控制线及停放制动控制线等组成制动控制器。

司机通过操纵制动控制器发出缓解、常用制动或紧急制动信号。信号分均衡风缸压力变化信号和电压信号两种。均衡风缸压力变化信号通过中继阀转变为列车管压力变化信号，由列车管传递至各车辆备用制动系统。制动控制器发出的电压信号分别供给列车计算机网络系统和制动信号调制器，前者通过列车计算机网络将信号传递到各车辆的 MBCU。

（二）MBCU

MBCU 是各车辆制动控制系统的关键部件，它主要具有如下功能：

（1）接受列车计算机网络和制动信号发生与传输部分发出的制动指令等信息。

（2）根据列车运行速度及车辆载重，将制动指令转换成所需要的制动力值。

（3）按再生制动优先的原则，进行空气制动的协调配合，空气制动力值＝所需的制动力值－再生制动力值。

（4）自动检测车辆制动系统状态，并将有关信息向列车计算机网络报告，自动记录并显示故障信息。

（5）读取防滑器状态信息，并向列车计算机网络报告。

（三）PBCU

PBCU 主要由气动阀、压力传感器等组成，它与 MBCU 一起构成对直通式电空制动系统制动缸压力的控制。

（四）备用制动控制系统

备用制动控制系统为自动式空气制动系统。动车组在各车厢上安装了一套空气制动分配阀。备用制动系统主要在直通空气制动系统发生故障及与其他列车连挂时使用。当动车组编挂在其他列车队列中，处于无火回送状态时，为防止总风管无压缩空气而导致失去制动能力，在列车管与制动风缸之间安装一个车挂塞门加单向阀，在无火回送时开通此塞门，由列车管向制动风缸输送压缩空气。

六、基础制动

盘形制动的制动盘是轴装式。在动车和拖车的每个轮对上安装两个轴装式盘形制动盘。动力制动采用再生制动，制动时把牵引电动机转换成发电机，可使走行轮在无磨损情况下制动，且制动力调节方便，产生的电能向电网反馈，这种制动方式构造简单、作用可靠，并且经济性好。

第三节　CRH2 型动车组制动系统

一、系统构成

CRH2 动车组制动系统列车布置图如图 6-8 所示。司机制动控制器安装在驾驶室内，便于司机操纵控制，制动控制装置、空气压缩机、干燥装置和制动缸布置在司机室的左下部。

该制动系统设置了黏着模式控制，主要原因是由于列车随着速度上升，黏着系数会下降，所以设置了随着速度的变化而变化的制动力的速度-黏着模式控制制动力。该模式是以雨天为前提，以黏着试验为基础设置的，所以列车制动时可以保证在规定的距离停车，不致滑行。

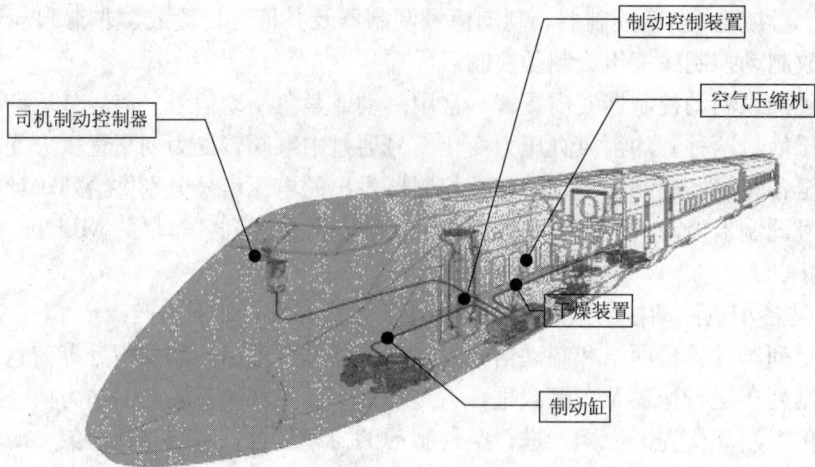

图 6-8　制动系统列车布置图

二、制动模式

1. 常用制动

常用制动力为（1～7）N。

（1）关于延迟控制，在制动初速度为 75 km/h 以上时，由动车的再生制动负担拖车部分的制动力，在 65 km/h 以下切换成为单独控制。控制单位是 1M1T 两辆车。

（2）具备对应负荷功能，调整制动力，进行定减速度的控制，不受列车重量的影响。

2. 快速制动

快速制动具备常用制动 1.5 倍的制动力，在手动制动操作时及在闭塞区间无法减速至设定的速度时根据 ATP 指令动作。

3. 紧急制动

列车分离、MR 压力降低时，在去掉操作杆时动作。没有随负荷制动功能。

4. 耐雪制动

在降雪时，为了防止冰雪进入制动盘和闸片之间，使得闸瓦无间隙轻轻接触制动盘。在 110 m/h 的速度以下，接通耐雪制动开关，通过操作制动手柄动作。BC 压力设定为 （40±20）kPa，可以操作制动控制器的开关调整设定值。

5. 辅助制动

在制动控制装置异常、制动指令线路断线及在救援等时以使用为目的而设置。操作驾驶台的设定开关及各单元（Tc 车）的配电盘开关进行动作，但制动为一定数值，与速度无关，与常用、快速制动不同。

6. 停车制动

八辆编组的动车组在异常情况下有必要在 30‰ 的斜坡上停车时，在最上方前三轴的六个车轮处安装铁靴。

三、空气制动系统

CRH$_2$ 型动车组空气制动系统由压力空气供给系统、空气制动控制部分和基础制动装置三大部分组成。

（一）压力空气供给系统

1. 空气压缩机

（1）特点

①小型轻量。由于为高速旋转速度运转，因此，实现了小型化，且通过使用轻量材料，实现了轻量化。

②低噪声。

③低振动。以水平相对形状排列了低压段两个、高压段两个的共四个气缸，通过平衡惯性力、惯性力偶，减少了振动的发生。

④高性能。由于是两段压缩方式，因此容积效率非常显著。

⑤维护容易。

零件的装配采用了螺钉缔结及嵌入式装配，而且各部的密封使用了强力 O 形密封圈，因此分解装配非常容易，不需要固有技术。

（2）构造及作用。

①曲轴箱。曲轴箱为铝合金制，兼具储油器功能，实现了轻量化。在曲轴箱上部，使用 12 个 M10 双头螺柱、通过密封垫安装了曲轴箱上盖。曲轴箱下部则使用 4 个 M12 六角头螺栓安装有装配及搬运用脚，如图 6-9 所示。

图 6-9 曲轴箱实物图

②气缸。低压气缸及高压气缸的活塞裙部的突起和曲轴箱安装部的孔相嵌在一起，并被定位，各使用四个 M12 双头螺柱进行了安装。另外，在此间，为了防止漏油，在气缸侧槽中分别插入了 O 形密封圈。

③曲轴。曲轴的输入侧、反对侧均使用滚子轴承进行了支撑。输入侧轴端为锥形轴，轴端有固定联轴节压板的 M10 螺纹。输入时在这一轴端中插入联轴节法兰盘，使用键、联轴节压板进行固定并传达。另外，为了防止基于油封轴的磨耗，输入侧轴承部分安装有插入 O 形密封圈的金属套，使用轴承螺母、垫圈与轴承一起进行了固定。轴承箱被四个 M10 双头螺柱固定于曲轴箱，并通过压入油封的轴承盖防止向外部漏油。

④活塞。低压活塞、高压活塞分别为铝合金制、铸铁制，通过相同的重量平衡了惯性力偶。活塞上部设置有三个环槽，上部两个插入有活塞环、下部一个插入有油环。

活塞销游动嵌合（使用木槌轻轻敲入的程度）于活塞，并使用 C 形挡圈对两端进行定位。

⑤连接杆。低压、高压段的连接杆为通用品，在小端部压入有活塞支持用衬套。大端部的上下嵌入有嵌入式开缝衬套。

⑥油压泵。在反输入侧使用四个 M10 双头螺柱，在曲轴箱中安装了油压泵，其中间使用 O 形密封圈进行了密封。

⑦给油口等。曲轴箱反输入侧装配有给油口、油面计、排油口、滤油器，可以统一进行有关润滑的日常维护。

⑧阀部。阀部采用了低噪声型的簧片阀与气缸盖一起使用 M12 双头螺柱安装在气缸上。另外，使用密封垫对其间进行了密封。

阀为具有细长舌形的片状阀，一端与旨在限制阀升程的止动器一起固定在阀座，另一端则通过本身的弹簧作用紧贴在阀座。

排出阀与吸入阀一样，与旨在限制阀升程的止动器一起固定在阀座。当活塞进入吸入行程时，气缸内的压力达到大气压（在高压段的情况下，为中间冷却器内压力）以下，通过其压力差打开吸入片状阀，并向气缸内流入空气。当活塞进入压缩行程时，气缸内压力达到排出口压力（在低压段的情况下为中间冷却器内压力）以上，通过其压力差打开排出片状阀，并排出空气。

⑨中间冷却器。中间冷却器是通过安装板安装在曲轴箱下部，连接管、入口部连接在低压气缸盖，出口部连接在高压气缸盖。另外，使用 O 形密封圈进行了密封。中间冷却器具有集管座与管为一体化的构造，冷却低压段中的压缩空气，并传送到高压段。集管座部设置有安全阀。当冷却器内压力异常上升时，安全阀调整为 390 kPa 进行喷气，正常情况下，排出压力为 880 kPa 时冷却器内压力约为 200～250 kPa。

⑩吸入式滤尘器及吸入式消声器。吸入式滤尘器及吸入式消声器各通过两个 M12 双头螺柱安装在曲轴箱，分别通过连接管进行了连接。而且，吸入式消声器通过低压吸入管连接到低压气缸盖。

吸入式滤尘器具有将滤尘器芯片内置于吸入式滤尘器体和盖之中的构造，可以通过取下分离销来简单地分解，实现维护简单化。

吸入式消声器减少吸入口的阀部气流声音。

⑪润滑装置。空气压缩机的润滑方式采用了基于齿轮泵的强制润滑方式。

首先，曲轴箱、储油器内的油通过 100 网孔的滤油器进行清净，并通过储油器、曲轴箱、齿轮泵体的通路吸入到齿轮泵的吸入口。然后，通过主动齿轮、从动齿轮与齿轮泵体的间隙发生油压，并进行压送。最后流过装配在齿轮泵体的欧氏联轴节，并通过曲轴给油到压缩机各部。另外，从齿轮泵体排出的油，通过齿轮泵盖的油路被压送至装配在齿轮泵体的安全阀头部，当油压异常上升时，排放油。这一安全阀通过弹簧进行安装，正常时的油压为 150～390 kPa，可以通过取下设置在齿轮泵盖的 1/8" 管塞来确认油压。关于齿轮泵的驱动，向曲轴插入 7×7×30 平键（129）和嵌入油封环的联轴节，并通过欧氏联轴节向主动齿轮传送动力并驱动。这一构造在曲轴和齿轮泵体间万一发生偏心时也可以给予充分的容许。另外，在压入联轴节与曲轴弹簧座之间放入弹簧，以防止欧氏联轴节、主动齿轮、联轴节之间脱落。

2. 安全阀

E1L 安全阀是为防止因空气压缩机调压器故障等原因所引起的主储气器的空气压力过

度上升而设置的阀门。

3. 干燥装置

采用 D20NHA 型空气干燥装置，设置在空气压缩机输出管路上。使用体积小、质量轻，且不需电源的高效高分子空丝膜式除湿装置。

（1）干燥功能。主风缸的压力降低到调压下限值，调压器立即动作使空气压缩机开动，同时，电磁阀消磁，排气阀活塞下面开放。排气阀受弹簧作用关闭排气口。由空气压缩机排出的压缩空气经冷却器冷却后，输送到干燥器，并通过吸附剂外围而将水分、灰尘和油分等分离掉，然后由吸附剂周围逐渐进入吸附剂内部。充分干燥后，经过干燥器的止回阀进入再生风缸的同时，最后经止回阀输送到主风缸柜。

（2）再生功能。经过干燥的空气输送到主风缸，并且压力上升到调压上限值。调压器立即动作使空气压缩机停止运转，电磁阀励磁而使排气阀活塞下部与再生储气缸相通。排气阀到活塞下面的排器口开放。因此，空气压缩机和干燥器止回阀之间的压缩空气急剧排光。同时，由空气中分离的水分、灰尘和油分等杂物也向外排出。

在再生风缸里存储的干燥压缩空气，经过干燥器上面的节流部，将膨胀至大气压，以更干燥的状态逆流到吸附剂里面，吸收刚才分离出来的水分后，从排气口排放到大气，然后再生风缸的压力降低，吸附剂的功能再生后，排气阀的排气口自动关闭。

（二）空气制动控制部分

CRH2 型动车组各种阀（如电空转换阀和中继阀）、塞门采用单元化方式集中安装在铝合金安装板的前面，以减轻质量，减少维护、检修工作量。

1. 电空转换阀

CRH2 型动车组采用 EPLA 型电空转换阀，安装在空气控制装置内。该阀属于控制阀的一种，其作用是把制动控制器发来的电流指令变换为空气压力，从而控制中继阀的供/排气。其空气压力能实现连续无级调控。该阀由电磁铁和供气阀、排气阀构成。电流通到电磁铁的线圈里，产生电磁吸力打开供气阀而供给压力空气。同时，压力空气返回到电空变换阀的膜板室，当空气压力与电磁阀的电磁吸力平衡时，就会关闭供气阀。因此，可用线圈中的电流来控制电磁吸力的大小，即可以任意设定空气压力。

2. 中继阀

CRH2 型动车组采用 FD-1 型中继阀，阀体上盖部上装有供气阀部，该部由供气阀和供气阀弹簧构成。供气阀由供气阀弹簧压在阀体的供气阀座上，并接触阀体的底盖及活塞的三个 O 形环，支承供排气阀杆。上面的扁平膜板两面分别为工作压力和供气阀提供的二次压力，下面的扁平膜板两边作用的为工作压力（AC1、AC2）。两个扁平膜板的有效面积相同，具有高位优先动能。由于这两个压力（工作压力，即高位优先压力和二次压力）的相差，供排气阀杆进行滑动，从而实现供气阀的开闭及二次压力的供给和排放。

3. 调压阀

CRH2 型动车组使用的调压阀有 B10 型和 B11 型两种。

（1）B10 调压阀。大体上可分为供气阀部、排气阀部和调压阀部。供气阀和排气阀为完全平衡式，供气阀为提高灵敏度，采用尖端渐开的供气阀座、供气阀和弹簧。排气阀部也使用尖端渐开的供排气阀杆和膜板，调压部由弹簧、弹簧托和调节螺丝构成。

（2）B11 调压阀。B11 调压阀是一种附带电磁阀的调压阀，它可通过电磁指令根据需要输出两种不同的定压。B11 调压阀使用扁平膜板，以便于维修保养；阀体、弹簧均使用铝合金，使阀体轻量化。

4. 电磁阀。

CRH2 动车组空气制动系统所用的电磁阀有 ON 型（如踏面清扫装置用电磁阀）和 OFF 型（紧急回路用的电磁阀）两种。

5. 增压缸

增压缸是通过空气压力转换成油压进行增益的。制动基本结构是利用高油压方式来实现缸体的小型化的。滑行控制是采用气压滑行控制方式，通过安装在空气缸吊手部的 PC1S 压力控制阀进行 BC 空气的输送和排放，来调节油压增减的方式。增压缸由空气缸、油压生成部、PC1S 压力控制阀（防滑阀）组成。

6. 制动缸

M 车转向架侧钳盘式制动器、T 车转向架侧钳盘式制动器和 T 车转向架轴钳盘式制动器的制动缸缸径分别为 45 mm、32 mm 和 32 mm。

7. 截断塞门

截断塞门在需要时可将压力空气截断或排出而串联在连接三室风缸、空气制动控制装置及增压缸等装置管路的前后。

（三）基础制动装置

CRH2 型动车组盘形制动的基础制动装置分为 M 车侧用、T 车侧用与 T 轴用三种（左右有区别），但尽量实现部件的通用化。

1. M 车转向架用侧钳盘式制动器

制动盘的外径为 720 mm，组装厚度为 133 mm（车轮宽度－2 mm），有效磨耗余量为 2 mm；制动闸片为烧结合金制，但不含铅，平均摩擦系数不低于 0.25，有效磨耗余量为 6 mm。

2. T 车转向架用侧钳盘式制动器

制动盘有效磨耗余量为 5 mm，其余情况与 M 车转向架用侧钳盘式制动器情况相同；制动闸片的有效磨耗余量为 14 mm，其余与 M 车转向架用侧钳盘式制动器情况相同。

3. T 车转向架用轴钳盘式制动器

制动盘外径为 670 mm，组装厚度为 97 mm，有效磨耗余量为 5 mm；制动闸片与 T 车转向架用侧钳盘式制动器的情况完全相同。

（四）空气制动系统工作原理

动车组中的空气制动系统是这样协同工作的：压缩空气由电动空气压缩机产生，经由贯通全列车的总风管送到各车的总风缸，再经两个单项阀分别送到控制风缸和制动风缸。各车制动风缸中的压缩空气供给中继阀、紧急电磁阀和电空转换阀使用。常用制动时或快速制动时（图 6-10），电控转换阀将送来的压缩空气调整到与制动指令相对应的空气压力，并作为指令压力送给中继阀。中继阀将电空转换阀的输出作为控制压力，输出与其相应的压缩空气送到增压缸（缸车辆设备发生故障时，经由紧急电磁阀的压缩空气作为指令压力被送到中继阀，此时中继阀与常用制动一样，将具有相应压力的压缩空气送到增压缸）。

在对增压缸空气压力进行控制时，根据制动指令、速度和载重计算出制动力，减去电制动的反馈量后，得到实际需要的空气制动力。将此变换为电空转换阀（EP 阀）的电流，由电空转换阀产生与其电流成比例的空气压力（AC 压力），并将此压力作为中继阀的控制压力，通过中继阀产生增压缸空气压力（BC 压力）（紧急制动时如图 6-11 所示，从紧急用压力调整阀输出的控制压力，经紧急电磁阀通往中继阀，中继阀对电空转换阀和压力调整阀的空气压力进行比较，将二者中压力较大者作为增压缸空气压力输出）。

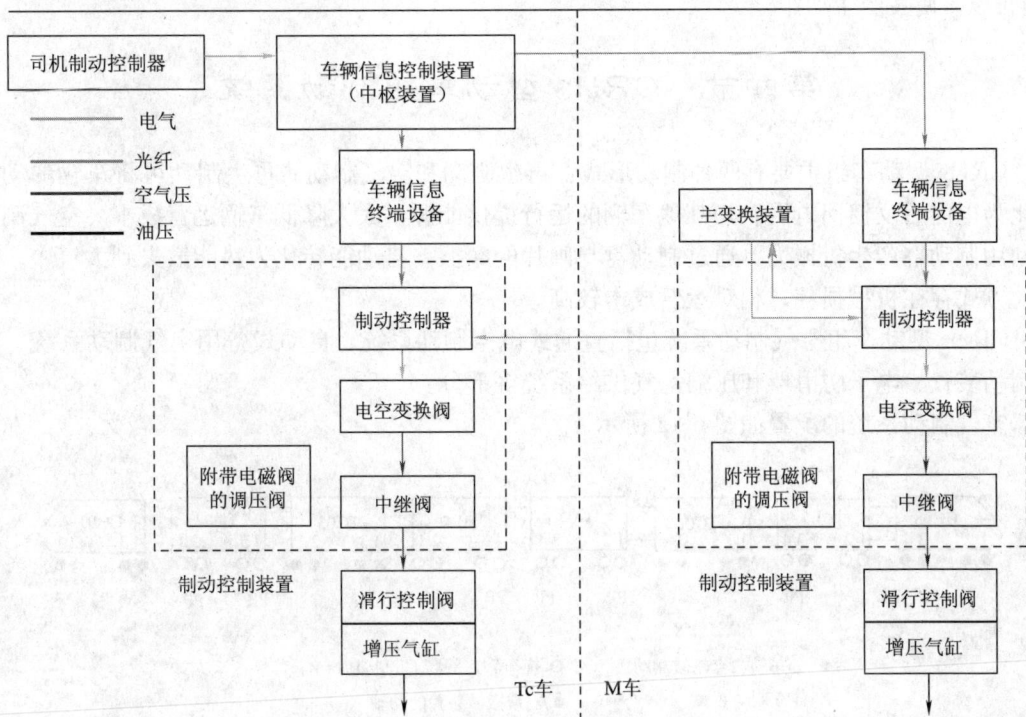

图 6-10　常用制动、耐雪制动控制原理示意图

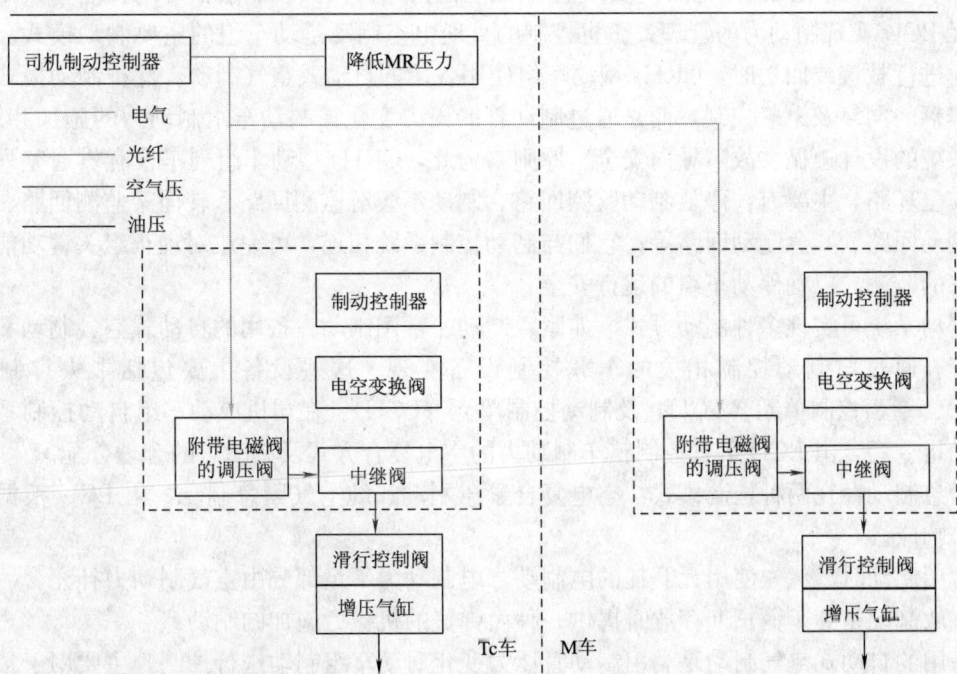

图 6-11　紧急制动控制原理示意图

中继阀输出的增压缸空气压力经由制动软管从车体送到转向架上增压缸的输入侧，在增压缸的输出侧就会产生比空气压力高且与空气压力成比例的液压，送给制动夹钳装置（液压制动缸），使其产生动作。

第四节　CRH3 型动车组制动系统

CRH3 型动车组主要有两种制动形式：再生制动和空气制动。再生制动可将车辆的动能转化为电能后反馈回电网，为其他车辆的运行提供能源，大大降低车辆运营成本。空气制动则利用制动缸产生机械力，通过制动盘与闸片的摩擦，将动能转化为热能散失到大气中；该制动方式存在机械损耗，相对运营成本较高。

CRH3 型动车组空气制动系统包括直通式电空制动系统、自动式备用空气制动系统、基础制动装置、电子防滑器和压缩空气供给系统等部分。

空气制动系统的配置如图 6-12 所示。

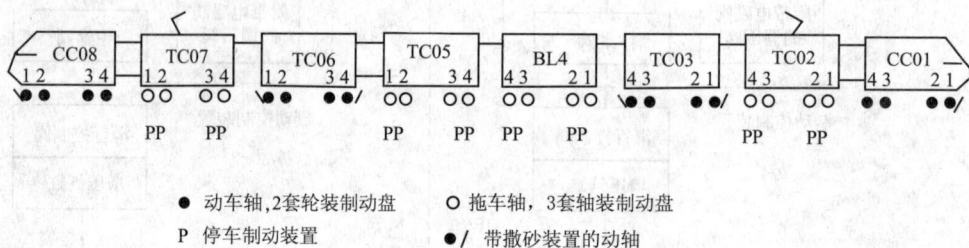

图 6-12　空气制动装置总体配置图

CRH3 型动车组制动系统的直通电空制动通过列车网络实现制动信号的传递，由制动控制单元 BCU 实现制动力的管理；微机控制的直通电空制动是动车组的主要制动模式。在利用机车进行救援或回送时，CRH3 型动车组使用备用的自动式空气制动。此种制动模式不依赖于车辆的网络及电气控制，而是通过制动管的压力变化控制动车组制动力的施加和缓解。制动系统的设计遵循"故障导向安全"原则，为此，CRH3 型动车组列车设有贯通整列车的硬线安全环路，主要有：停放制动监测回路、制动不缓解监测回路、转向架监测回路、旅客紧急制动回路、紧急制动回路等；它们与制动控制系统相连，可完成对动车组关键功能及部件状态的监测，以确保动车组的运行安全。

制动系统可实现多种制动方式，如紧急制动、常用制动、备用的自动式空气制动和停放制动等。通过与制动控制相关的车载控制设备实现，这些设备主要包括中央控制单元（CCU）、牵引控制单元（TCU）及制动控制单元（BCU）。在司机或动车组自动控制系统发出制动指令后，由 BCU 负责控制整车制动力的空电复合方式及制动力的合理分配。

紧急制动存在两种控制模式：空电复合紧急制动、纯空气紧急制动，由 BCU 根据实际情况来响应。

常用制动时，优先使用无磨耗的电制动，电制动力不足部分由空气制动力补充。

停放制动是为车辆长期存放时提供一种由弹簧的机械力施加的制动。

备用的自动式空气制动是利用制动管压力变化对动车组制动进行控制，主要用于救援和回送。

一、制动模式

1. 紧急制动

紧急制动的触发方式。通过以下任意方法均可以触发紧急制动：

- 在司机室按下紧急制动排风阀按钮（红色蘑菇按钮）。
- 制动司控器拉到"紧急制动"（EB 位）位置。
- 由列车自动防护系统（ATP）或自动警惕设备（SIFA）触发并优先响应。
- 列车运行时（速度 $v>5$ km/h），若发生了停放制动的意外施加，由停放制动监视回路触发；当转向架的稳定行驶或轴承温度指标超限监测，且施加最大的常用制动功能失效时，由转向架监视回路触发。

当紧急制动触发后，切除牵引力，施加电制动和空气制动。另外，车轮防滑系统也予启动。

紧急制动触发后，将同时发生以下冗余动作：

- 制动管排风、通过空气分配阀实施备用的空气紧急制动。
- 直通电空制动的紧急制动电磁阀得电、通过"安全回路状态"列车线控制安装在每辆车上的紧急制动电磁阀得电，实施直通电空紧急制动。
- 触发最大常用制动，每车 BCU 检测"安全回路状态"列车线，触发直通电空最大常用制动。

2. 常用制动

（1）常用制动功能。列车正常运行时，司机通过实施常用制动进行车辆调速和到站停车。对于常用制动而言，制动力的设定与制动司控器的扳动角度成比例。

当拉下乘客制动阀时，通过乘客紧急制动环触发最大的常用制动。为避免列车停在不适宜逃生的轨道段（隧道、桥），司机可将制动司控器置于"OC"位，取消乘客最大常用制动请求。

（2）制动特性。在最大常用制动条件下，平均减速度为 $0.8\sim1.0$ m/s^2。常用制动力小于紧急制动力。

3. 停放制动

CRH$_3$ 型动车组停放制动设计能力为可满足动车组空车时在最大下坡斜度为 30‰的安全可靠停放。

在停放制动单元缸里，制动力由弹簧力施加，无需任何空气压力。缓解停放制动通过施加压缩空气抵消机械弹簧力实现。为了允许停放制动的紧急缓解，在拖车转向架的两侧提供了金属绳索。通过每车的紧急缓解装置和空气截断塞门能够切除有故障的停放制动。停放制动的分布如图 6-13 所示。

如图 6-14 所示，在控制停放制动时，由司机按钮产生停放制动信号，并直接转换为停放制动控制线的信号。通过这些停放制动电气线将"停放施加"和"停放缓解"信号分配到整列车上的本地制动控制单元。

为缓解停放制动，需激活一个双稳态电磁阀使弹簧制动缸充风。实施停放制动，停放制动缸内压缩空气通过双稳态电磁阀来排大气。

4. 备用制动

CRH$_3$ 型动车组的备用制动系统为自动式空气制动系统，在电控直通空气制动无法使用时（故障或救援/回送状态）启用。备用制动系统启用后，可通过控制制动管的空气压力来实现列车的制动和缓解。

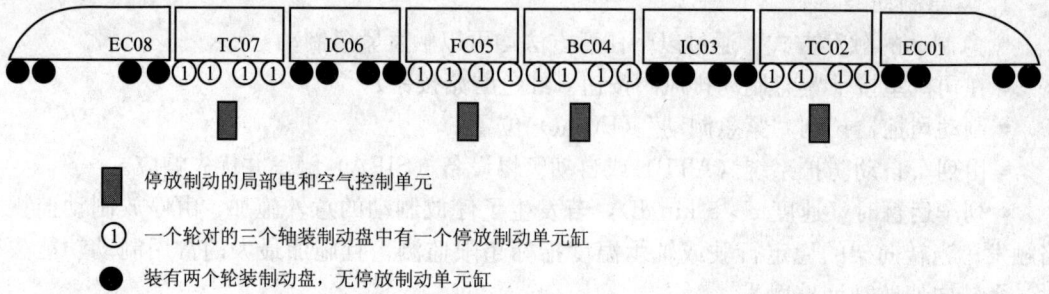

图 6-13　停放制动缸分布图

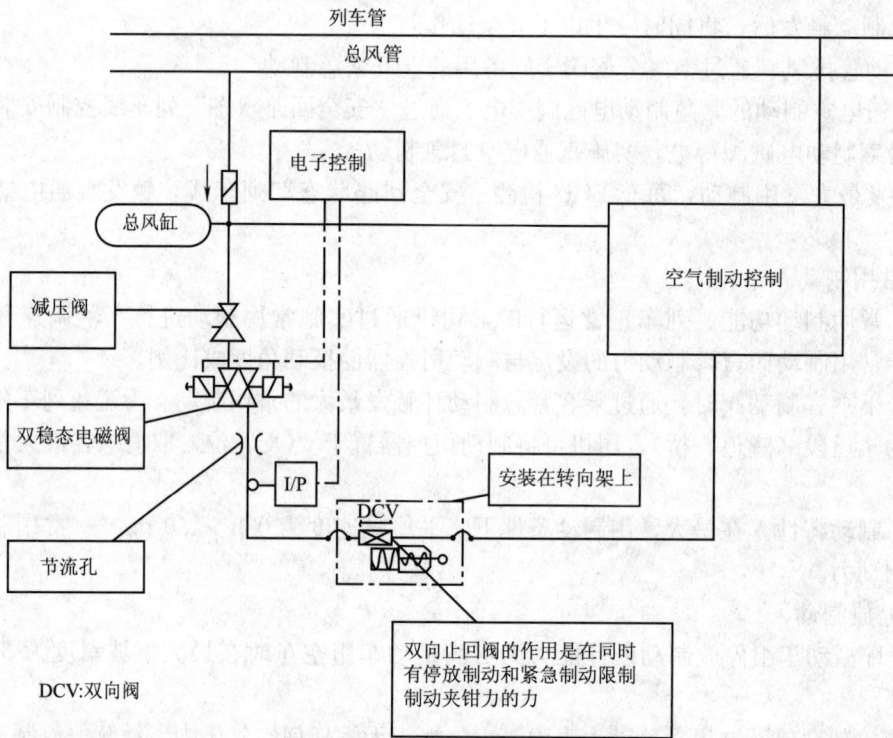

图 6-14　停放制动的控制原理示意图

二、制动控制设备

CRH₃ 型动车组的直通电空制动系统是由电子制动控制单元来控制的。电子制动控制单元接收并解读来自牵引/制动控制手柄或信号系统的制动指令，然后发出电信号控制空气制动控制单元。

直通电空制动系统的气路原理如图 6-15 所示，压缩空气从总风管经止回阀流至制动风缸；当总风压力不足时，止回阀可确保制动风缸内有足够的空气压力。制动风缸为空气制动控制单元提供风源，空气制动控制单元负责空气制动的控制。

在空气制动控制单元内，电空转换阀将来自电子制动控制单元的电信号转换成相应的预控制空气压力。常用制动时，紧急电磁阀失电关闭，从电空转换阀来的压缩空气经空重阀进入中继阀，经过中继阀流量放大后，输出的压缩空气充入制动缸。空重阀可根据载重情况，限制中继阀预控压力的设定值，在制动缸压力控制电路出现故障时保护转向架设备；常用制动时，制动力随载重的调整是由从电子制动控制单元发送至电空转换阀的制动指令信号控制。

紧急制动时，紧急制动安全回路断开，紧急电磁阀得电打开，从制动风缸来的压缩空气经紧急电磁阀进入空重阀和中继阀，施加与载荷相应的紧急制动压力。此时，如电子制动控制单元处于正常工作状态，可同时控制电空转换阀产生紧急制动压力。紧急制动指令同时也发送给备用的自动空气制动系统，制动管的压缩空气也通过一个紧急排风阀迅速排空，继而触发分配阀产生紧急制动动作。

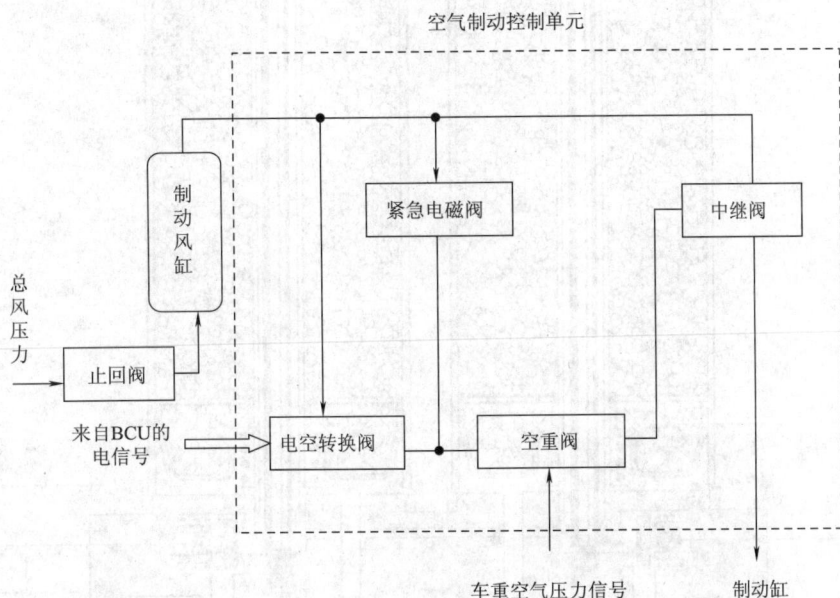

图 6-15　直通空气制动系统原理图

三、供风设备

CRH₃ 型动车组的主供风系统包含两套供风设备，每套设备主要包括以下组件：电动空气压缩机单元 SL22、双塔式空气干燥装置 LTZ015、具有防冻功能的冷凝水收集器、微孔滤油器 OEF1-4 及有关的辅助设备。主供风系统为制动系统及其他用风设备提供清洁、干燥的压缩空气，每套设备的供风量至少为 1 300 L/min。辅助供风系统也包含两套设备，每套设备包括辅助压缩机单元和压力值设定为 900 kPa 的安全阀。

（一）主空气压缩机单元

CRH₃ 型动车组采用 SL22 型螺杆式电动空气压缩机单元对总风缸供气。空气压缩机单元通过车载变流器由接触网提供电能，然后再通过两个辅助转换单元分别向两个压缩机供电。驱动电动机和压缩机单元分别由三个支承元件固定到车底架上。

电动空气压缩机单元主要由空气压缩机、电动机、电气系统、弹性装配装置、监控和安全装置、空气过滤器和其他部件构成。此外，压缩机也包括过滤、调节，以及监控油和空气循环系统的部件。压缩机单元是一个独立的模块化装置,通过弹性连接安装到车上。

电动压缩机组为非连续工作,由车载压力控制器控制,当风压低于 850 kPa 时启动,超过 1 000 kPa 时关闭。

(二)空气干燥装置

空气干燥装置 LTZ015.2H 用于从螺杆式空气压缩机输出的空气中吸取湿气和大部分的油,它主要由以下部分组成(图 6-16)。

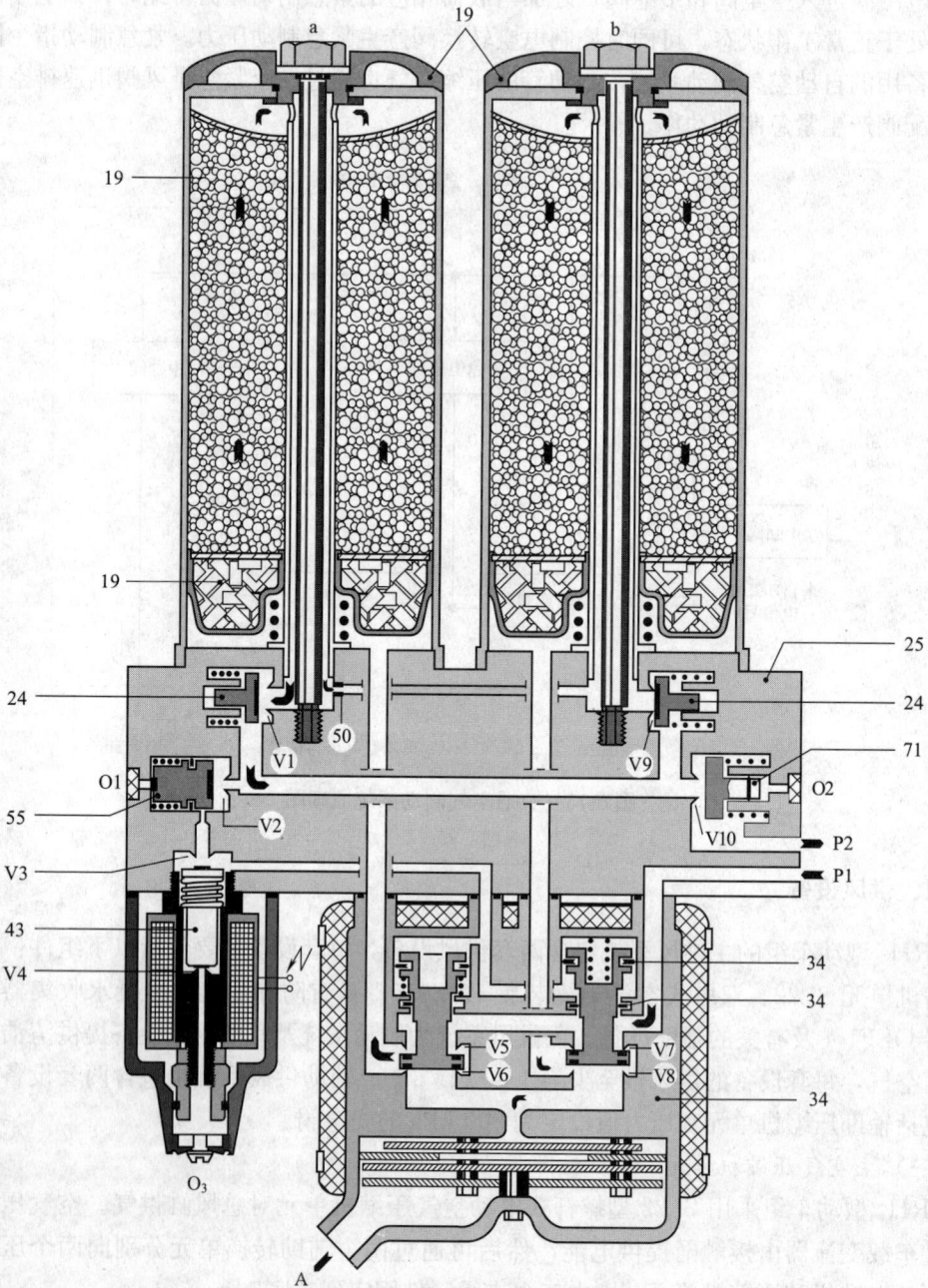

图 6-16　空气干燥装置结构图

（1）两个带有整体式油分离器的干燥塔（19）。

（2）一个带有再生节流孔（50）和下控制阀的支架（25）。

①干燥塔的两个单向阀（24）。

②通向总风缸的中央旁通阀（71）。

③用来控制气流的预控制阀（55）。

④带有消音器的可排水的整体式双活塞阀（34）。

（3）电磁阀（43）和控制循环的电路板。

双塔型无加热再生/吸水装置可同时进行干燥和再生，当主气流在一个塔中被干燥时，另一个塔中的干燥剂进行再生。

（三）微孔滤油器

微孔滤油器 OEF1-OEF4 可大大减少压缩空气中的油分。微孔滤油器位于压缩空气通路上干燥装置的下游，排油由手动控制。滤油器由机体和过滤器油芯组成。

（四）安全阀

安全阀保护压缩空气系统的气动设备不因气压超出许可范围而损坏，从而也避免损坏与气动设备相连的其他设备；如气压超出了安全工作压力，安全阀将会自动排出足够多的压缩空气，以使工作压力不超过安全压力的 10%。CRH3 型动车组使用的安全阀为 SV10 型。

（五）辅助压缩机单元

辅助压缩机单元的功能是在总风压力太低时，给受电弓的起升提供压缩空气，以保证动车组接受电网供电。辅助压缩机单元包括辅助压缩机和一个 25 L 的风缸，辅助压缩机和风缸集成安装在一个小模块吊架上；该模块整体吊装在 TC02 车和 TC07 车的底架上，由蓄电池系统为辅助压缩机供电。设置 25 L 的风缸是为了满足升弓所需的压缩空气。

四、基础制动装置

CRH3 型动车组的基础制动采用盘形制动装置，动车每个轮对安装两套轮盘式盘形制动装置，拖车每个轮对安装三套轴盘式盘型制动装置。

（一）制动盘

CRH3 型动车组的轮制动盘和轴制动盘都为铸钢制造，其结构如图 6-17 所示。

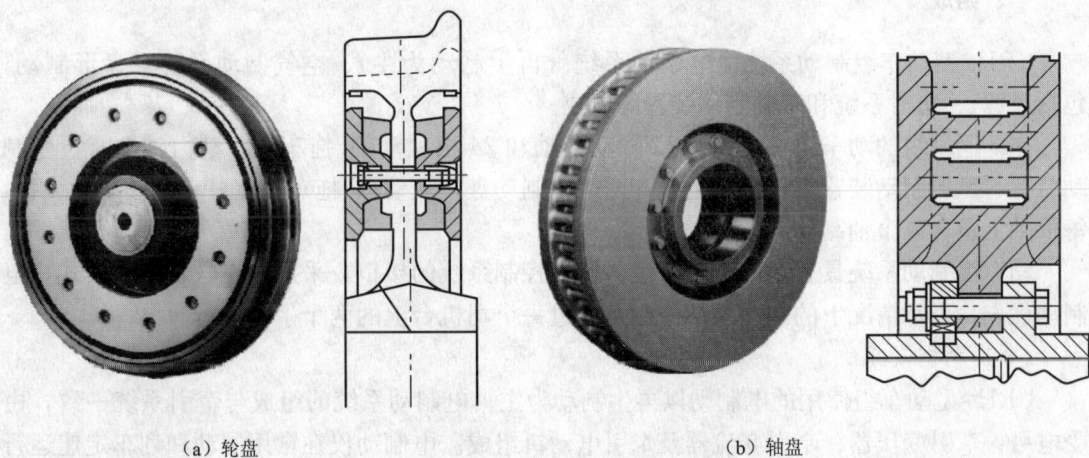

（a）轮盘　　　　　　　　　　　　　　（b）轴盘

图 6-17　制动盘的结构图

轮制动盘的直径为 750 mm，每副轮盘（两片）用 12 根螺栓分别连接在车轮辐板的两侧。CRH3 型动车组的轮制动盘采用模块化设计，重量轻，易于拆装。轴制动盘的直径为640 mm，制动盘由摩擦环、盘毂和连接装置组成，摩擦环与盘毂之间也是通过 12 条连接螺栓连接；轴盘上具有用于通风的散热筋结构，不仅可在非制动状态节省 60% 的能量，还使制动盘上存在的过热点更少。

（二）夹钳单元

CRH3 型动车组的夹钳单元（图 6-18）采用模块化结构，夹钳单元通过关节轴承与构架相连。所有制动夹钳单元都有内置的自动闸片间隙调整器。16 个拖车轴均有一个夹钳单元带有弹簧驱动的停放制动装置。

夹钳单元使用的 ISOBAR 闸片采用烧结粉末冶金材料，如图 6-19 所示，在制动初速度为 350 km/h 时也能保证良好的接触状态，以保证均匀承受负载。夹钳单元装有紧固件来防止闸片脱落。

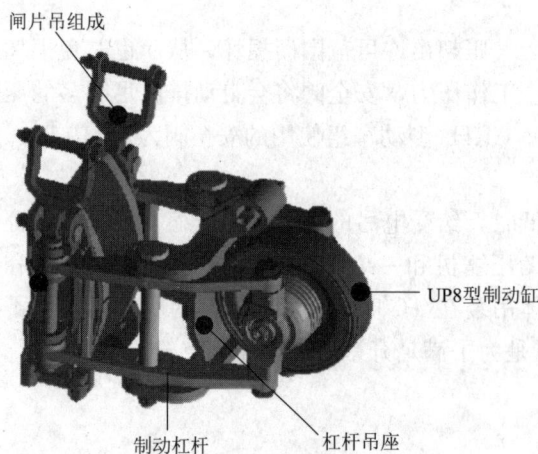

图 6-18　UP8 型基础制动单元结构图

图 6-19　ISOBAR 制动闸片实物图

第五节　CRH5 型动车组制动系统

一、组成

CRH5 型动车组制动系统由电制动系统（再生制动为主）、空气制动系统（盘形制动，包括风源）、防滑系统和基础制动装置等组成。

在 8 辆编组的动车组中，共有 12 根动力轴和 24 根从动轴/拖车轴。动力轴上有再生制动装置与盘形制动装置，每根轴上包含两个轴制动盘；从动轴/拖车轴上只有盘形制动装置，每根轴上包含 3 个轴制动盘。

动车组制动系统具有与车载列车运行速度控制系统的接口，采用电空联合制动模式，电制动优先。正常情况下的制动系统控制是通过每个司机台上的两个手柄进行。

（一）电制动系统

CRH5 型动车组使用的电制动以再生制动为主。电制动系统的组成与牵引系统一致，由受电弓、牵引变压器、牵引变流器及牵引电动机组成。电制动仅在常用制动和列车定速运行时使用。

（二）空气制动系统

CRH5 型动车组使用的空气制动系统既包括直通式空气制动系统，又包括自动式空气制动系统。

1. 直通式空气制动系统

CRH5 型动车组使用的直通式空气制动系统采用电子控制，动车组直通式制动系统可按制动模式曲线（根据手柄位置或信号系统设定）控制列车减速或停车。安装在每个车上的微机控制的制动电子控制装置负责执行本车的制动控制功能，包括接收和解码制动命令信号（从司机台上的制动手柄发生），以及其他用于列车制动控制的重要信息。如果直通制动系统出现故障，系统应将故障导向安全，必要时实施紧急制动停车，如果直通制动系统不能正常工作，通过手动转换后，启动备用空气制动系统。

2. 自动式空气制动系统

CRH5 型动车组上的自动式空气制动系统为备用制动系统，其制动指令由列车管传递。备用空气制动系统可由采用自动式空气制动系统的中国既有线机车操纵控制（包括制动与缓解），满足动车组在救援和回送时的要求。自动式空气制动系统处于热备用状态。

空气制动系统中的风缸为钢制、涂漆，内部具有良好的防腐处理。管路及管件的材质为不锈钢。设备外壳和管路之间的气动接口用适当的管接头连接。

（三）防滑系统

防滑系统由电控装置、车轴速度传感器及防滑阀组成。

（四）基础制动装置

动车组的所有车轴均配备有盘形制动，而所有动轴均配有电制动。所有车轴均配备有 640 mm 钢制制动盘，并配有减压通风系统，每个拖车轴安装 3 个轴制动盘，每个动轴安装 2 个轴制动盘。每个制动盘配备的制动缸及夹钳采用传统型，内置闸调器。停放制动缸为弹簧作用式，并配有防止混合作用装置。制动闸片为粉末冶金型，最大允许温度为 600 ℃，最大磨耗量为 30 mm。

二、种类

（一）常用制动

司机室中的制动手柄向列车总线发送制动命令，该制动命令将被不同车辆的各制动控制装置读取和编译，并将制动命令发送给牵引单元和电空制动系统，产生电，空联合制动。使电制动及电空制动空气系统进行摩擦制动。

在常用制动模式下，电力制动优先。

（二）紧急制动

在紧急制动时，牵引和电制动被切断，空气制动施加最大的制动力。

（三）备用制动

如果电控装置发生故障或处于救援模式，动车组可启动备用制动继续运行。

（四）停放制动

动车组配备有一个从总制动风缸供风的弹簧作用的停放制动，配有手动缓解装置，可以满足在 30‰坡道上安全停放。

三、空气制动系统

CRH5 型动车组的空气制动系统可分为压力空气供给系统、辅助气源、直通空气制动系统和自动空气制动系统四大部分。

（一）压力空气供给系统

CRH5 型动车组配备两套压力空气供给系统，每个系统主要包括以下组件：电动压缩机组、空气干燥机装置和微孔滤油器。CRH5 型动车组有两根风管连通全车：一根是（制动）风管，便于空气制动的控制，压力保持在 0.5 MPa；另一根是主风管，用于向所有连接到空气系统的设备供气，压力保持在 0.8~1 MPa。还为受电弓的升降配备两台辅助空压机。

1. 电动压缩机组（每编组两台）

使用双气缸空气干燥机单元的旋转螺纹电动压缩机单元，用于主储气罐气源；辅助空气压缩机单元用于在主储气罐压力不足时设置多单元制动。电动压缩机单元被弹性紧固到空气供应模块中，驱动电动机和压缩机单元分别由三个支撑元件固定到一个框架部分上。

2. 空气干燥机装置

空气干燥机设备从旋转螺纹空气压缩机压缩的空气中吸取湿气和其中很大部分的油料。

3. 微孔滤油器

微孔滤油器位于压缩空气通路上干燥装置的下游方面，微孔滤油器可大大削减压缩空气中的剩余油雾。

4. 安全阀

安全阀 DNIO 排气压力为 120 kPa，用于保护安装在出口一侧的空气干燥机设备的其他组件。安全阀 NHS，排气压力为 1 050 kPa，用以保护主储气罐和出口处压缩空气系统免受不允许的高压破坏。安全阀的动作由切断旋塞的动作保证，后者可以切断压力调节器的气源。

（二）辅助气源

在主储气罐管道压力不足的情况下进行列车编组，可启动由 110 V 直流电动机驱动、安装在 TT 或 TTC 车上的单缸辅助空气压缩机。

LP115 空气压缩机可以在背压 1 MPa、转速 2 000 r/min 的情况下提供约 60 L/min 的气流。电动机的功耗约为 0.7 kW。单缸空气干燥机位于系统出口处的下一单元，辅助压缩机和空气干燥机被置于公共模块中。

（三）直通空气制动系统

空气制动模块通过接口连接于主风缸管。主风缸中充满来自制动主管并经过滤装置过滤的压力空气。分配阀向两个增压阀输入一个 0~370 kPa 间的预控制压力。该预控制压力与制动主管压力成正比，并可在压力计处显示。列车管和风缸的容积与 UIC 制动施加和缓解的时间相匹配。压力传感器对制动管压力和预控制压力进行测量，并将压力信号传输到进行诊断的电子控制器。

若预控制压力适当，增压阀会通过一根来自风缸的大孔管将压力空气输送到装在动轴和拖轴上的制动缸。制动缸压力可在压力计处进行显示。电磁阀用来通过活塞阀对磁轨制动进行控制。脉冲阀用以对停车制动进行控制。

四、基础制动装置

CRH5 型动车组的盘形制动装置也采用钳盘式结构。每根动力轴安装三个制动盘，从动轴和拖车轴安装三个制动盘。

五、制动控制

CRH5 型动车组制动控制系统在工作时，只可从有司机的那一端的驾驶台上进行控制，制动作用可以按如下三种级别进行控制：

- 通过压力空气进行控制；
- 通过电子制动总线；
- 通过单独的指令线进行电气控制。

司机室中装有下列设备对制动作用进行控制：组合式自动制动机和制动控制器 FHEL2 (B5)、组合式电气制动/功率调节手柄、司机制动阀 B1 和紧急截断塞门、紧急阀 B4。

每辆车中还有一个制动电子控制装置，该装置包含两个电子部件 MGS-SVB-1 和 MGS-SVB-2，以及 G2 和 G3，这些部件也进行防滑控制。同时，每辆车中还有一个用于对磁轨制动进行控制的控制箱 D18。

动车组制动机的压力空气控制与自动式制动机的类似。贯通全列的制动主管内的空气压力由中继阀 B7 进行调节，每辆车中的制动模块根据制动管中的压力变化对制动作用进行控制。列车除了传递压力变化信号，还为制动设备供应所需的压力空气。

电子总线（制动总线）将不同车辆中的制动控制装置 HSM、MGS-SVB-1 和 MGS-SVB-2 彼此连接起来。通过制动总线，HSM 将操纵指令发送到车辆中的 MGS 装置。制动总线还用来在不同的设备间传输故障和操纵信息。当控制电压加到司机操作台的瞬间，制动总线立即触发。当操纵模式开关由气密测试模式移开时，HSM 对制动总线进行初始化，将其置于制动操纵状态。

本章小结

良好的动车组制动系统是保证动车组安全运行的重要保障。本章从介绍动车组制动系统的特点及组成出发，分别对 CRH 系列的不同车型动车组的制动系统进行了详细的说明，针对不同车型动车组的制动系统、工作原理、装置组成、制动种类及制动模块的功能实现与构造等进行了具体的介绍，并对其差异进行了比较分析。

思 考 题

1. 说明动车组制动系统有哪些特点？
2. CRH1 型动车组的微机制动控制单元（MBCU）有哪些功能？
3. 简述 CRH2 型动车组空气制动系统的工作原理。
4. 简述 CRH2 型动车组增压缸的制动过程和缓解过程。
5. 简述 CRH2 型动车组紧急制动的制动过程。
6. 简述 CRH3 直通电空制动系统的工作原理。
7. 说明 CRH3 动车组的夹钳单元的结构组成。
8. CRH3 动车组的紧急制动的触发方法有哪些？
9. 简述 CRH5 型动车组空气压缩机和空气干燥器的工作原理。
10. 简述 CRH5 型动车组辅助压缩机的工作原理。

第七章 辅助供电系统

本章要点：

通过本章学习，理解动车组辅助供电系统的基本功能与特点；掌握 CRH 系列动车组辅助电气系统电气组成、技术参数与工作原理；了解辅助变流装置、蓄电池充电机和配电系统。

辅助供电系统是动车组必不可少的重要组成部分。

动车组辅助供电系统是指除牵引动力系统之外的所有车辆电力负载设备提供电能的系统，三相交流供电系统和蓄电池直流供电系统等统称为辅助电源系统。

为保证动车组牵引、制动等系统的正常运行，车上设有各种必需的辅助机械装置，包括各冷却用风机、变压器冷却用油泵、变流器冷却用水泵，以及为制动、受电弓等各种气动机械装置提供风源的空气压缩机等。此外，为保证良好、舒适的乘坐环境和工作环境，车上还设置了空调、电热器、通风机、冰箱、信息显示装置、自动售货机等电器设备。为此，动车组上必须有三相交流辅助电源系统。同时，动车组的控制系统及照明系统等则需要由直流电源供电，在升弓前或高压设备、牵引变压器故障时，由蓄电池供电。

交直流辅助电源与上述必需的辅助机电设备之间，是借助于贯穿全列的辅助供电干线、配线，以及承担各自功能的配电柜联成一个闭合的回路，才得以正常工作。而这些干线、配线及配电柜就是辅助供电系统的第三个组成部分——配电系统。

1958 年晶闸管面世后，出现了静止式辅助电源装置（SIV），该方式没有电刷和旋转部分，维修量大为减少，容量、效率、体积等方面均有提高。随着电力电子和开关器件的发展，目前电动车组基本都采用 IGBT 的静止辅助电源装置，做到了体积小、重量轻、效率高、性能佳。同时，为提高列车运行可靠性，辅助电源设置了各种故障保护及冗余功能。

铁道机车车辆辅助电源今后的技术发展表现在以下五个方面：

（1）直-交型、两电平辅助变流器在铁道机车车辆辅助电源中得到了越来越广泛的应用。

（2）辅助电源中，多采用高频技术，从而减少变压器、滤波电感和滤波电容等主要元件的体积和质量，实现装置的小型轻量化。

（3）常利用隔离变压器实现电源输入和负载间的电压调整和电气隔离，简单易行，且安全性高。

（4）不同机车、动车辅助电源的电路结构和主要参数各异，国产化辅助电源应选择成熟、性能优良的电路结构，尽量实现标准化、模块化，并形成系列，生产出满足机车、动车组、城轨车辆及客车等不同需求的辅助电源装置系列产品。

（5）随着 IPM 等开关器件和微机控制技术的发展，今后的铁道机车车辆辅助电源将向装置更小轻量化、低噪声、大容量、高可靠性等方向发展。

第一节　CRH 系列动车组辅助电气系统组成与工作原理

当 CRH 动车组在线路上奔驰时，为了能在全线全天候实现高安全性、高速度、高舒适性，我国高速动车组十大配套技术之一的辅助电气系统技术采用了计算机控制、网络通信及电力电子技术，这使得动车组辅助电气系统的功能越来越强大，结构与原理越来越复杂，对维护与检修的要求也相应提高。

一、CRH1 型动车组

CRH1 型动车组电气系统框图如图 7-1 所示。

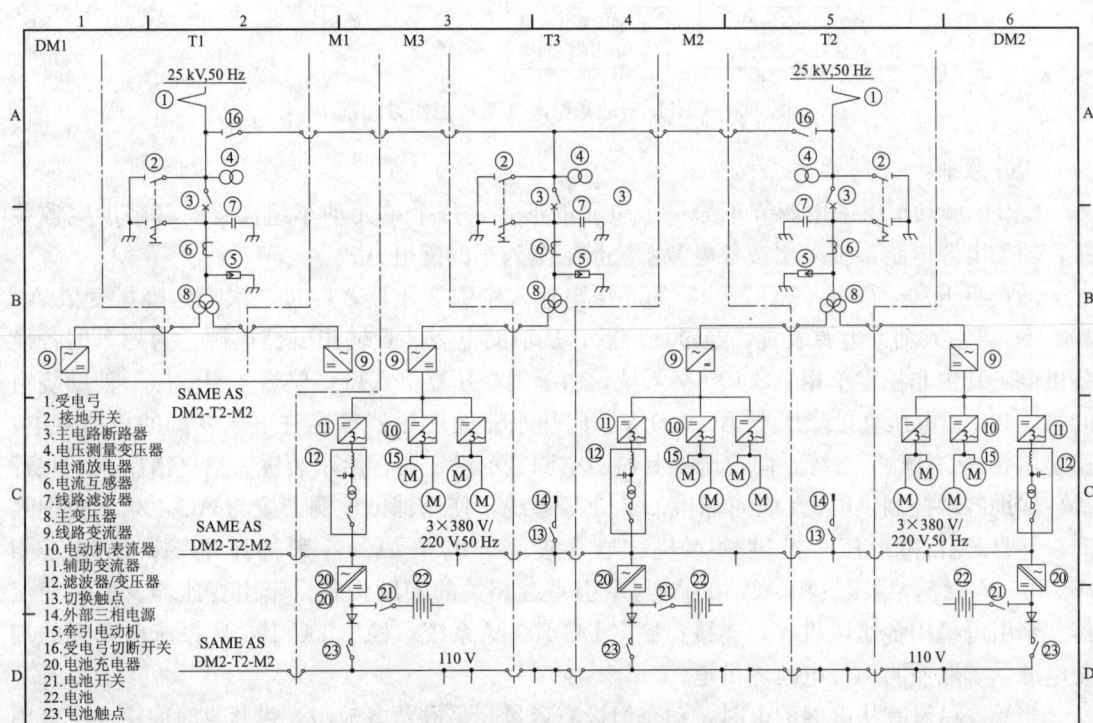

图 7-1　CRH1 型动车组电气系统框图

工作原理：

第一种情况：T1 或 T2 车上的受电弓将 25 kV、50 Hz 的单相交流电从电网取下，如图 7-2所示。

第二种情况：当受电弓没有从接触网取电时，蓄电池 22 通过电池开关 21 提供 DC 110 V直流电源。同时，外部三相电源插座 14 通过切换触点 13 提供 380 V、50 Hz 三相交流电。

二、CRH2 型动车组

动车组在 1、8 号车分别设了一个辅助电源装置，为空气压缩机、照明、控制、广播、列车无线等设备提供相应的电源；在 2、4、6 号车上分别设有一个蓄电池箱。

```
┌─────────────────────────────────────────────┐
│ T1或T2车上的受电弓将25 kV/50 Hz的单相交流电从电网取下 │
└─────────────────────────────────────────────┘
        │                              │
        ▼                              ▼
┌──────────────────────┐   ┌──────────────────────┐
│ 主断路器3→电流互感器6→主变 │   │ 受电弓切断开关16→T3车上 │
│ 压器8→线路→牵引变流器9    │   │ 的主变压器8→牵引变流器9  │
└──────────────────────┘   └──────────────────────┘
        │                              │
        ▼                              ▼
┌──────────────────────┐   ┌──────────────┐
│ 辅助变流器11→滤波变压器12→ │   │  牵引电动机15  │
│ 提供380 V/50 Hz三相交流电 │   └──────────────┘
└──────────────────────┘
        │
        ▼
┌──────────────────┐
│ 380 V/50 Hz三相交流 │
│ 电线路→电池充电器20  │
└──────────────────┘
        │                    │
        ▼                    ▼
┌──────────────────┐  ┌──────────────────┐
│ 二极管→电池触点23→  │  │ 电池开关21→提    │
│ 提供110V直流电     │  │ 供蓄电池浮充电    │
└──────────────────┘  └──────────────────┘
```

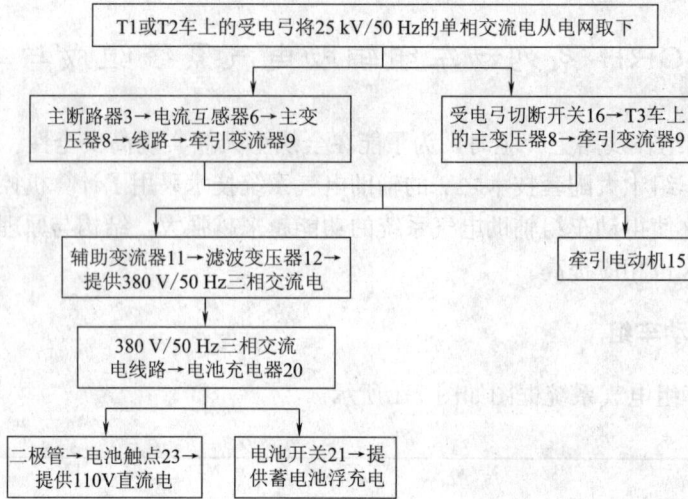

图 7-2　CRH1 型动车组电气系统工作原理框图

工作原理:

CRH2 型动车组采用四节车为一个单元的形式,每个单元动车组设置一套辅助电源装置,辅助电源电路系统采用按各电源系统贯穿全列车的配电方式。

动车组正常运行时,AC 25 kV 的高压电输入牵引变压器,经过三次绕组降压变成 AC 400 V,再输入辅助电源装置,经过处理后,从辅助电源装置输出五路电源,为列车的各设备供电:其中非稳定单相 AC 100 V 系统,由辅助变压器(ATr)仅将牵引变压器辅助绕组的 AC 400 V 电压直接降压至 AC 100 V,向热水器的加热器等容许电压变动的负荷供电;稳定单相 AC 100 V 系统,向空调控制器、空调显示设定器、给水装置、空气清新机、收音机、辅助制动控制供电;稳定单相 AC 220 V 系统,使用辅助电源装置与 AC 400 V 实现隔离,并且降压和稳压。提供饮水机、吧台设备、电茶炉、各车插座电源;稳定三相 AC 400 V 系统,稳压三相 AC 400 V 与牵引系统相关的辅助设备(牵引变压器、牵引变流器、牵引电机用各送风机等)连接;稳定 DC 100 V 系统,稳压 DC 100 V 系统向车辆的控制电源、车厢照明、蓄电池等供电。

当受电弓没有从电网取电时,动车组设有容量充足的蓄电池组,供紧急时使用。应急用电量(含应急照明、列车无线装置、广播装置、尾灯及应急通风)最少可持续 2 h。

车体侧面也装有连接外部电源的插座(AC 400 V、单相、50 Hz),M2 车(2 号车及 6 号车)上各有一处。当动车组进行入库检修时,可连接车辆检修基地设置的外部电源,供辅助电气系统工作。

当一台牵引变压器故障时,另一台正常运转的牵引变压器能够通过辅助绕组向八节车厢供电(设有切换电路)。此时,应使空调装置半功率运行。当一台辅助电源装置发生故障时,另一台正常运转的辅助电源装置能够向八节车厢供电(设置了用于切换的扩展供电回路)。辅助电源装置的输出容量的设计能够在故障时用一台正常运转的辅助电源装置向整列车供电。因此,当一台辅助电源装置故障时无需减少负荷。

三、CRH3 型动车组

辅助供电系统电源主要由辅助变流器、充电机、蓄电池等组成。辅助变流器分单辅助变流器（ACU）和双辅助变流器（D-ACU），单辅助变流器安装在变压器车（TC07/TC02），双辅助变流器安装在一等车（FC05）和餐车（BC04）。充电机、蓄电池箱也安装在一等车（FC05）和餐车（BC04）。CRH₃型辅助电气系统框图如图7-3所示。

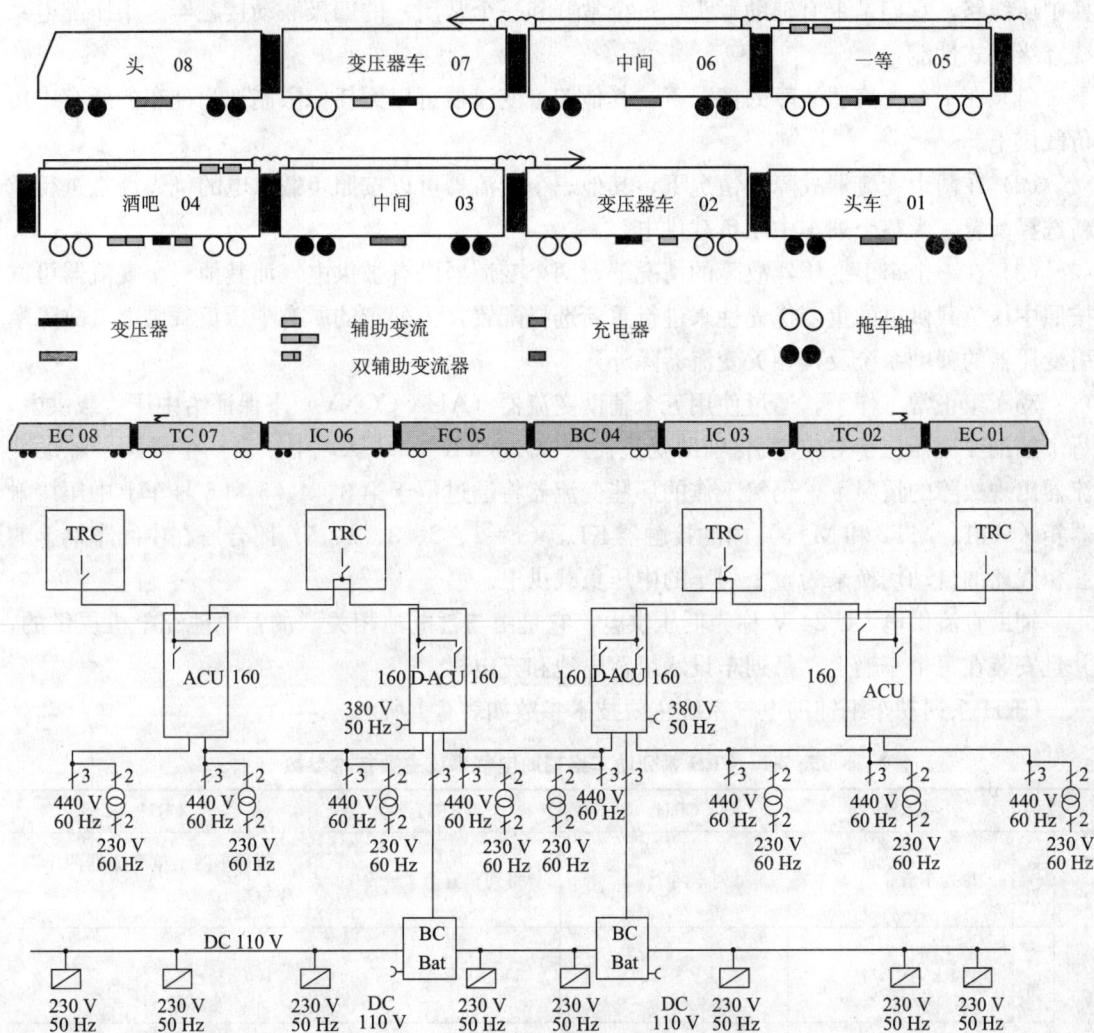

图7-3　CRH₃型动车组辅助电气系统框图

工作原理：

辅助供电系统采用列车干线供电方式，由分散布置在若干车辆上的各辅助电源设备向干线供电。交流供电采用三相440 V、60 Hz制式，直流供电采用DC 110 V制式。

四、CRH₅型动车组

CRH₅型动车组辅助供电系统由辅助变流器、蓄电池、充电机等部件组成，每列车设有五台辅助变流器，每辆动车一台，与每辆动车的牵引变流器安装在一起。

工作原理：

AC 25 kV高压电由设置在拖车上的牵引变压器降压为1 770 V后，作为每辆动车中牵引变流器的输入，辅助变流器将牵引变流器的中间直流电压DC 3 600 V变换成DC 600 V，再逆变为三相 AC 380 V、50 Hz 作为输出辅助交流供电，称为中压供电。

中压配电系统由三路四线制配电组成，每个辅助变流器给予其连接的三相 AC 380 V、50 Hz 线路的中压负载供电。中压线路（MV）配置有接触器，允许在正常和故障条件下切换中压线路，它们是带有辅助触头（一个常开和一个常闭）的四极联动接触器。中压配电系统降级模式性能：

（1）在一个变流器故障的情况下，其他四个变流器可以无任何限制地为列车的所有中压负载供电。

（2）在两个变流器故障的情况下，其他三个变流器可以按照负载供电的优先性来进行重新选择配置，为整个列车中压负载供电。

（3）在一个牵引变压器故障的情况下，两个变流器没有被供电，而其他三个变流器可以按照中压负载供电的重要优先性来进行重新选择配置，为列车的所有中压负载供电（故障牵引变压器的辅助系统及其相关变流器除外）。

动车组正常工作下，通过使用五个辅助变流器（AUX CONV）来保证给中压负载供电，每个辅助变流器位于对应牵引/辅助变流器（CONVTRAZAUX）中。当一个或两个辅助变流器出现故障的情况下，仍然工作的那些变流器将通过位于第 3、4、5 和 6 号车上中压接触器箱（MT1、MT2 和 MT3）内的接触器 KLx（x＝1、2、3、4、5）闭合后在中间车辆上的三相线路的自动切换来为整个列车的中压负载供电。

辅助直流供电 DC 24 V 称为低压供电，它是由与蓄电池相关联的蓄电池充电机提供的，并且安装在每个车辆上，每列车设八组蓄电池和充电机。

CRH 系列动车组辅助电气系统主要技术参数如表 7-1 所示。

表 7-1　CRH 系列动车组辅助电气系统主要技术参数

		CRH$_1$	CRH$_2$	CRH$_5$	CRH$_3$
辅助变流器	数量	每列车五个	每列车两个	每列车五个	每列车两个单变流器两个双变流器
	容量	144 kV·A	123 kV·A	300 kV·A	160 kV·A
	电路结构	直-交型	交-直-交型	直-交型	直-交型
		三相逆变器＋三相 LC 滤波＋降压隔离变压器	在辅助绕组和辅变之间用变压器隔离	直交直降压电路＋三相逆变器＋三相 LC 滤波	滤波电容器＋PWM＋变压器、EMC 滤波器
	输入	DC 1 650 V（牵引变流器中间电压）	AC 400×（1±$^{8.34}_{5}$）V 50 Hz（牵引变压器辅助绕组）	DC 3 600 V（牵引变流器中间电压）	DC 3 000 V（牵引变流器中间电压）
	输出	AC（400±20）V（50±0.5）Hz THD＜10%	AC（400±40）V，50 Hz	AC（400±20）V（50±1）Hz THD＜10%	AC（440±22）V（60±0.6）Hz

续上表

		CRH₁	CRH₂	CRH₅	CRH₃
蓄电池充电机	数量	每列车五个	每列车两个	每列车八个	每列车两个
	容量	22 kW	58 kW	15 kW	60 kW
	结构	二阶整流	一阶整流	类似二阶整流，输入侧采用三相二极管整流	
	输入	辅助变流器输出的三相交流电	辅助变流器输出的三相交流电	辅助变流器输出的三相交流电	辅助变流器输出的三相交流电
	输出	DC (122±6.1) V	DC (100±10) V	DC 24V	DC (110±27.5) V，−30%

第二节　辅助变流装置

三相交流供电系统多采用辅助变流器生成三相交流电压，为动车组上辅助电气设备供电。辅助变流器根据输入侧的不同，主电路可分为交-直-交型和直-交型；根据输出的不同，可分为恒压恒频（CVCF）逆变器和变压变频（VVVF）逆变器；根据主电路电平级数的不同，可分为两电平辅助变流器和三电平辅助变流器。

动车组辅助逆变器一般为 CVCF 逆变器。

三电平辅助变流器的特点是可降低开关器件的耐压等级，输出波形较好，谐波较少，但采用的器件较多，控制方式也较复杂。因此，随着电力电子器件的发展，结构和控制均简单的两电平辅助变流器占据了主流地位。

一、交-直-交型辅助变流器

交-直-交型辅助变流器是由牵引变压器辅助绕组供电，与牵引变流器相同，一般也是由网侧变流器、中间直流回路、三相逆变器三部分组成。由于接触网电压的波动较大，因此，交-直-交型辅助变流器输入的单相交流电也有较大的波动，为了获得稳定的中间直流回路电压，辅助变流器的网侧必须采用可控整流电路。以前多采用相控整流电路，电路和控制简单，造价较低，但网侧的功率因数较低，对电网的影响大。随着电力电子技术的发展，脉冲整流器已开始取代相控整流器，它可使网侧的功率因数接近1，且动态响应性好。图7-4 给出了交-直-交型辅助变流器的典型电路，包括脉冲整流器 COV，中间支撑电容，三相逆变器 INV，输入接触器 K、AK，输入输出电流传感器 ACCT、CTU、CTW，中间电压传感器 VT（冗余设计）等。交-直-交型辅助变流器的缺点是过分相时将失电，所有三相辅机均停止运行。

例如，CRH₂ 型动车组辅助变流器属于交-直-交型。

在 CRH₂ 型动车组辅助电源装置的正面安装输入接触器、输出接触器、输入整流单元、输出滤波电容以及各种传感器、继电器、控制单元等。在对面从左起依次安装输入滤波电容、W 相逆变器单元、V 相逆变器单元、U 相逆变器单元。在装置的中央部分安装风机、输入滤波电抗器、逆变器变压器、辅助变压器、器件冷却风扇。

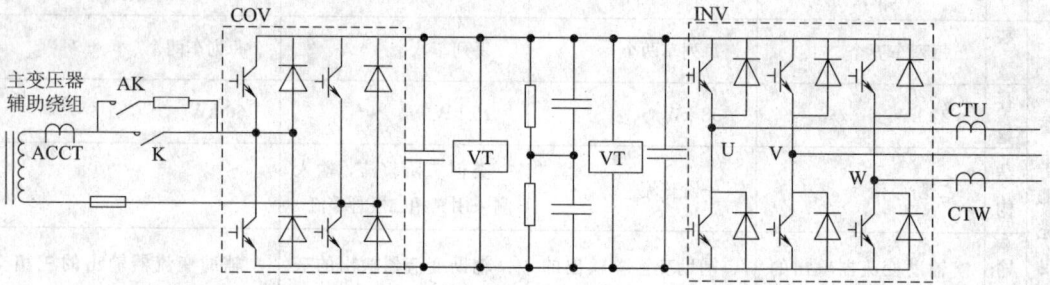

图 7-4　交-直-交型辅助变流器电路图

CRH2 型动车组辅助变流器采用可控硅混合整流器加三相 IGBT 逆变器方式，输入整流器部分使用大电流、高电压器件，实现了小型、轻量化。逆变器单元使用可高速开关的 IGBT，通过高频 PWM 控制，实现了滤波电抗器的小型、轻量化。

技术参数如下：

输入：输入电压：AC $400 \times 1^{+0.24}_{-0.37}$ V，50 Hz；

输出 1：DC（100 ± 10）V，58kW；

输出 2：单相 AC（100 ± 10），50Hz，12kV·A；

输出 3：单相 AC（220 ± 22）V，50Hz，11.3kV·A；

输出 4：三相 AC（400 ± 40）V，50Hz，123kV·A；

输出 5：单相 AC $100 \times 1^{+0.26}_{-0.41}$ V，50Hz，22kV·A。

APU 的输入电源是牵引变压器辅助绕组输出的 AC 400 V（图 7-5），通过可控硅混合电桥变换成为直流电。该直流电通过 PWM 三相逆变器变换成为交流电，通过逆变器输出变压器提供 AC 400 V 50 Hz 三相电源。CVCF 输出变压器将 AC 400 V 三相电源变换成单相 AC 220 V、AC 100 V 的稳压电源。辅助变压器将牵引变压器辅助绕组的 AC 400 V 变换成另一单相 AC 100 V 电源，如表 7-1 所示。

辅助电源装置的故障保护功能有如下保护检测项目（在列车信息控制系统和辅助电源装置之间设置自诊断功能接口，由列车信息控制系统实施）：输入过电流、变流器过压、变流器过流、变流器过载、输出过压、输出低电压、检测接地和输出短路。

辅助变流装置主要构成部件如表 7-2 所示。

表 7-2　主要构成部件

名　称	数量	备注	名　称	数量	备注
辅助变压器（AC 100 V 输出用）	1	ATr	逆变器单元	3	U、V、W 相
输入侧电磁接触器	1	IVK1	控制单元	1套	
充电电阻用电磁接触器	1	IVK2	放电电阻	1	DCHKR
充电电阻	1	RC	放电用电磁接触器	1	DCHK
输入变压器	1	TR1	输出侧电磁接触器	1	3PhMK
输入滤波电抗器	1	ACL1	电动送风机	1	FAN

名　称	数量	备注	名　称	数量	备注
输入滤波电容器	1	ACFC	辅助整流用变压器	1	RR2
滤波电容器	5	FCU	辅助变压器 （AC 100 V 定压输出用）	1	TR3
输出滤波电容器	1	ACC	辅助变压器 （AC 200 V 定压输出用）	1	TR4
变频器单元	2	U、V、W 相	辅助整流单元	1套	Rf

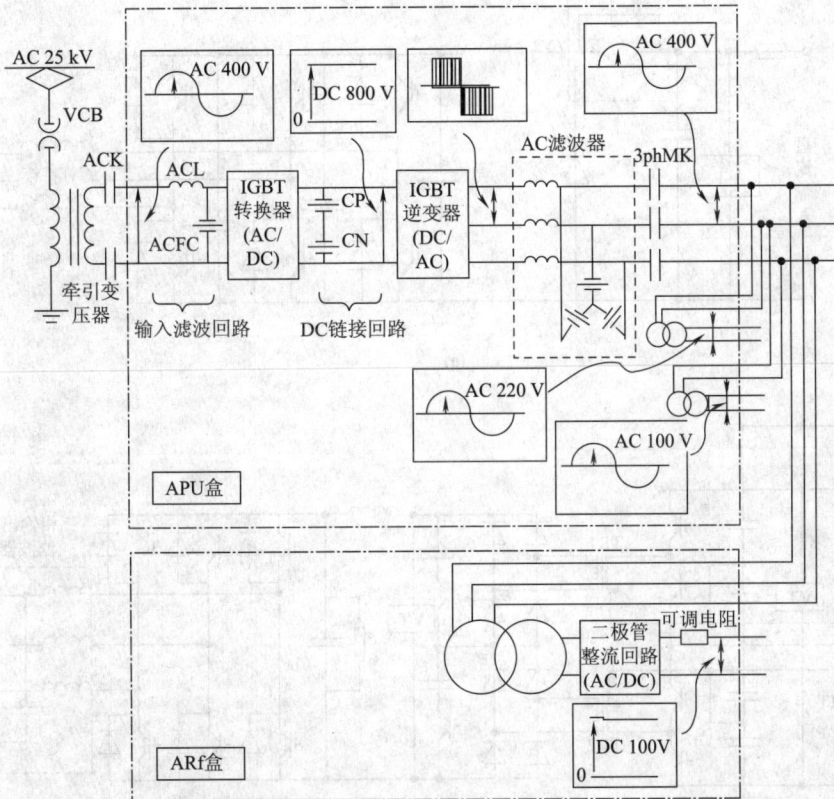

图 7-5　APU 电源功能框图

二、直-交型辅助变流器系统

直-交型辅助变流器是从直流电网（DC 750 V 或 DC 1 500 V）或直接从牵引变流器的中间直流环节取电，由逆变器实现直流电到三相交流电的转换。直-交型辅助变流器在机车、动车组、城轨等场合得到了越来越广泛的应用。

由于输入电压较高，为保证输出辅助电气设备所要求的电压等级，一般需要增加降压设备。有两种方式：一种是先逆变，再通过三相降压变压器将较高的交流电压降到所要求的电压等级；另一种是先通过降压电路将直流输入电压降低到合适的值，再进行逆变。图 7-6 和图 7-7 分别给出了两种辅助变流器的电路结构。

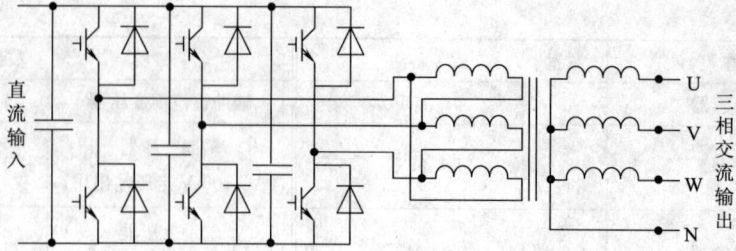

图 7-6　直-交型辅助变流器电路图（方式一）

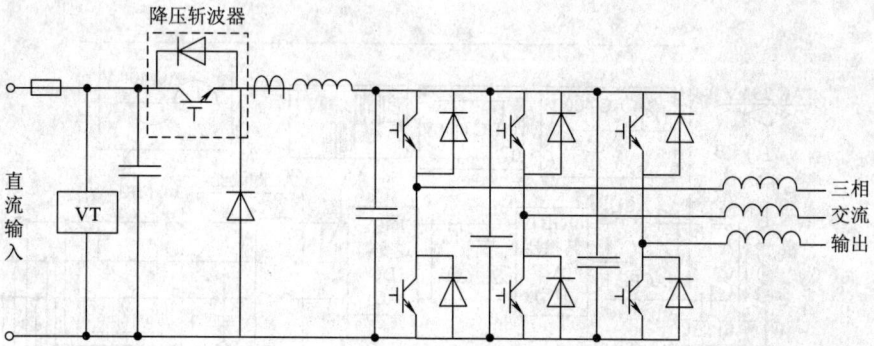

(a)

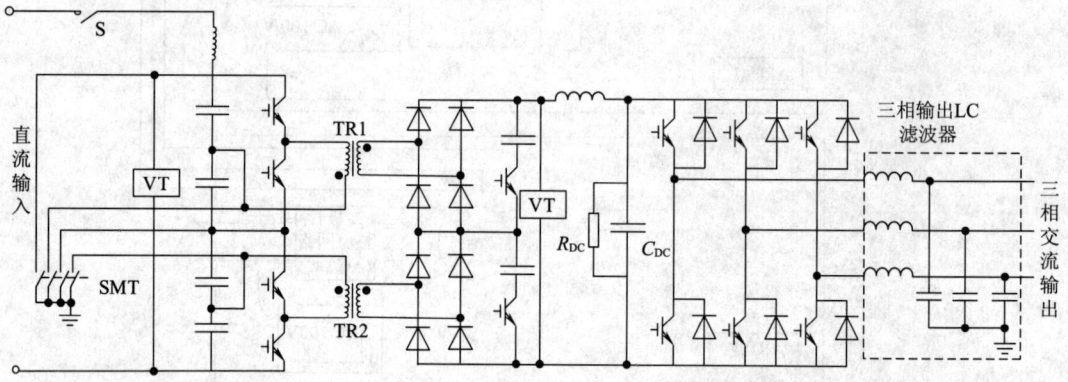

(b)

图 7-7　直-交-直型辅助变流器电路图（方式二）

　　为得到品质良好的三相交流电源，通常需要增加滤波环节。在方式一中，三相电抗器/电容器滤波或三相 LC 滤波器可放置在逆变器和降压变压器之间，也可放置在变压器之后。方式二中，则将滤波器放置在逆变器输出之后。

　　方式一中，△-Y 型变压器不仅实现了降压的功能，还实现了高压输入电源回路和负载回路之间的相互隔离。此电路的优点是开关元器件数量少，控制较为简单；缺点是输出三相电压易受直流输入电压的影响，且当直流输入电压较高时逆变器开关元件的耐压要求高，成本较高。因此，该方案比较适用于由牵引变流器中间直流环节供电的场合。

　　方式二中，可采取不同的电路实现降压。最简单的是单管降压斩波器，如图 7-7（a）所示。它有以下特点：

(1) 通过降压斩波的闭环控制保持逆变器输入电压的恒定，从而消除输入电压的波动对三相逆变器输出的影响。

(2) 整个电路中仅需一只大功率高压 IGBT 元件，逆变器则可选择较低电压级别的 IGBT 元件，以降低设备成本。

但是这种方式没有实现输入电压与输出电压之间的隔离，同时还应设置在降压斩波器失去控制后对逆变器和负载等的保护电路。

图 7-7 (b) 所示的降压电路通过直-交-直变换，将直流输入电压转换为标准的 DC 600 V 后供给三相逆变器。在直-交-直变换电路的输入侧采用两个半桥式逆变器串联，输出侧采用两个全桥整流器串联，这样可降低开关管的电压应力。由半桥逆变器将输入的直流变为脉宽可控的高频方波，再通过二极管整流和 LC 滤波器将高频方波转变为平稳的直流电压。这样的降压电路经过了两级功率变换，使用的元器件较多，但逆变部分的主电路结构不复杂，控制也简单，已有各种集成控制芯片可供选用，中间交流环节的变压器是高频变压器，其质量、体积都不大，电路中的 LC 滤波器也较小，因此虽有两级功率变换，但总体技术、经济指标仍然较高，在中小容量直流电源中应用广泛。

例如，CRH1 型动车组辅助变流器 (图 7-8) 属于交-直型。

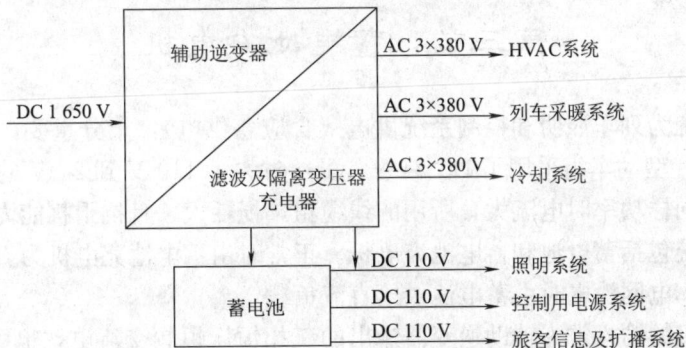

图 7-8　CRH1 型动车组辅助变流器原理示意图

辅助逆变器的任务是输出三相电 $3 \times 220/380$V、50Hz，并将其供给到列车上所有的交流负载。辅助逆变器的主要负载如下：列车采暖，HVAC，变流器和变压器的冷却，蓄电池充电器。

辅助逆变器的技术指标如下：

输出电压：$3 \times 220/380$V，$\pm 5\%$；

输出电压中谐波的最大含量：10%；

频率：50Hz，$\pm 1.0\%$；

一个逆变器的最大输出功率：147 kW，$\cos \varphi = 0.88$；

总体尺寸 (高×长×深)：350 mm×410 mm×810 mm；

质量：90 kg。

辅助逆变器单元 ACM 为三相两电平 IGBT 逆变器，包括滤波器电容、门驱动单元 (GDU)、电压和电流传感器及控制单元等。

三相输出滤波器包括一个三相电抗器和一个三相电容器，可将辅助逆变器产生的谐波成分过滤掉。三相隔离变压器将辅助电源和用电设备隔离。

在 ACM 中设有一个电源装置，为控制单元、GDU 及电压和电流传感器供电。

GDU 的主要任务是开关 IGBT。当电源出现故障或 IGBT 出现短路/过流时，GDU 可将 IGBT 断开。GDU 还可检测其自身的电源。控制器通过光纤向 GDU 传输信号，使系统具有较高的抗电气干扰能力。

ACM 采用空间矢量调制法控制。为了在启动和接上较大负载时达到最好的控制效果，应采用恒定的电压-频率比控制，直到达到额定电压为止。辅助电源三相电压的幅值通过检测相电压实际值进行反馈控制。

ACM 采用基于微处理器的控制单元。辅助逆变器单元同牵引变流器一起，安装在同一个机箱内。变压器和滤波器箱内有隔离变压器、滤波器、主接触器和系统接地等。辅助逆变器、滤波器和变压器的冷却系统同牵引变流器的冷却系统合为一体。

辅助供电系统具有完善的故障诊断和保护功能。出现故障时，辅助逆变器接触器能够将辅助逆变器断开。每个三相电源系统都高电阻接地。这种连接都在每个三相辅助系统的"0 V"和车体之间，且置于每个基本单元车组的拖车内。如果出现一处接地故障，应不影响辅助系统供电。设一个控制继电器，监控辅助系统和车体之间的电阻。三相母线设置接地开关，接地开关包含在基本联锁系统中。

第三节　蓄电池充电机

直流供电系统为列车照明和控制系统供电（含应急供电），十分重要，其电压等级常为 DC 110 V。CRH5 型动车组采用了 DC 24 V，虽然省去了 110 V 到 24 V 的变换，但直流母线电压低，发挥同样功率时电流大，所用的线缆粗，损耗大，且抗干扰能力差。

直流电源系统包括蓄电池和蓄电池充电机。正常时由蓄电池充电机为直流负载供电，并给蓄电池浮充电；电网没电时由蓄电池供给直流负载。

蓄电池充电机的输入常为辅助逆变器输出的三相恒压恒频交流电，也可为交-直-交型辅助变流器的中间直流电压或牵引变流器中间直流电压经降压斩波后的电压。电路结构则多种多样，图 7-9～图 7-12 给出了两种方案。

一、一阶整流

方案一中（图 7-9），辅助变流器输出的三相交流电经过△-Y 型变压器后由三相不控整流器整流，滤波后输出 DC 100 V。该方案结构最简单，且不用控制。缺点是采用的工频变压器体积较大，且输出的 DC 100 V 品质易受输入的三相交流电影响。

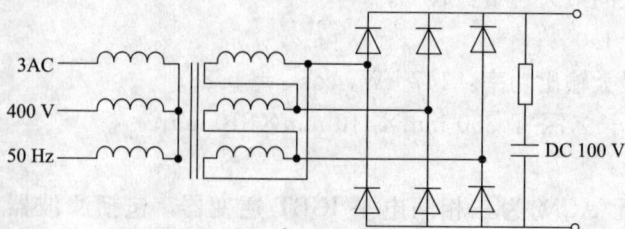

图 7-9　蓄电池充电机电路方案一

例如，CRH₂动车组蓄电池充电机属于一阶整流。

CRH₂动车组蓄电池充电机，即辅助整流装置（图7-10），采用自冷式，由整流器变压器、整流二极管单元、用于实现输出电压下降特性的电阻等构成。

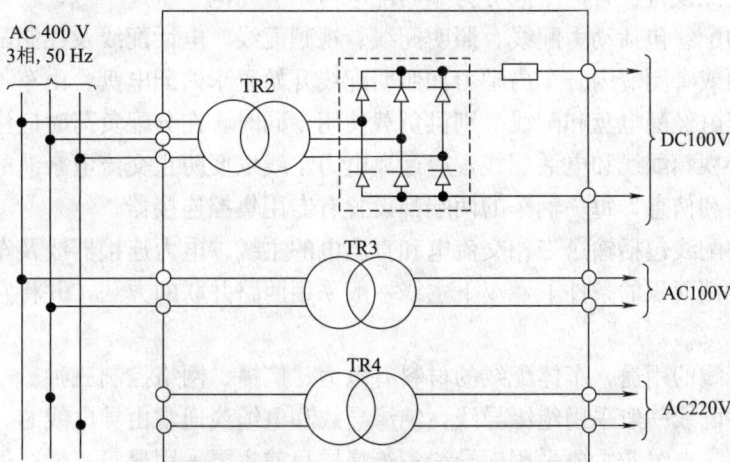

图7-10　辅助整流器电路图

二极管整流电路通过二极管三相桥电路变换APU的AC 400 V输出电压，对电池供给DC 100 V电压。

可调电阻使直流输出电压具有如图7-11所示的下垂特性。

二、二阶整流

方案二中（图7-12），三相交流电依次经过半控整流器、LC滤波、单相半桥逆变器、带变压器中心抽头的双半波不控整流、LC滤波后输出DC 110 V，实际上是一个交-直-交-直的变换。该方案变换环节较多，使用元器件和滤波设备多，通过控制半桥逆变器来保证输出直流电压的稳定，采用带中心抽头的变压器实现直流负载和交流电源侧的电气隔离。

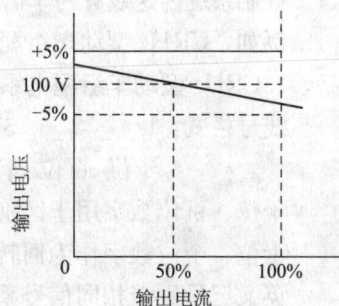

图7-11　直流输出电压的下垂特性示意图

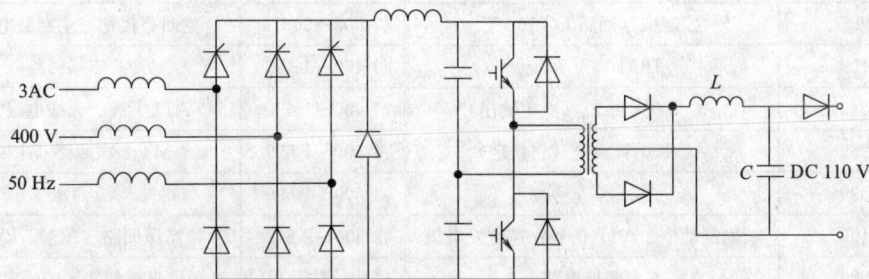

图7-12　蓄电池充电机电路方案二

例如，CRH₁型动车组蓄电池充电机属于二阶整流。

第四节　配电系统

配电系统按照设备位置的不同分为车内配电与车下配电。

车内配电的配线包括动力配线、照明配线、视频配线、电话配线及控制配线等，各种配线都敷设在车顶或者侧墙内。车内动力和照明配线开始于车内配电盘，由车下主线输入的三相交流电或直流电经配电盘和配线分别供负载使用，同时，在分配负荷时应注意尽量使三相负载均衡。对于视频配线和电话配线，应远离电力主线以便防止交流电杂波的干扰。为了沟通全列车的电力和信息，每一辆车的两端都设置有专用集控连接器。

车下配电的配线包括输送三相交流电和直流电的主线、电力连接器线及车下各负载支线等。在满足导线截面积的条件下，车下主线一般采用两路并联的方法，并将它们敷设在钢管内以增加强度。

按照车体配线的用途，车体配线的材料有电力、广播、网络控制三种。

电力、广播配线一般采用绝缘导线，绝缘导线和电缆线通常由导电线芯、绝缘层和保护层三部分组成：导电线芯主要采用铜导线；绝缘层目前主要采用聚氯乙烯；保护层是用以保护电线免受外界机械的损伤和周围媒介质的影响。

控制系统传送线有列车信息传送线（光纤）及自我诊断信息传送线（多股绞合线）两种。

例如，CRH2 型动车组配电系统

1. CRH2 型动车组配电系统线号分配方案

线号格式：1 _ _ 2 _ _ 3 _ _ 4 _ _ A _ _ 1

　　　　　千位　百位　十位　个位　英文　附加数字

千位、百位数字用于区别电源系统、信号种类，0（零）的时候，可以省略。

十位、个位数字作为回转序号分配，0（零）的时候，可以省略。

英文记号用于相同信号系统中，表示信号是有关联的，因为继电器或开关等原因在回路上被分离时采用英文记号。

附加数字也在相同信号系统中，用于需要比英文记号更详细的区分时，采用附加数字。

CRH2 型动车组配电系统线号分配如表 7-3 所示。

表 7-3　CRH2 型动车组配电系统线号分配表

线号	分类说明	线号	分类说明
1~99	控制指令回路 DC 100 V	900~906	主回路接地、主回路电流检测
100~199	DC 100 V 系统	1 100~1 199	广播回路
200~249	AC 100 V 系统（稳定输出）	1 400~1 499	ATI 天线、无线电服务系统
250~299	AC 100 V 系统（非稳定）	1 500~1 599	MTr2 次回路（主回路）
300~399	AC 220 V 系统	1 600~1 699	ATI 装置
400~499	辅助制动型、ATP 信号、速度发电机	2 500~2 502	特高压回路（AC 25 kV）系统
500~599	主变换电路	M+3 位号码	车辆信息控制装置的输出/输入线号
600~799	AC 400 V（单相）系统	MF+3 位号码	光缆的线号
741、742、743、771	AC 400 V（三相）系统	J+3 位号码	与 LKJ2000 有关的线号
800~899	空调装置		

2. CRH2 型动车组车体配线特点

(1) 广播回路配线：广播回路的配线作为抗干扰对策，使用通过电线管的配线。

(2) 灯具回路配线：客室灯具的配线组合入各灯具中，各个灯具间再用联结器相连接。

(3) 座椅自动旋转装置回路配线：座椅自动旋转装置的配线通过地板中风道间的电线槽配到各座椅上。

(4) 其他回路的配线：监控回路和有关显示器、关门装置、厕所的配线通过顶棚电线槽或固定在电线支架上。

(5) 控制系统电路使用光纤以达到连线的减少。

(6) 尽量分离主回路、MTr3 次回路配线和控制系统的配线，以减轻干扰。

(7) 在低压控制回路配线中，地板上的单线和地板上下的屏蔽线使用轻量化电线，以利于车辆的轻量化。

(8) 地板下的配线设有电线槽，在 1-3 位侧和 2-4 位侧分别通过主回路、MTr3 次回路配线和控制回路配线。

3. CRH2 型动车组车内配电盘设备布置、功能及组成

CRH2 型动车组车内配电盘设备布置如图 7-13 所示。

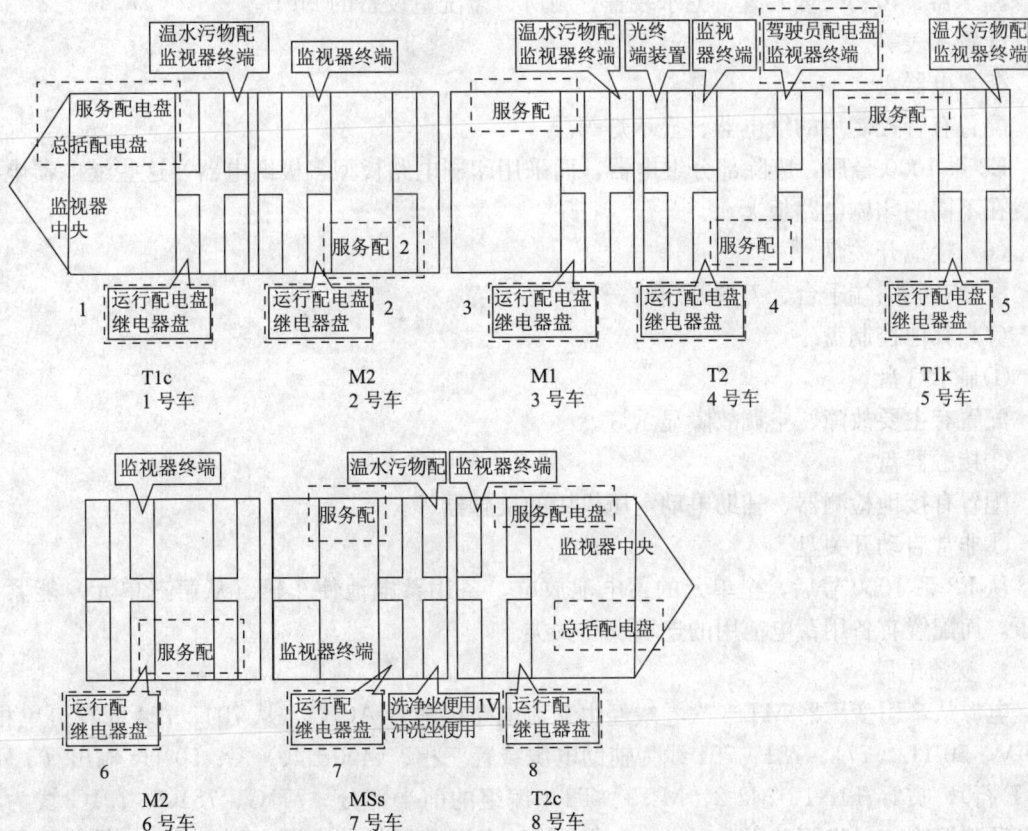

图 7-13　CRH2 型动车组车内配电盘设备布置

(1) CRH2 型动车组司机室用配电盘。

①总配电盘。

配置有与主控制、制动、速度、标志灯有关的继电器、电压检测器及部分有关继

电器。

从 E2 系 1 000 号后，继电器采用印刷电路板型多极继电器，这种继电器配置在印刷电路板的 A～F 上。

②司机室配电盘。

配置有与牵引、制动控制有关的 NFB、冷暖空调装置、有关关门、有关编组，显示灯等的 NFB。

（2）CRH2 型动车组运转用配电盘。

主变换器、电动鼓风机、辅助电源装置、空压机、保温、振动、有关制动、监视器、有关广播的 NFB。

配置有关门联动、蜂鸣器复原用的开关等。

（3）CRH2 型动车组辅助配电盘。

空调装置、进排气装置、照明装置、自动门装置、有关各显示器、座席自动旋转装置、插座的 NFB。

配置有空调显示设定器、客室灯用的外部电源用连接器等。

（4）温水、污物配电盘。

温水器、污物处理装置、上水装置、厕所、盥洗室设备的 NFB。

配置水表等。

（5）电器盘。

配置有管控制用的继电器、显示灯等。

E2 系 1000 号后，废除部分继电器，而采用印刷电路板型多极继电器，这些继电器电路配置在不同的印刷电路板上。

（6）接地开关盘。

配置有断路端子台、刀形开闭器。

（7）其他控制盘。

①显示灯盘。

配置有主要故障、空调故障显示灯。

②接触器盘。

配置有接地检测器、辅助电动空压机用的接触器等。

③非常启动开关盘。

从 E2 系 1000 号后，全单元的蓄电池放电，备用蓄电池使车辆（从第三单元）能紧急加压，而配置有备用蓄电池用的连线及开关类。

4. 交流电路

电源从牵引变压器 MTr3 次卷线经由交流电路接触器 ACK1，从 704、754 线获得单相、400 V、50 Hz。771、781、791 线为辅助电源装置三相、（400±40）V、50 Hz 输出（5 列、E，F 行），贯穿 T1c-1、M2-2、M1-3、T2-4 编组的前半部分。771G、781G、791G 线为辅助电源装置冷却风扇驱动用电源，113 线为辅助电源装置控制电源。251 线仅仅是使用辅助变压器 ATr 把牵引变压器三次绕组的非稳定化电压变换成单相 100 V 的非稳定化电源。112G 线输出过分相检测信号。CRH2 型动车组交流电路原理如图 7-14 所示。

（1）701、751 线系统（AC 400 V 50 Hz）。牵引变压器的三次侧的输出线是经过三次侧电源的交流接触器（ACK1）和牵引变压器油泵电动机 GRT 向 GR3 及 NVR1 供电的。

（2）704、705 线系统（AC 400 V、50 Hz）。采用交流接触器（ACK1）将牵引变压器的三次侧作为动车组（3 辆、2 辆、3 辆）三次电源。

该电源是供空调、辅助电源装置、电动空气压缩机、换气装置、各电动送风装置的电源。

（3）771、781、791 线系统（AC 440 V、三相、60 Hz）。三相交流 440 V 的贯通已经取消。

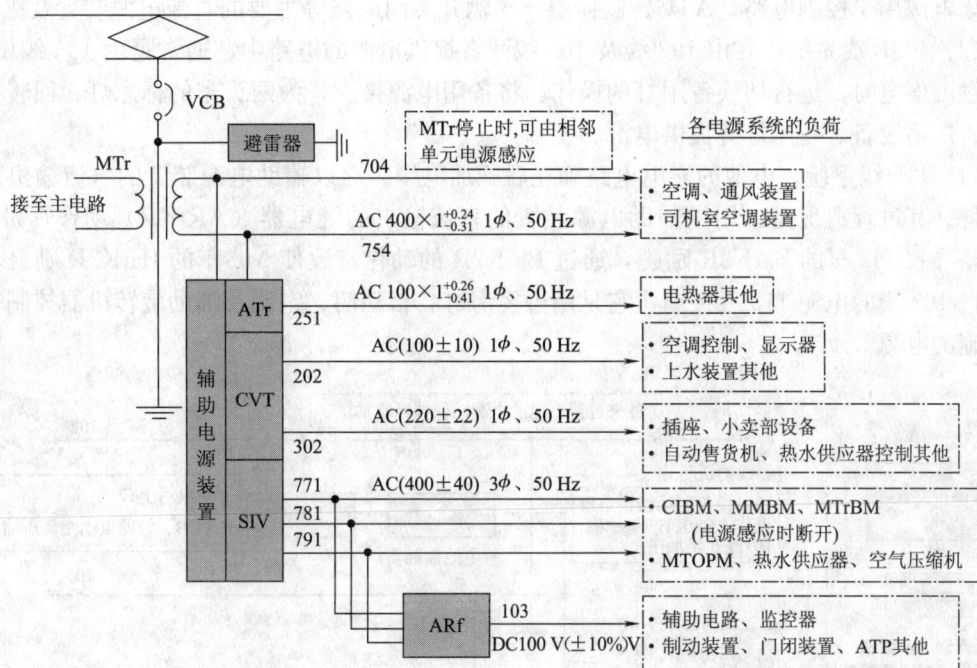

图 7-14　CRH2 动车组交流电路原理图

（4）202 线系统（AC 100 V、50 Hz）。3、7、9 号车厢设置的辅助电源装置（SC212）其输出电压的波动为 10%。该电源提供给 1-4 号车、5-7 号车、8-10 号车。通常，辅助电源装置是各自单独运行的，一台发生故障，通过电源感应是可能延长供电的。该电源向列车运行去向表示器、对号座位表示器、各插座、厕所、洗手间等相关设施供电。

（5）251 线系统（AC 100 V、50 Hz）。辅助电源装置（SC212）内的辅助变压器的次级输出的电源电压会随着接触网电压的波动而变化，即使是 100V 的电源也会波动。该电源用于各种加热器及控制座位旋转的电源。

5. 直流电路

CRH2 型动车组蓄电池充电机，即辅助整流装置，从辅助电源装置的三相、（400±40）V、50 Hz 输出，把 DC（100±10）V 往 103 线输出的整流器部分和，向 302、202 线分别提供单相 220 V、100 V 的恒电压变压器构成。当电压确立（101 线加压）后，辅助整流器整流装置直流电源接触器用继电器 ArfKR，辅助整流器整流装置直流电源接触器 ArfK 动作，把 DC（100±10）V 向 103 线加压（6、7 列、F 行）。进而、经由 ARfKR NO 接点，停放用继电器 MLpR NC 接点对 BatK2 控制指令 114 线进行加压。CRH2 型动车组直流电路原理如图 7-15 所示。

（1）102 线系统。由蓄电池提供的电源平时就成为接通的使用状态，随时为辅助电动空气压缩机、受电弓及真空断路器等与行车相关设备提供电源。

（2）103 线系统。就列车编组的贯通而言，在 VCB 接通前，各车使用备用电源（蓄电池）。VCB 接通后，辅助电源的输出线 101 线（103 线的场合是经过 ARfK）提供电源。

由于制动设定器手柄接通，105 线接通，M2 车的 BVR 动作，通过 BVR 接点接通，BatK1 动作，103 线被接通。此外，即使断开制动设定器手柄，若 VCB 接通时，由于 BatK1 继续动作，103 线仍处于接通状态。

该电源用于控制电路、ATC、监控器、车辆开关门电路等主要的直流电源装置及机器。

（3）103B 线系统。在由 102 线及 103 线两者提供电源的电路中，通常是由 103 线供电。在接触网停电时，进行切换备用灯的操作，将备用电源接入，为两头车的标志灯、回转接触电源、广播设备、备用灯等提供电源。

（4）115 线系统。电池的充电电路确立后施加电压。它以辅助电源装置的直流输出为重要条件。其过程概况是：用做辅助电源装置的直流输出的继电器（ARfKR）动作，114 线接通，导致 M2 车的 BatK2R 励磁，通过 BatK2R 的动作，致使 M2 车的 BatK2R 励磁，通过来自 103 线的电源 115 线接通。它是用做客房灯、自动门、空调及辅助旋转机器控制等服务设施的电源。

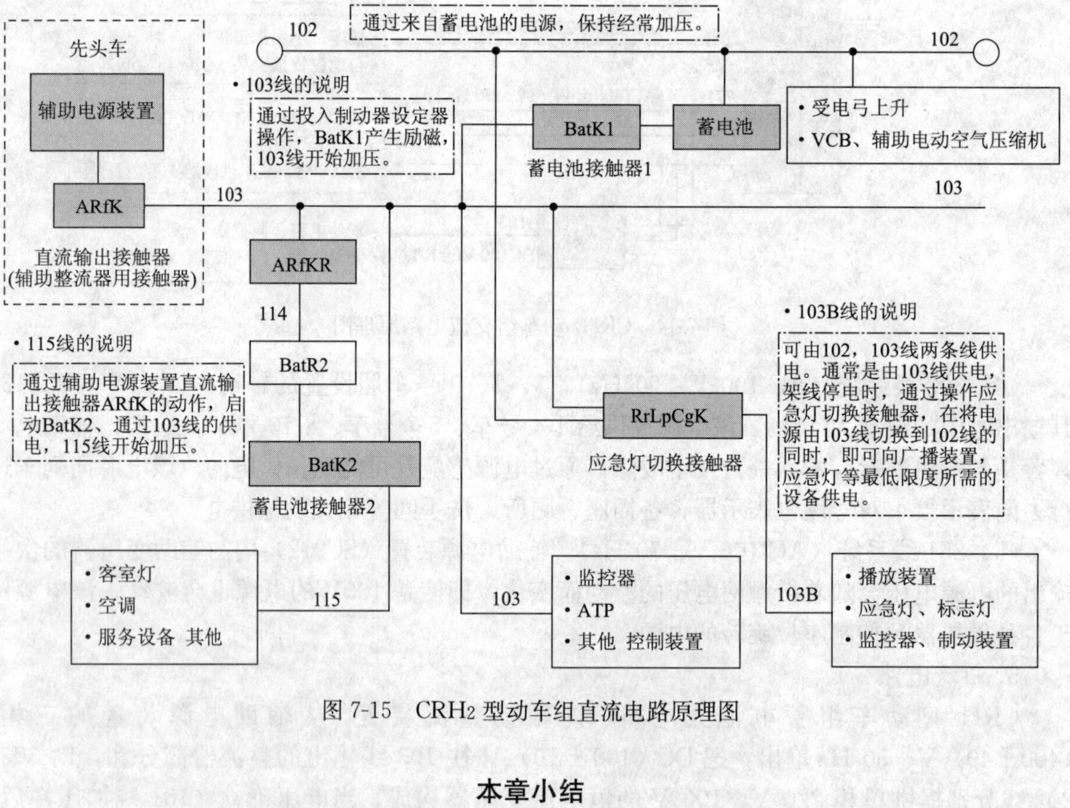

图 7-15 CRH2 型动车组直流电路原理图

本章小结

为保证动车组牵引、制动等系统的正常运行，车上设有各种必需的辅助机械装置，而动车组辅助供电系统正是保障这些辅助装置正常工作的必需系统，其重要性不言而喻。本章共分四节，分别介绍了 CRH 系列动车组辅助电气系统的组成与工作原理；动车组辅助变流装置，并以真实案例进行说明，直观易懂；动车组蓄电池充电机的组成及重要意义，并详细说明了其一阶整流和二阶整流过程；详细说明了动车组的配电系统，对其分类、配线材料及配电盘的布置和功能等方面都做了较为全面的介绍。

思考题

1. 简述动车组辅助供电系统的基本定义及组成。
2. 简述 CRH2 型动车组辅助电气系统的工作原理。
3. 请说明辅助变流装置的基本电路组成。
4. 请说明蓄电池充电机的整流方式。
5. 简述 CRH2 型动车组车体配线特点。

第八章 控制系统

本章要点

通过本章学习，理解和掌握控制系统的基本概念；掌握 CRH1、CRH2、CRH3、CRH5 型动车组控制系统的组成，并了解其组成单元的功能。

第一节 控制系统概述

在现代科学技术的众多领域中，控制技术起着越来越重要的作用。在高速铁路技术中，高速动车组系统中的系统安全联锁、司机控制器、动车组自动过分相技术、牵引系统、制动系统、车门控制系统、空调控制系统、安全监控系统等，都大量运用控制系统技术。高速动车组的控制系统是高速铁路技术中的关键之一，是保证列车运行安全、快捷、舒适所必需的系统。

一、控制系统的基本概念

自动控制是指在没有人直接参与的情况下，利用外加的设备或装置（称为控制器或控制装置）使机器、设备或生产过程（统称被控对象）的某个工作状态或参数（统称被控量）自动地按照预定的规律运行。

自动控制系统，是指能够对被控制对象的工作状态进行自动控制的系统。

在自动控制系统中，被控量是要求严格加以控制的物理量；而作为对被控对象施加控制作用的控制装置，可以采用不同的原理和方式完成赋予的任务。其中，最基本的控制原理就是反馈控制原理。基于反馈控制原理组成的控制系统被称为反馈控制系统。

在反馈控制系统中，控制装置对被控对象施加控制作用，而控制装置接受的信号是取自被控量的反馈信号与给定值相比较生成的偏差，根据偏差值的大小产生控制作用，实现控制任务。

二、控制系统的组成及原理

典型的自动控制系统的基本组成可用图 8-1 的框图来表示。其中的基本环有：

（1）受控对象：需要控制的装置、设备及过程。

（2）测量变送元件：测量被控量的变化，并使之变换成控制器可处理的信号（一般是电信号）。

（3）执行机构：将控制器发来的控制信号变换成操作调节机构的动作。

（4）调节机构：可改变受控对象的被控量，使之趋向给定值。

（5）控制器：按照预定控制规律将偏差值变换成控制量。

自动控制系统的基本控制方式有开环控制、闭环控制和复合控制三种。

开环控制适用于控制任务要求不高的场合。闭环控制适用于控制任务要求较高，且扰动量可测量的场合，工程上绝大部分的自动控制系统为闭环控制系统。另外常采用复合控制系统（又称为前馈-反馈复合控制系统）。

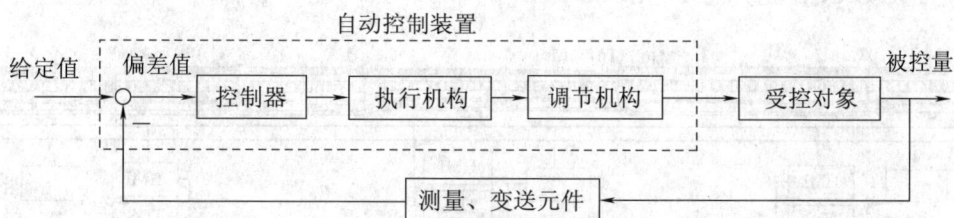

图 8-1 控制系统基本组成示意图

第二节 CRH1 型动车组控制系统

CRH1 型动车组控制管理系统 TCMS（the Train Control&Management System）是一套分布式计算机系统，通过贯穿列车的总线来传送控制、监测及故障诊断等信息，可控制并监控所有列车和车辆的相关功能。控制系统重要部分采取冗余设计，使系统具有冗余性，排除了单一故障影响系统功能的可能性。

一、CRH1 型动车组控制系统概述

CRH1 型动车组分布式控制系统的通信网是 TCN（Train Communication Network）列车通信网络，其主干网是两层结构的通信总线；在各车之间的通信线路为 WTB（Wire Train Bus）列车总线，在各车内部信号的通信线路为 MVB（Multifunction Vehicles Bus）多功能车辆总线。如图 8-2 所示，为 TCN 的网络拓扑结构，最上一层是 WTB 总线，中间一层是 MVB 总线，在 MVB 总线下面还有一个级 MVB 总线，这一级总线的核心处理单元是 PCU（Propulsion Control Unit）牵引控制单元，构成第三层牵引 MVB 总线控制系统。

TCMS 控制与管理车辆及列车的主要功能，如图 8-3 所示为 TCMS 所监控的系统。

二、TCMS 的主-从结构

TCMS 内通过 WTB 总线进行 MVB 区段之间（或联挂车组之间）数据传输的管理方式为主—从结构，其没有固定分配主机，而是在工作中自动进行主从工作方式的配置，一般情况下自动将司机室所在 Mc 车的 TC CCU 配置成主机。在 TC CCU 中软件的运行情况如下：

- 主应用软件（仅在主 TC CCU 中运行）；
- 本地应用软件（总在运行状态）；
- 定义和配属软件（总在运行状态）；

● 主—从概念提供了列车级功能和本地功能的分离，通过 WTB 在 MVB 区段之间进行通信的数据报文包括以下类型：

● 主（Master）TC CCU 到所有本地（Local）TC CCU；

● 主 TC CCU 到某个指定的本地 TC CCU；

● 本地 TC CCU 到主 TC CCU；

● 某个指定的本地 TC CCU 到主 TC CCU；

● 本地 TC CCU 到其他 TC CCU。

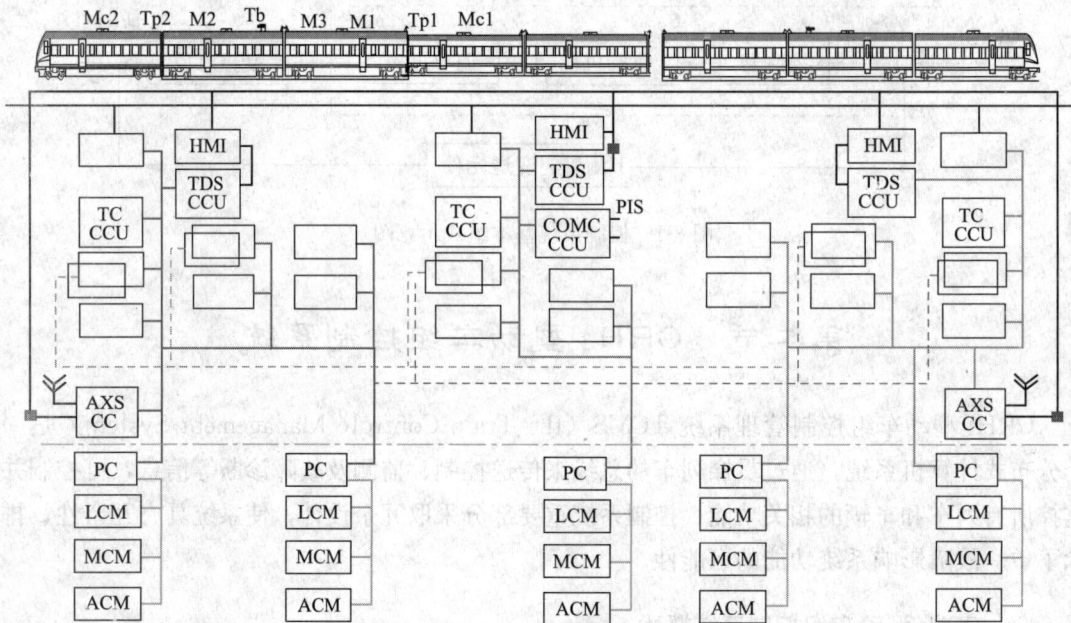

图 8-2　TCN 网络拓扑结构图

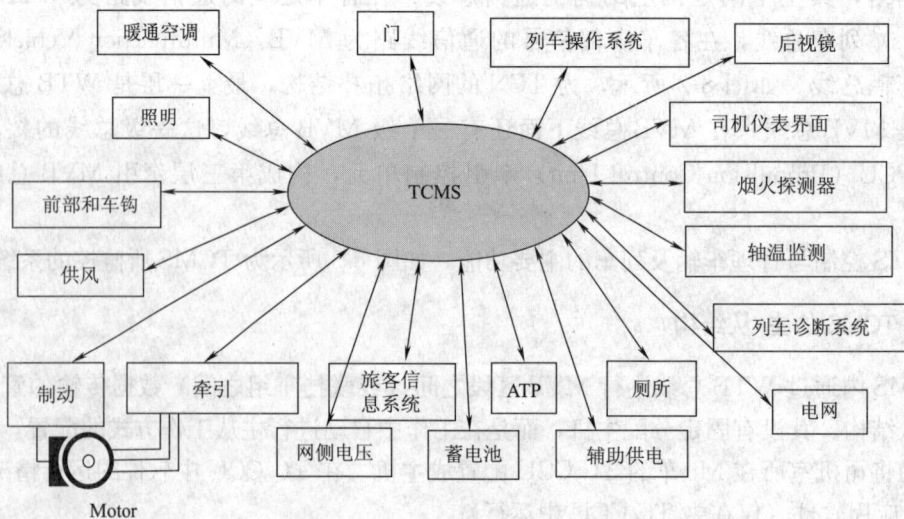

图 8-3　TCMS 的系统接口示意图

TC CCU 中的应用软件和本地应用软件之间的所有通信都是网关和 WTB 实现的，即使在同一个 VCU-Lite 硬件中的主应用软件和本地应用软件之间的通信也是这样的。例如，司机命令所有车门关闭的列车级功能仅能从主 TC CCU 发出，该主 TC CCU 通过网关和 WTB 把这个命令发给所有本地 TC CCU。关闭某一特定车门的本地功能由对应的本地 TC CCU 通过挂在 MVB 总线上的车门控制单元实现。

三、TCMS 的冗余

设计 TCMS 系统用于为列车提供安全运行状态，无论 TCMS 系统发生任何单一故障，至少可提供 60％的牵引力、62％的常用摩擦制动率以及 100％的紧急摩擦制动力。由于故障列车基本单元的本地控制及其控制设备不影响其他列车的牵引和制动系统，故允许一个列车基本单元的本地控制断开。子系统应该在预定义条件下工作。

本地 TCMS 系统故障时，备用 I/O 单元（受另一个 MVB 区段控制）可替代运行，将断开全部故障 VCU 上的总线段，其连接的所有单元将失去通信。具备所有必需的（关键）设备，仍可进行列车控制，但性能会下降。

四、系统安全联锁

（一）牵引安全回路

牵引系统保护有两个方面：一是在没有做好牵引准备，或停车制动、紧急制动时，联锁装置起作用，不能牵引列车运行；二是设备、电器等发生不正常状况时迅速使其进入安全状态，以保护设备使用安全。具体实现方法为联锁、阻断、关闭、隔离、跳闸等手段。

牵引安全环路有两条贯穿整列车的牵引安全回路线，受司机操作、客室外门、停车制动、ATP 等的影响。将牵引安全线输入至电动机变流器，可起到牵引安全作用。当牵引安全线断开（或低电平）时，将直线通过硬件方式（而不需要通过任何的计算机软件），阻断电动机变流器，切断牵引力。在以下状态下牵引安全线断开（置低）：

- 司机台没有激活；
- ATP 紧急刹车；
- 乘车门开门；
- 停车制动有效。

线路跳闸也是牵引安全的一个措施，如果 DCU/x 之一发生严重错误，不需要经过计算机可直接使断路器跳闸。来自 VCU 的脱扣指令通过每个 DCU/x 的网侧脱扣继电器连接到断路器上，若 DCU/x 的供电切断或由于某种原因应用程序停止执行，则网侧脱扣继电器断开并使网侧继电器断开。

（二）制动安全回路

在下面情况下，安全回路断开并启动紧急制动：

- 司机钥匙未插入，司机室已激活；
- 司机按下紧急停车按钮；
- 司机通过主控手柄要求进行紧急制动；
- 在主风缸系统风压低的情况下；
- 司机的安全装置（DSD）启动其安全继电器；
- 自动列车控制（ATP）启动其安全继电器；

- 主车辆控制单元（主 VCU）启动其安全继电器；
- 无蓄电池电压；
- 列车部分分离；
- 会送时制动管路风压低。

1. 司机激活的紧急制动（超强紧急制动）

司机激活的紧急制动必须利用尽可能大的黏着力在尽可能短的停车距离内实现。当主控手柄后移到"EB"（"7"）位时，继电器断开安全回路并施加全摩擦制动，主车辆控制单元也以动力制动全部摩擦制动，可利用的最大黏着系数约为 0.15。

2. 乘客激活的紧急制动

乘客激活的紧急制动是单独操作的并可由司机撤销。

乘客拉动紧急制动手柄会出现下列情况：

- 紧急制动手柄激活紧急通信单元。
- 司机室内"撤销乘客激活的紧急制动"的按钮开始闪烁，并且确认信号鸣响 4 s。
- 施加全常用制动，牵引阻塞。

3. 紧急制动

如果安全回路打开紧急制动激活，不管计算机设备是否工作，切断至紧急制动阀的电流，并且车辆控制单元施加电力制动。如果断开至紧急制动阀的电流，除了防滑器（WSP）之外，施加没有对制动力电子控制的全摩擦制动。载重补偿在紧急制动过程中是气动完成的。

若司机按下紧急停车按钮，则安全回路和主断路器打开，并且受电弓降低，这样也断开了电力制动。

紧急停车即为紧急制动，可打开主开关并降低受电弓。紧急停车由紧急停车按钮激活。

（三）钥匙联锁系统

1. 钥匙联锁系统由下列组件构成：

- 三个用于受电弓和主断路器供风的联锁装置；
- 三个用于高压系统的接地开关；
- 一个用于辅助三相供电的接地开关；
- 一个钥匙联锁开关转接器；
- 每个流变器一个接地开关；
- 变流器箱的开箱钥匙。

2. 钥匙联锁系统的主要步骤如下：

- 切断受电弓供风，断开主电路断路器；
- 高压设备接地；
- 辅助三相母线接地；
- 变流器的直流环节接地。

此顺序的目的在于将高压设备接地，以减少设备维护时的事故风险，如果钥匙互锁系统工作，就不能启动动车组。

五、司机控制器

（一）牵引控制器

司机控制器（图 8-4）是司机牵引/制动的主令发生器，列车启动后，正常运行期间司机主要通过操作司机控制器实现对列车运行控制。司机控制器共有 16 个挡位：

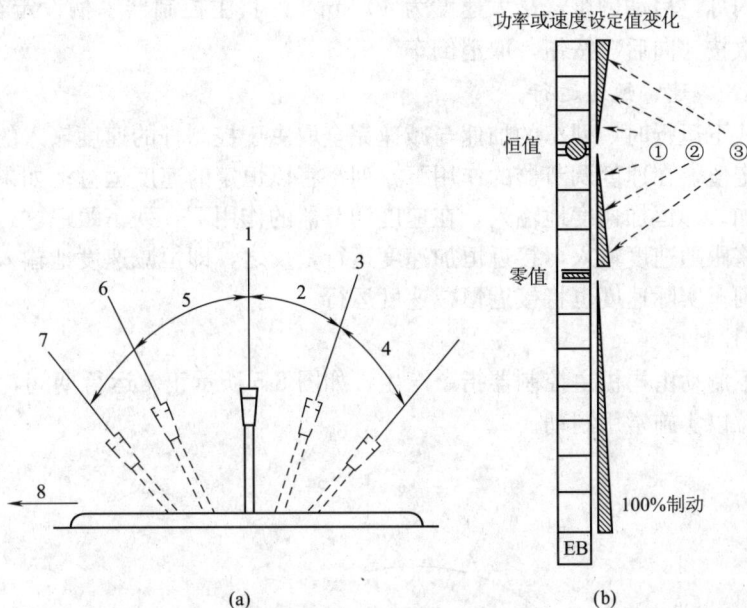

图 8-4 司机控制器示意图

1—空档（"0"）；①—小幅慢速增（减）速区间；
2—速度递减三步幅，弹回到"向前驱动"位；②—常用增（减）速区间；
3—向前驱动位；③—快速增（减）速区间；4—速度递增三步幅，弹回到"向前驱动"位；
5—制动 7 步骤；6—常用全制动；7—紧急制动；8—朝司机方向

一个空挡位［图 8-4（a）中的"1"位］；

一个恒速递增位［图 8-4（a）中的"3"位］；

三个速度递增位［图 8-4（a）中的"4"位］；

三个速度递减为［图 8-4（a）中的"2"位］；

七个制动位［图 8-4（a）中的"5"位］；

一个紧急制动位［图 8-4（a）中的"7"位］。

②～④的七个挡位是牵引挡，⑤⑥的八个挡位是制动挡。操作司机控制器时，在控制杆的上端有一个按钮开关，只有按下该开关，控制杆才能推向前面的牵引挡位。

司机控制器有两种运行模式：一是自动模式，即速度调节器模式；二是手动模式，即功率导出模式。

在自动模式下，司机控制器其实就是速度指令发生器，是司机对列车进行运行控制的主要手段，其作用就是给列车牵引/制动系统一个给定的运行速度，在列车运行速度调节器的作用下，列车最终的运行速度达到预设值。

司机可以通过司机操作台上的按钮开关选择司机控制器的手动模式，这时列车的运行不受速度调节器的影响，司机通过增加或减少输入到牵引电动机的功率来维持列车的运行速度，在"常速（constant）"挡位，加速度或减速度是常值。

（二）方向控制器

方向控制与换端操作不同，不用更换司机室。用"倒车"按钮就可以选择列车行驶方向，当列车正常向前运行时，"倒车"按钮的指示灯熄灭；按下"向前"（倒车）按钮时，选择倒车，红灯闪烁。启动倒车，最大速度为 40 km/h。将主控制器手柄设定在驾驶方向上，进行倒车。再次按"向后"按钮，取消倒车。

（三）加速、减速、恒速运行

在自动方式下运行时，列车的加速与减速完全取决于控制杆的速度输入的信号，如果速度输入值为确定值，在速度调节器的作用下，列车将以恒定的速度运行；如果速度的输入值随时间线性增加，即恒加速度地输入，在速度调节器的作用下，列车跟踪这一输入值，其列车实际速度也将跟随速度输入，接近恒加速度运行，反之，即恒减速度地输入，在速度调节器的作用下，列车实际速度也将接近恒减速度运行。

（四）制动控制

通常情况下制动由司机主控制器指令产生。如图 8-5 所示正常运行期间，将主控控制手柄从空挡向后拉以实施常用制动。

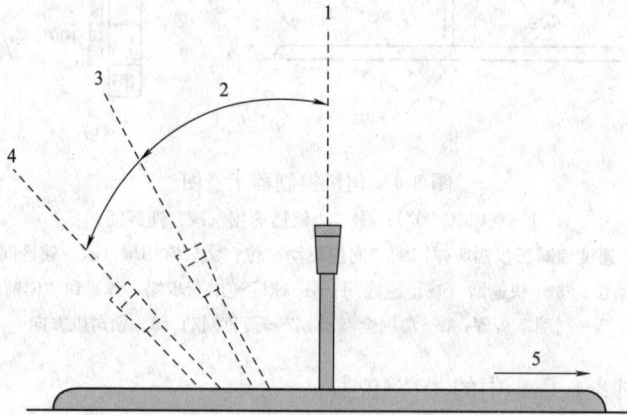

图 8-5　制动主控制器位置示意图
1— 空挡（"0"）；2— 7 个制动挡位；3—常用全制动；4— 紧急制动；5—驾驶员方向

这一动作分为七个挡位，逐步增加所需要的制动力，使列车获得更大的制动力。再生制动和摩擦制动之间的混合制动由 TCMS 计算机系统自动操作。将手柄拉过挡位 7 后即可实施紧急制动。

六、动车组过分相

为保证电力系统的三项供电负荷平衡和提高电网的利用率，电气化铁路的供电接触网采用分相段供电，各分相段采用长度不等的绝缘间隔（分相区间），电力机车通过分相区间必须断电惰行。

CRH1 型动车上使用的 GFX-3A 型电力机车自动过分相系统，其主要功能是当电力机车通过分相区间时，系统根据当时机车速度和位置自动平滑地降低牵引电流，分断主断路器；通过分相区后，自动闭合主断路器，控制牵引电流平滑上升，实现动车组通过分相区时自动化操作。

过分相区时，必须通过司机手动或通过 TCMS 系统自动断开网侧断路器。当轨道侧的标志显示即将要经过没有轨道指示器的分相区时，就需要手动断开。自动断开是由 TCMS 探测到的轨道指示器来启动的，无需司机的操作。

七、牵引系统

牵引设备置于车辆底架内，与辅助电源系统一起被置于变流器和滤波器箱内，如图 8-6 所示。

速度传感器的功能是测量信号并将信号传给计算机系统用于速度计算和指示旋转方向。它安装在动车转向架的齿轮箱上，每个牵引齿轮箱安装一个。计算机系统将接收的测量信号用于测量和监控。

牵引系统由与列车中央计算机系统 TCMS 通信的牵引控制系统进行本地监控。当司机将主操纵杆推向牵引位时，主操纵杆连接到数字输入单元（DX 单元），数值读为牵引/制动参考。

司机室中的 TC CCU（主控 TC CCU）通过 MVB 数据总线读取数字输入的状态。在主控 TC CCU 中读取参考值，并且重新计算牵引/制动参考。各个车厢的参考通过 WTB 分布到其他当地的 TC CCU 中。读取该参考，并计算扭矩参考。扭矩参考通过 MVB 传输到车厢内的 PCU 单元。PCU 重新计算扭矩参考，并传输到 DCU/M 单元生成所需的扭矩，列车开始移动。

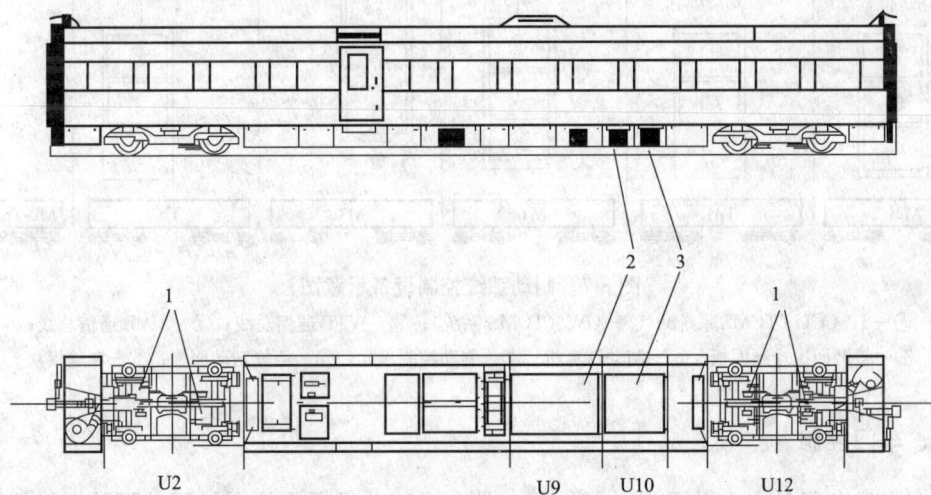

图 8-6 底架牵引设备示意图
1—牵引电动机；2—变流器箱；3—滤波器箱

当网侧电压系统被激活且电源电压给主变压器牵引绕组供电时，牵引系统即被激活。来自司机操作台主控器的命令可激活电机变流器。在计算机系统外部实施的一项重要安全功能是牵引安全回路系统，这是采用继电器来防止在特定安全条件得到满足之前，列车向前运行的一项固定线路安全功能。在能实施牵引之前，此回路必须处于闭合状态。闭合回路的条件是：

● 所有车门全部关闭；
● 没有实施停放制动。

八、制动系统

制动系统的作用就是进行制动而不抱死车轮并在列车处于静态时阻止其移动。几种制动类型被定义为：

- 常用制动，运行过程中的正常制动，由司机或 ATP 要求执行；
- 危险情况下的紧急制动；
- 停放制动/保持制动，防止处于静态的列车溜车；
- 防冰制动，冬季期间的轻缓制动以便温暖制动盘。

如图 8-7 所示，制动计算机执行本车控制，列车级的控制由 TCMS 系统执行。制动控制单元将计算机指令转换成气压信号，对制动设备进行控制。制动模块是一个模块化单元，包含制动计算机、安装于面板上的制动控制单元和一个储风缸。

电子控制防滑器（WSP）对制动控制来说是一个有效的防护手段，因为黏着情况非常复杂，既要充分利用黏着又不能抱死车轮，只靠制动控制还是不够。每个车轴上有一个独立的防滑阀，在所有高速制动过程中激活保护，防滑器阀是受控的，这样当车轴转速相对车速开始减少时，关闭供风；如果轴速继续降低，安全阀打开十分之几秒；如果轴速持续减小，安全阀再次打开；当轴速开始增加时，再向制动缸供风。

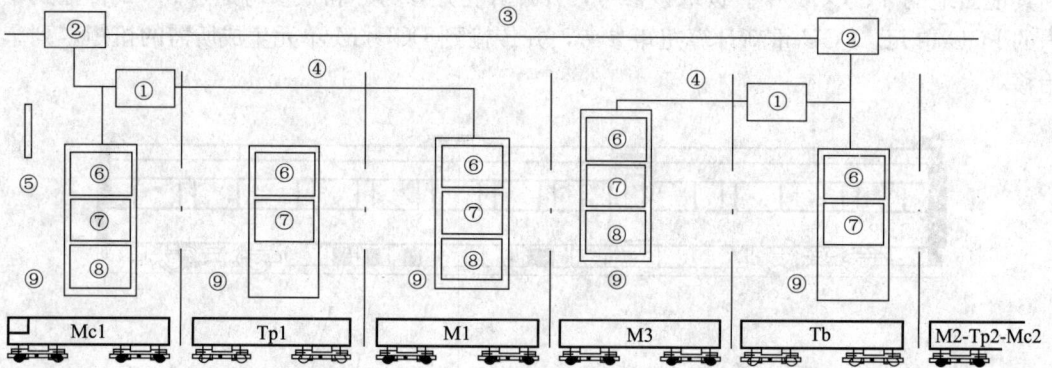

图 8-7　制动系统控制设备示意图

①—TC CCU（TCMS 系统）；②—GW（TCMS 系统）；③—WTB 通信总线；④—MVB 通信总线；⑤—救援回送控制面板；⑥—制动计算机；⑦—制动控制单元；⑧—停放制动面板；⑨—制动模块

九、车门控制

乘客入口车门是电动单页滑动塞拉门，带有可移动可折叠的空气驱动脚踏板。每辆车有两个车门，过道两侧各一个。每个车门和脚踏板都有自己的操作机构。由本地控制计算机监控和控制其功能。车门装有障碍物探测器和柔性密封条以防挤伤。

CRH1 型动车组的风挡门是 DC 110V 供电的红外线感应自动门，其主要功能有：障碍检测；手动/电动方式切换；关到位隔离；集控、同步开门；开门锁紧及关门锁紧；火警模式；故障指示等。

控制系统功能如下：

（1）主电源开关控制电控系统电源的接通或开断，在断电状态下可手动开、关门。

（2）第一次开关门，控制系统上电，EDCU 的电源 LED 指示灯，门系统将以低速进行一次开关门，初始化系统参数。

（3）开门：红外传感器在感应区内接收到感应信号，开关动作信号发送到 EDCU，控制电动机开门，对面的风挡门也同步打开。

（4）关门：门开到位后，如果门处于有电状态，EDCU 控制延时 10 s（0～30 s 可调）

后自动关门。

（5）障碍检测：门板在关闭过程中碰到障碍物，门会再次自动打开然后再重新关闭。

十、安全监控

安全系统对列车进行自动监控和控制事故发生，一个列车组有几个与操作安全相关的系统：司机安全装置 DSD、自动列车保护装置 ATP、火灾探测系统。

（一）司机安全装置 DSD

如果司机未能向系统发送他在司机室的信息，DSD 系统会将列车停止。司机可以通过一个踏板或一个按钮对在场的情况进行确认。司机必须将踏板保持在中间位置或在定义的时间内按住按钮，否则指示灯将报警。如果司机未注意指示灯，在另一段既定时间之后，将听到警报声。如果 DSD 仍未得到确认信号，将激活 CCU 紧急制动。

DSD 设备包含司机操控台上的按钮和脚凳上的一个踏板。由 TC CCU 进行监测和控制。K1 柜中还有一个使 DSD 功能失效的开关。司机操控台上的 DSD 设备示意图如图 8-8 所示。

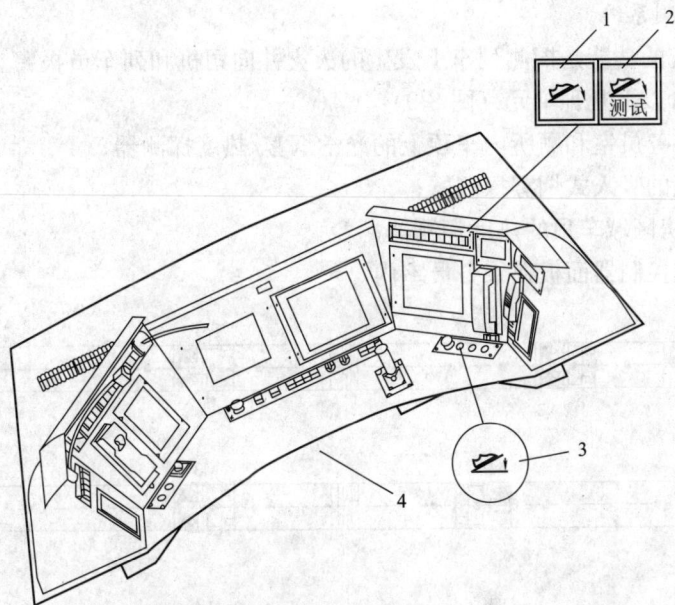

图 8-8　司机操控台上的 DSD 设备示意图

1—指示灯"DSD 警报"；2—按钮"DSD 试验"；3—"DSD 确认"按钮；

4—"DSD 确认（显示不出，在台面下）脚踏板"

（二）自动列车保护装置 ATP

ATP 的主要功能是对运行速度进行监控并防止超速。此系统包含若干个子系统，都属于我国铁路安全要求的一部分，不是仅仅适用于 CRH1 车辆。因此，这里仅对它们各自的功能作一简要的概述。

系统包含：ATP LKJ2000、ATP Hitachi（日立）、TAX2 型安全监控装置——用于 TSC1 机车监控数据的无限传输装置。

（1）LKJ2000 系统：此系统对列车的实时运行速度进行监控并防止列车超速。此系统还对实时运行状况和乘务员的操作进行记录。司机操控台显示屏显示运行速度、时间和路程。此系统具有完全的冗余。一个运行设备带有一个热备份，运行设备故障时，备用设备顶替其工作。

（2）Hitachi（日立）系统：ATP Hitachi（日立）系统对车载及轨道旁的变量进行监控。其主要功能是在车辆的运行与轨道速度不相符时确保车辆的停止。

（3）TAX2 系统：TAX2 系统主要有两项功能，即机车号码和序号的自动识别系统、录音。录音装置就是列车调度电话机。主要用于记录乘务员对列车和设备的控制情况。它可以对录音进行检索和重放，由录音探测器或地面上的控制软件进行控制；可以录下列车运行期间的呼叫和应答，可被用于进行事故分析。此装置安装在 TAX2 机车的安全信息控制器箱中，运行期间，此装置既进行录音，也接收来自监控装置的操作数据，以使声音数据在时间和路程方面能与操作数据并流。录音装置包含车载设备、测试设备和地面答复设备。车载设备主要包含录音装置、无线电电话机和拖拉调度站（以下简称为"录音"）。测试设备包含 CLY-Ⅰ/CLY-Ⅱ型记录探测仪。地面答复设备包含地面上用于 LYKZ-Ⅰ型记录探测仪的控制器、计算机通信线路、扬声器、计算机和 PC 软件。

（三）火灾探测系统

火灾探测系统的功能是探测列车上发生的火灾并向司机和列车员报警。此系统的分布贯通整个列车，包含以下几种单元（图 8-9）：

- 司机室、乘务员室和厕所内车顶上的光学烟雾/热度探测器；
- 客室区车顶的吸入式烟雾探测器；
- Tb 车的厨房区域车顶的热度探测器；
- 中央单元和控制器面板在乘务员室内。

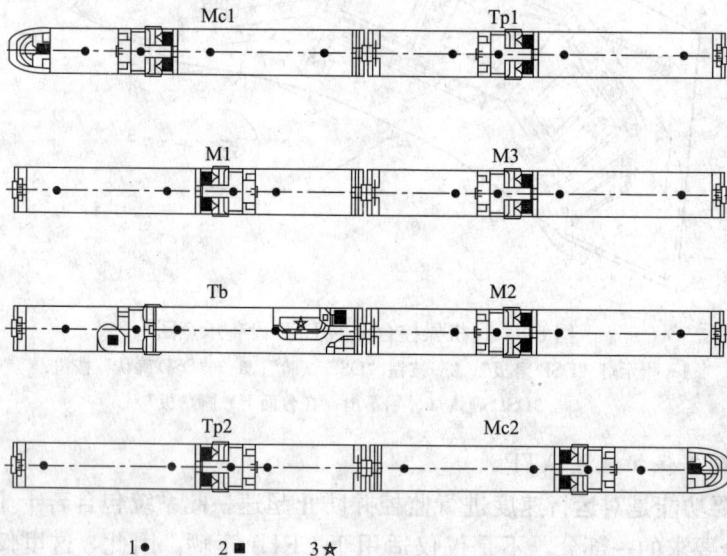

图 8-9　火灾探测器种类和安装位置示意图

若探测到火灾，IDU 会显示报警，蜂鸣器会响起，火灾探测器的系统状态菜单是自动探测的，通过司机操控台上的确认按钮解除报警。如果着火，由于某种原因，不能自动探测，必须手动激活火灾模式。触摸菜单按钮信息显示区的"火灾模式"，设置火灾模式为通风并关闭内车门。再次触摸菜单按钮信息显示区，将火灾通风模式复位并打开内车门。

第三节　　CRH2 型动车组控制系统

一、CRH2 型动车组控制系统概述

CRH2 型动车组的信息控制系统通过贯穿列车的总线来传送信息，为自律分散型。控制传输部分为双重系统，系统有冗余性。列车联挂时也采用能保持环路（loop）结构的高可靠性的传输系统。控制传输部通过采用从监控部独立出来的双 CPU 方式，提高了系统的可靠。

1. 牵引、制动指令

牵引指令、制动指令的串行传输，救援联挂时制动指令的串行传输。

2. 设备的切除、复位

向牵引变流器、辅助电源装置、配电盘传输复位指令，设备远程切除指令的传输，三次电源互通回路的控制，三相 AC400V 电源互通的控制（BKK 及 BKK2 闭合、切除控制）。

3. 空调温度控制器的复位

由停放开关来进行 115 线系统的切除控制。

4. 显示灯、蜂鸣器控制

操纵台故障显示灯的显示输出，操纵台单元显示灯的显示输出，操纵台蜂鸣器的鸣动输出，各车配电盘显示灯的显示输出，空挡灯亮灯。

5. 乘务员支援

故障或异常发生时操纵台的报警发生及内容显示和引导显示，司机及乘务员辅助用的各种列车信息、设备信息的显示，应急手册的显示，和其他编组解联、联挂状态的显示及两操纵台联挂信息的显示，最新故障记录的显示。

6. 服务设备控制

向乘客信息显示器、车侧目的地显示器发出显示内容指令，向车号信息显示盘发出显示信息指令，向自动播放装置传输播音时间信息，向广播服务装置传输公里里程信息，解联时其他编组广播关闭输出，服务设备（空调、室内灯、广播）的控制及状态显示。

7. 数据记录

故障时设备动作信息的记录，主故障发生时的状态记录，行驶距离及牵引、再生电力的累计，营业运行中或试运行中的车辆性能信息的收集，营业运行中或试运行中的车辆项目选择信息的收集，营业运行中或试运行中的车辆空调运转率信息的收集，营业运行中或试运行中的车辆空调运行状态的收集。

8. 车上试验

车上试验（各设备内置的自我诊断功能和协调的车上试验功能），试验结果的收集。

9. 自我诊断传输线

各监控器部、控制传输部之间的传输错误的检测，控制信息的自我诊断，光传输故障时的运行控制指令的备份。

10. 其他功能

远程装载功能，全主动防摆动控制装置、半主动防摆动控制装置（配线/空间的准备），升弓位置异常监测功能，自动过分相系统，传输线：光纤传输线和自我诊断信息传输线（双绞屏蔽线）两种。

二、系统安全联锁

动车组运行过程中，必须保证在各种异常情况下不影响人身安全和设备安全，保证故障发生后能将损失限制在一定的范围。安全保证主要有：运行安全联锁、高压回路联锁和动车组主电路保护联锁。

（一）运行安全联锁

运行安全联锁主要有如下几个方面。

（1）司机在端车 T1c-1 或 T2c-8 车驾驶时，另一端车的主控继电器（MCR）不能吸合，所有的操作无效，这样就能保证只在一端司机室驾驶。

（2）ATP 启动快速制动。列车未能减速到闭塞区间指定的速度时，ATP 发出快速制动指令，实现快速制动。

（3）列车分离启动紧急制动和快速制动。列车分离时，紧急制动电磁阀失磁，紧急制动和快速制动同时启动，制动控制单元 BCU 将以紧急制动和快速制动的高位优先地实施制动。

（4）总风管管压降低时启动紧急制动和快速制动。总风管管压低于设定值 [（590±10）kPa] 时，紧急电磁阀和快速制动电磁阀失磁，在紧急制动发挥作用的同时，快速制动得到制动指令。

（5）检测到制动不足时启动紧急制动和快速制动。

（6）自动过分相感应信号故障处理。

（7）门控制电路的安全控制。

（二）高压回路联锁

如图 8-10 所示，高压设备箱是地板下装牵引变压器一次设备的箱子，高压设备箱内装有电缆头 CH、真空断路器 VCB 和避雷器 Arr。高压设备箱内部分高压设备即使断开 VCB 也不能得到保护，所以要设置高压联锁装置。

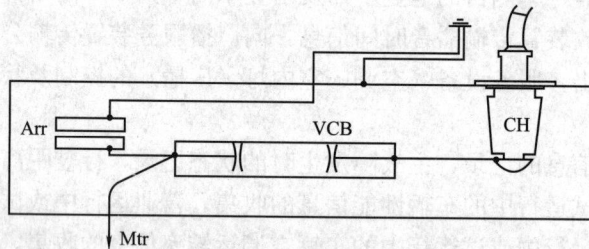

图 8-10　高压设备箱示意图

（三）主电路保护联锁

主电路设有牵引变压器一次侧保护、变压器保护、变压器二次侧保护和变压器三次侧保护，这些保护与主电路开关联锁，保证故障时主电路安全。

主电路保护联锁功能为：在牵引变压器一次侧、二次侧和三次侧过流及二次侧和三次侧接地时，断开主断路器 VCB，切断高压电网；在牵引变流器一次侧、二次侧和三次侧过流时，断开主断路器，同时断开变流器的输入接触器 K 和封锁变流器有触发脉冲；VCB 变压器油泵运行停止或油温上升时，断开变流器的输入接触器 K，同时封锁变流器有触发脉冲。

三、司机控制器

司机控制器在司机室内,T1c-1 和 T2c-8 内或有 1 套。司机控制器由方向控制器、牵引控制器和制动控制器构成,可以完成动车组牵引方向,牵引控制指令,制动指令设定,如图 8-11 所示,司机控制器在司机室内同时配合恒速开关和启动试验开关,实现恒速控制指令和变流器故障后的试验。

制动控制器、牵引控制器、方向控制器之间有一定的优先级关系。制动控制器优先级最高,其次是牵引控制器,最后是方向控制器;也就是说当制动控制器在制动挡位上时,牵引控制器、方向控制器不起作用,只有当制动控制器在运行位时,其他两个控制器才能起作用。所以制动控制器的优先级最高。同理,牵引控制器的优先级高于方向控制器。

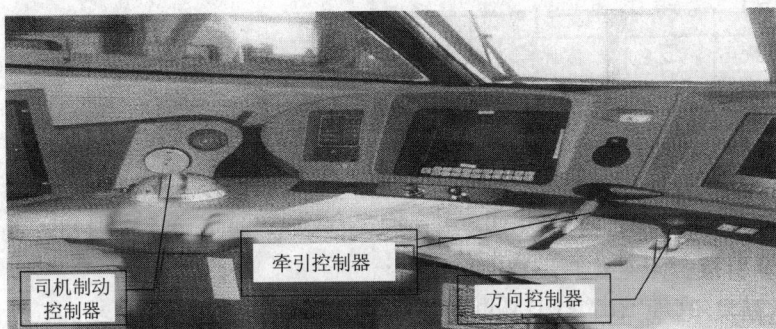

图 8-11 司机控制器在司机室的布置实景图

四、牵引控制

(一)受电弓控制

受电弓设置在 M3-4 车、M5-6 车。正常情况下,只能有一个受电弓升起。因此,当受电弓上升连锁装置继电器(PanIR)选择一侧的受电弓时,将不能输入另一侧受电弓的上升指令。受电弓的升降指令能够通过设置在司机台的操作开关或监控器的显示器发出。为了安全起见,在不使用外电源充电的情况下,将 2、6 号车运转配电盘内的 EXPanN 断开。

(二)主断路器

正常工作时,真空断路器 VCB 接通或断开 25 kV 高压电路与牵引变压器的连接;故障时通过 VCB 能够快速、安全、可靠地切断电流,保护电路和保证列车安全。

五、车门控制

动车组车门控制包括司机室门、外部侧拉门、内部端拉门和残疾人用厕所自动门的控制。司机室只设在端门上,外部侧拉门及内部端拉门设置在各个车辆上,残疾人用厕所自动门设置在 7 号车上。除司机室门采用手动操作车门的开关外,其他的门都是电控气动的,通过电磁阀门自动开关,在没有电时可自动实现门的开关。

六、自动过分相

CRH2 型动车组采用的自动过分相装置。主要功能是当动车组通过分相区时,系统根据当时动车组的速度、位置自动平滑降低牵引电流,断开牵引机组、辅助机组和分断真空断路器。通过分相区后，自动闭合真空断路器，闭合牵引机组、辅助机组和控制牵引电流平滑上升，从而实现动车组通过分相区操作的自动化。

（一）系统构成与动作

1. 关于电源

电源和受电弓上升指令联动。只有受电弓正在上升的车辆的自动过分相装置的电源为"开"的状态。

2. 来自处理装置的信号

从处理装置到车辆信息控制装置（终端装置），输送以下信息：

- 预告信号；
- 强断信号；
- 故障信号；
- 工作信号。

3. 进入分相区间，通过时车辆信息控制装置的动作

（1）收到预告信号时：

- 牵引运行，再生切断指令向 CI 传送。
- 牵引运行，再生切断指令输出 1 s 后，输出 VCB 切断指令（VCB OFF）。

（2）未能收到预告信号，收到强断信号时：

- 收到信号后，立即输出 VCB 切断指令（VCB OFF）。

（3）通过分相区间后收到预告信号时：

- 输出 VCB 复位指令（VCB ON）。

输出 VCB 复位指令 5 s 后，牵引运行，再生复位指令向 CI 传送。

4. 300/200 线的转换控制

（1）当动车组在 300 km/h 客运专线上运行时，由 ATP 向 MON 中央装置发出"自动过分相信号"，控制列车自动过分相。

（2）当动车组在 200 km/h 客运专线上运行时，由 ATP 向 MON 中央装置发出"300/200 线转换信号"，由自动过分相装置控制列车自动过分相。

（二）故障表示

（1）故障信号：收到故障信息时。

车辆信息控制装置内，记录故障信息（自动过分相装置轻微故障）。

（2）工作信号：收到故障信息时。

①车辆信息控制装置内，记录故障信息（自动过分相装置重大故障）。

②故障显示灯亮灯。

七、空调控制

CRH2 型动车组在司机室配有制冷空调，在客室配有冷暖空调。司机室冷空调控制比较单一，与列车信息控制系统没有接口；客室空调和列车信息控制系统有专门接口可以传输空调运行状态指令。下面主要介绍客室空调系统。

（一）客室空调组成

客室空调系统由下列部分组成：

电动压缩机：2台；

室外电动鼓风机：2台；

室内电动鼓风机：1台；

电加热器：1个；

逆变器装置：1台。

空调的电源配置情况如表 8-1 所示。

表 8-1　客室空调的电源配置

电源种类	电压	配电盘断路器	负荷	备注
主电路	单相、400 V、50 Hz	UN1	NO.1 空调装置	主变压器辅助（3次）绕组电压
	单相、400 V、50 Hz	UN2	NO.2 空调装置	主变压器辅助（3次）绕组电压
控制电路	单相、100 V、50 Hz	UN12	NO.1 空调装置	
		UN22	NO.2 空调装置	
	DC 100 V	UCN3	空调显示设定器	
		UCN11	NO.1 空调装置	
		UCN21	NO.2 空调装置	
显示电路	DC 100 V	PLPN1	NO.1，NO.2 空调	

（二）空调显示设定器

空调是由逆变器装置控制的，逆变器装置将对从温度传感器1、2得到的车内温度与空调显示设定器给予的设定温度进行比较来进行控制。

空调显示设定器在显示从车载监视器装置（车辆信息控制装置）传送来的内容的同时，发送空调指令给逆变器装置。并且，在显示从逆变器装置传送来的状态信息的同时，具备向车载监视器装置传送信息的功能。

（三）空调控制回路

来自主变压器辅助（3次）绕组的电力先供给设在各个车辆上的辅助电路配电盘，经由用于配线的断路器（UN1、UN2）分别连接到 NO.1 空调装置、NO.2 空调装置的接触器盘1 内的电磁接触器 IVK（用于逆变器）、HK1～HK3（用于供暖气）。

由空调显示设定器传送空调控制信号至各个空调装置，空调装置传送空调的状态信号、故障信号至空调显示设定器。

（四）制冷运行

当制冷运行指令从空调显示设定器发出后，逆变器电磁接触器 IVK 关闭，通过交流电抗器（ACL）、充电电阻（CHR），开始对逆变器单元内的二极管整流器输出端的电容器进行充电。通过电容器的充电确认，充电电阻的短路用接触器（CHK）被关闭，来自主变压器辅助（3次）绕组的单相交流电将直接加压在逆变器装置。比较空调显示设定器的温度设定值和从温度传感器 11、12（21、22）得到的车内温度，根据运行模式，通过由接触器盘 2 内的电磁接触器 CPK1、CPK2 对压缩机的 ON/OFF 控制（含控制台数）和由 VVVF 逆变器对压缩机运行频率（40～70 Hz）的控制，来进行制冷运行的控制。

（五）暖气运行

用于控制暖气的电磁接触器 HK1～HK3 以及上述的逆变器电磁接触器 IVK 根据从空

调显示设定器发来的暖气运行指令和温度控制指令，按照被选择的各种模式，空调装置内的加热器 H1～H3 和室内风扇开始工作。关于加热器的电源，不像电动机的电源那样有复杂的要求，直接使用从主变压器辅助（3 次）绕组来的电源。

八、广播系统

（一）概要

广播装置的基本单元是由自动广播装置（AAD）、控制放大器（C. Amp）、输出放大器（P. Amp）、联络装置（INT）、监视器扬声器（INT）以及车内扬声器（SP）构成的。

通常情况下，给 Amp 供电是由 103 线来进行，但通过对备用灯切换按钮（RrLpCgS）的操作，可对备用灯切换接触器（RrLpCgK）进行加压，这样就会切换为 102 线（请参照辅助电路连接）。

广播、乘务员之间的联系等信息是通过贯穿线来向各个车厢传送，救援连接及联挂时的其他的编组之间的传送则是通过救援连接器和电气连接器来进行的。

在 M6（7 号车）上，安装有扬声器开放开关（SPCOS），操作这个开关，通过扬声器开放开关能够对扬声器的输出进行投入和关闭。

（二）设备构成

广播装置的设备构成如表 8-2 所示。

表 8-2　广播装置设备

装　　置	T1-1	M1-2	M2-3	M3-4	M4-5	M5-6	M6-7	T2-8
自动广播　AAD							1	
控制器　CONT	1							
控制放大器（司机室）　C. Amp	1							1
控制放大器（客室）　C. Amp		1	1	1	1	1	2	
输出放大器　P. Amp	1	1	1	1	1	1	1	1
联络装置　INT	2							2
监视器扬声器（司机席）　MSP	1							1
监视器扬声器（乘务员室）　MSP					1		2	
车内扬声器　SP	6	9	8	9	9	9	7	6
通过台扬声器　SP	3	2	3	2	4	2	3	2

九、安全监控

（一）烟雾报警

动车组各客室内设置了烟雾报警按钮，当客室发生火灾时，乘客或乘务员可通过按下烟雾报警按钮提示司机停车。

（二）轴温检测

CRH$_2$ 型动车组转向架上的安全检测装置主要为轴温温度传感器。在每一个轴温的外侧安装有温度传感器。为了检测轴承的异常，温度传感器内置报警温度，温度设定为155～165 ℃。

另外动力转向架的每个齿轮箱上还安装了齿轮箱轴承温度传感器。

第四节 CRH3 型动车组控制系统

一、概述

CRH3 型动车组控制系统主要采用由 WTB 列车总线和 MVB 多功能车辆总线构成的 TCN 列车控制网络。CRH3 型动车组控制系统同时也配置了一定数量的传统列车控制线，用于传输与安全有关的重要信号。

控制系统主要有以下功能：

- 牵引/制动控制；
- 辅助供电控制；
- 安全控制；
- 照明控制；
- 车门控制；
- 空调控制；
- 乘客信息系统控制；
- 其他辅助设备控制；
- 特殊工作模式的实现；
- 状态信息与故障诊断功能的实现。

二、列车控制网络

1. 概述

列车控制网络 TCN 包括 WTB 列车总线和 MVB 多功能车辆总线，这两个系统都采用了两路冗余线传输。列车总线 WTB 用于经常连挂和解编的重联车辆，具有可变的拓扑结构。采用屏蔽双绞线作为传输介质，独立的两路冗余线路，传输速率为 1.0 Mbit/s。

多功能车辆总线 MVB 用于每辆车或一个牵引单元内设备之间的数据通信，具有固定的拓扑结构。采用屏蔽双绞线作为传输介质，两路冗余设计，传输速率为 1.5 Mbit/s。

CRH3 型动车组由 8 辆车形成固定编组，两列 CRH3 动车组可以重联为一列长车组。

一列动车组被分为两个对称的牵引单元，每个牵引单元都有自己的 MVB 车辆总线，牵引单元之间通过 WTB 列车总线相互连接。

CRH3 的车辆总线 MVB 选择了一个主链结构。MVB 的各分支段通过转发器连接到主链上。

2. 组成

在一个牵引单元内，连接到车辆总线 MVB 的设备包括：

- 中央控制单元（分为主 CCU 和从 CCU）和附属网关；
- 司机人机接口 MMI 与列车员人机接口 MMI；
- 牵引变流器的牵引控制单元（TCU）；
- 制动装置的制动控制单元（BCU）；
- 辅助变流器控制单元（ACU）；
- 充电机控制系统（BC）；

- ETCS 装置及其人机接口；
- 车门控制单元（DCU）；
- 采暖通风和空调控制装置（HVAC）；
- 旅客信息系统的中央控制器（STC）；
- 分布式输入/输出站（如 KLIP 和 MVB-Compact I/O）。

3. 功能

连接到车辆总线（MVB）的每个控制装置要完成的主要工作包括：

- 子系统控制；
- 处理来自中央控制单元（CCU）和其他 MVB 设备的控制信号；
- 评估由下级传感器和/或下级控制装置（如车门控制单元）提供的信息；
- 通过 MVB 把操作模式反馈到中央控制单元（CCU）和司机人机接口 MMI；
- 通过 MVB 把产生的故障诊断信息传输到中央诊断系统。

4. 中央控制单元（CCU）

每辆头车的司机室内有两个中央控制单元，其中一个作为主 CCU，另一个作为从 CCU。在操纵端司机室的主 CCU 作为列车主 CCU，列车主 CCU 可以实现整个列车更高等级的控制。

中央控制单元有如下功能：

- 执行来自司机操纵台上控制元件的指令；
- 列车牵引设置点的生成；
- 速度自动控制；
- 司机安全装置控制和距离、速度检测；
- 重联和解编控制；
- 列车保护系统与列车控制系统的接口；
- 更高级别的整备状态控制。

5. 人机接口 MMI

CRH₃ 型动车组设有 5 个车辆控制人机接口 MMI（另外还有两个 ETCS 系统的人机接口），如图 8-12 和图 8-13 所示。

图 8-12　司机操作台实景图

司机和列车员人机接口 MMI 主要有以下功能：

- 作为动车组和重联列车的信息显示和输入设备；

- 提供动车组和重联列车的中央诊断系统;
- 向司机发送有关控制事件的音频信号。

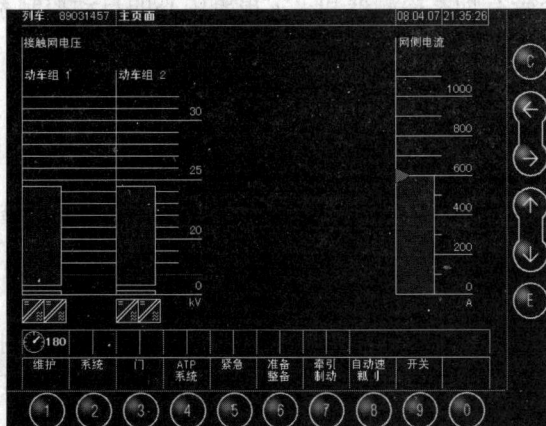

图 8-13 人机接口 MMI 显示实景图

6. 制动控制装置 BCU

每辆头车各设有两个相互冗余的制动控制单元（BCU），其他车各设有一个制动控制单元（BCU）。制动控制单元用于实现制动装置的控制和诊断，包括防滑控制功能。

7. 牵引控制单元 TCU

在两个头车、IC03 车和 IC06 车上各有一个牵引控制单元。主 CCU 通过车辆总线（MVB）向 TCU 发送牵引设定值，并接收来自 TCU 的牵引系统状态信息。牵引装置的重要控制信号可以通过 TCU 的输入/输出通道直接读取和发送。

8. 辅助变流器控制

在变压器车（TC02 和 TC07）、酒吧车（BC04）和一等车（FC05）上的辅助变流器控制单元与 MVB 相连。辅助变流器用于提供 AC3×440V、60Hz 电压（动车组也可以通过外接插座得到 AC3×400V、50Hz 电源）。

9. 充电机控制

充电机安装在酒吧车（BC04）和一等车（FC05）上，充电机控制单元与 MVB 相连。充电机将 AC 3×440 V、60 Hz 电变换为 DC 110 V 负载所需的供电电压和蓄电池充电电压。

10. 车门控制

每辆车有一个车门控制单元与车辆总线（MVB）相连，该门控单元再通过 CAN 总线与本车的其他门控单元连接。车门控制单元可以完成内外车门的全部控制功能。

11. HVAC 控制

在每辆车上，HVAC 的控制单元与 MVB 相连，用于实现中央控制和诊断。空调系统的基本功能通过司机 MMI 和酒吧车的列车员 MMI 进行操作。

12. 旅客信息系统 PIS

旅客信息系统用于旅客视听信息、列车员通信和旅客娱乐。旅客信息系统的中央控制器（PIS-STC）与车辆总线（MVB）连接。

13. WC 控制

WC 控制系统通过 KLIP 输入/输出站连接到列车通信控制系统，WC 的诊断信息也通过此连接传送到中央诊断系统。

14. 火警系统

火灾报警系统是一个带有烟雾探测器和火灾报警中心的自动控制系统，通过 KLIP 站连接到列车通信控制系统。

三、牵引控制系统

(一) 牵引系统总体描述

CRH3 型高速动车组由两个对称布置牵引单元组成（即 01～04 号车和 05～08 号车），每个牵引单元由一个头车（动力学）、一个变压器车和两个中间车组成。

(二) 牵引控制单元 TCU

牵引控制系统主要是通过牵引控制单元（TCU）实现对牵引控制和牵引变流器的运行进行监督。牵引控制单元由不同的插件模块组成，通过前面板的连接器与车辆其他设备连接。TCU 主要执行以下重要任务：

● 调节给定的牵引力或电制动力，调节牵引变流器的中间直流环节电压，向牵引变流器发出控制信号；

● 控制预充电接触器和线路接触器等开关器件；

● 监视和保护变流器、牵引电动机等设备；

● 实现防滑/防空转保护；

● 提供与牵引相关的诊断数据；

● 通过 MVB，实现与 CCU、BCU 和 MMI 等设备的数据交换。

(三) 牵引控制系统的原理

牵引控制单元主要由中央控制单元（CPU）、附属信号处理器（SIP）、信号输入/输出模块（I/O）、MVB 通信模块和电源模块等组成，如图 8-14 所示。SIP 实现所有实时牵引控制功能，以减轻中央控制单元的数据处理任务。

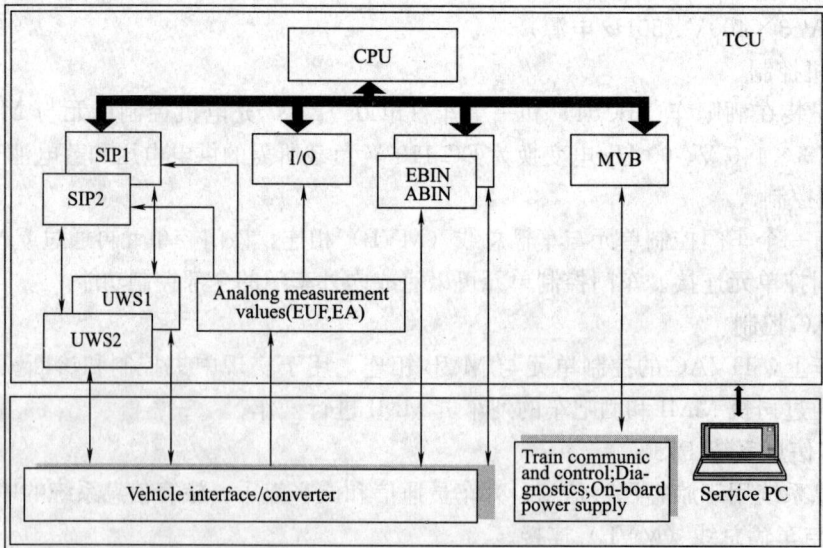

图 8-14　牵引控制单元结构框图

在 CRH3 型动车组上共有 4 个牵引变流器，分别位于两个端车以及 3 号车和 6 号车车下，在每个牵引变流器中都有一个牵引控制单元。主控 CCU 通过车辆总线（MVB）针对牵引系统向牵引控制单元 TCU 发出设定值，并通过 TCU 从牵引系统接收状态信息。牵引装置控制的重要信号有 TCU 直接通过输入/输出通道读入和发出。

四、制动控制系统

CRH3 的制动控制采用分层结构，分为列车制动管理器（TBM）、单元制动管理器（SBM）、制动控制单元（BCU）。

（1）列车制动管理器（TBM）。列车制动管理器要求 EC01/EC08 头车的 BCU 执行以下功能：制动管理、压缩机管理、控制自动、菜单引导和急刹车试验的顺序，车体内各种电磁阀进行制动管的填装。

（2）单元制动管理器（SBM）。单元制动管理器要求所有 EC01/08 BCU 执行以下功能：通过 MVB 从 TBM 上将 MVB/WTB 指令信号分配至本 MVB 段的本地 BCU 上；通过 MVB/WTB 从本地 BCU 上将 MVB 状态信息传输至 TBM 上。

（3）制动控制单元（BCU）。根据相应的车型，BCU 要求执行如下任务：相应车内的制动装置控制和诊断、车轮滑动保护（WSP）、不旋转轴的独立检测（DNRA）、撒砂、辅助压缩机控制和诊断、转向机诊断、驻车制动诊断、自动制动试验和菜单引导制动试验等、制动性能计算、整个列车编组的制动力需求分配、主储气罐压力供应控制和诊断。

五、应用测试软件

不同的系统和供应商采用不同的服务软件进行设备软件的安装、设置、升级和修改。各装置使用的服务软件名称如下：

- 中央控制单元（CCU）和牵引控制单元（TCU）：SIBAS MONI32；
- 制动控制单元（BCU）：ST03A；
- 火灾报警系统：USSW；
- HVAC 系统：ACCU Flash；
- 外门系统：IFE Update 4.1；
- 内门系统：AVRProg；
- 辅助供电装置（ACU）：Sibmon；
- 人机接口（MMI）：MMI Service Tool；
- 乘客信息系统（PIS）：STC Simulator。

六、列车速度自动控制

速度自动控制的目的是为了将动车组的速度自动控制到一个预定的数值。速度自动控制不等于完全自动驾驶，而是为了使司机更加容易地操纵列车。速度自动控制系统可以生成牵引和制动系统的设定值，以便使列车按司机所设定的速度运行。列车司机可在司机人机界面 MMI 上随时打开或关闭速度自动控制。

在司机人机界面上可选择如下操作模式（或解除速度自动控制），如图 8-15 所示。

司机利用速度设置控制手柄设定速度。在速度自动控制模式下，控制器可在 0 和最大速度 300 km/h 之间设定速度，如图 8-16 所示。

控制器的设定范围与所选操作模式有关。

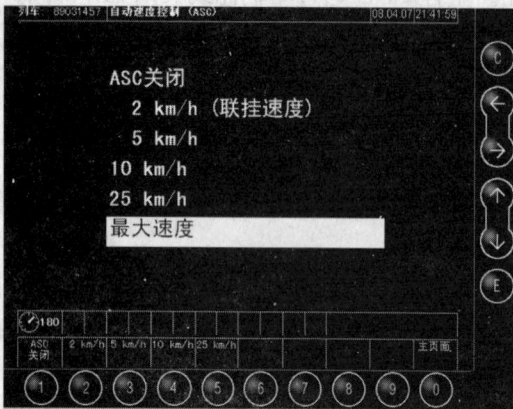

图 8-15　速度自动控制及显示实景图　　　　图 8-16　速度设置控制手柄实景图

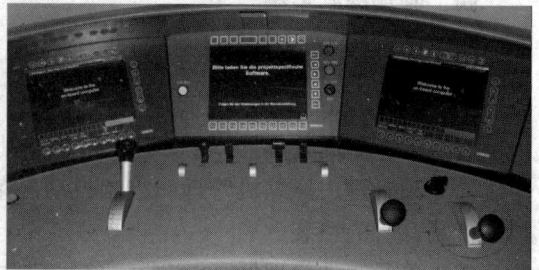

在速度自动控制模式下，司机可以用主控制手柄来限制牵引力。速度自动控制能够实现的最大牵引力受主控制器设定值的限制。

司机控制台有一个制动控制手柄，司机可以用它实施制动。只要制动控制器放在制动位，速度自动控制就会失效。

七、列车速度监控装置

（一）概要

在 CRH3 上安装有一套以 ETCSL1 为基础的列车运行控制系统（OCS），并具有升级至 ETCS_L2 的可能性。CRH3 还安装了我国的 TCR 系统，TCR 车载设备集成在 ETSC 电气柜内。此外，CRH3 还安装了 GFX-3A 系统，以实现在 ETCS 无效情况下的自动过分相功能，如图 8-17 所示。

图 8-17　列车速度监控装置实景图

每个端车安装以下设备：

● 一套 ETCS1 级车辆系统；

● 一个 ETCS 人机界面 DMI；

- 一个速度表；
- 一台数据记录仪；
- 一个 GPS 模块；
- 一套 TCR 轨道电路接收装置；
- 一套 GFX-3A 装置。

（二）车载 ETCS 设备功能

车载 ETCS 设备，具有如下功能：

- 输入当前的路线信息、如运行许可、允许速度限制等；
- 测定列车位置和速度；
- 司机室相关信息显示；
- 实时速度监控；
- 超速警告信息和紧急制动。

（三）车载 TCR 设备功能

通过 TCR 系统能够进行列车的运行控制。TCR 制动请求激活后，可以通过 ETCS 引起最大常用制动。

（四）车载 GFX-3A 设备

车载 GFX-3A 设备功能如下：开始接近分相区报告，通过车辆控制系统实现自动过分相。分相区结束报告，通过车辆控制系统使列车回复运行状态。

八、安全回路

作为一个安全原则，电动车组都设有安全回路。其设计是基于使用传统的接触器技术。安全回路的原则是：当蓄电池电源打开，110 V 电源向列车控制线和回路控制线供电使安全回路闭合，如果事件发生引起回路中断，就会产生相应的结果。

在 CRH3 中总共有以下 6 个安全回路：

- 紧急制动回路；
- 停放制动监控回路；
- 制动缓解回路；
- 乘客紧急制动回路；
- 转向架监控回路；
- 火灾报警回路。

第五节　CRH5 型动车组控制系统

一、概述

CRH5 型动车组的高压、牵引、辅助等子系统的控制是通过 TCMS 执行的，TCMS 是一个智能单元，通过采集、传输信息和命令管理着列车上大多数主要设备。

考虑到高压、牵引及行车安全因素，重要的子系统都设有硬线保护电路。例如，高压系统设置了 DJ 回路，控制主断器 DJ 的合断，以保护高压设备的安全；牵引系统通过牵引就绪回路保证施加牵引的可靠性；制动系统设定了紧急制动电磁阀硬线电路、制动安全回路、乘客紧急手柄回路，以保证行车的可靠性；门系统通过全列门关闭信号线检测所有门关闭的状态，以保证旅客行车的安全性。另外，充电机蓄电池的低压供电控制是依靠硬线执行的。

TCMS 实现列车任务的具有要求的性能级别，以及将列车布线复杂性最小化的操作功能；为列车提供列车操作帮助，为维护任务提供集中支持。

TCMS 主监视器显示以下参数：

列车速度（实际 & 设定），牵引力、电制动，线电压，线电流（实际和设定），时间，蓄电池电压指示器，牵引和辅助系统、配置及可能发生的故障情况。

主监视器故障情况下，诊断监视器可接管主监视器的所有功能，使 TCMS 实现较高的可靠性。

若诊断监视器发生故障，主监视器可以接管诊断监视器的所有功能，使 TCMS 实现较高的可靠性。只有当列车停车时才会涉及该性能，以免行驶时造成任何危险。

动车组的每个单元均配有一套指令和控制/诊断系统，该系统与一个车载数据通信网络 TCN（列车通信网络）接口。

该指令和控制/诊断系统是一个智能实体，它通过采集、传输信息和指令管理列车上多数主要设备的运行。因此，该系统的正常运行是提供安全列车服务的基本条件。鉴于此，该系统在建立时即加入了可提高终端系统可靠性的冗余特性。采用该系统的通信网络体系结构是 TCN，它基于层次组织结构：WTB 列车总线，它将分布于列车各构成单元上的电子设备相互连接在一起；MVB 车组总线，它将单一车组的构成车辆上的车载电子设备相互连接在一起。

此系统会提供人机接口（MMI）功能，由 3 种类型的监视器组成，分别管理 3 种不同类别的信息，并用于与该系统接口。

与多车挂接车组以接口正确连接所必需的列车通信线路，以及与列车总线（网关）以接口连接的设备均按照国际标准实现，而且为了保证互操作性和可扩展性，它们配有负责生成列车编组数据库的"Mapping Server"软件。

标准限制要求每个网关最多控制 6 节车。为此，根据图 8-18 中原理图所示，对每一编组提供了两个冗余的网关单元。

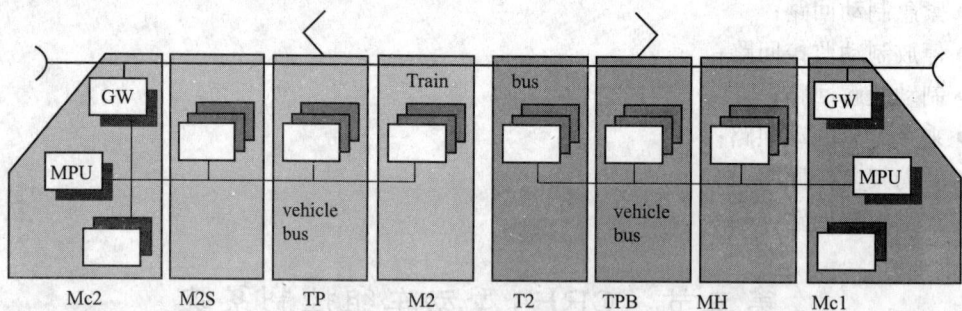

图 8-18　列车总线示意图

二、系统安全联锁

（一）牵引安全回路

动车组适应规定的网压保护措施。在网压波动时，动车组可以保证：

网压在 22.5～29 kV 间发挥额定功率；

网压在 19～22.5 kV 间牵引功率线性下降至额定功率的 84%；

网压在 17.5～19 kV 间牵引功率线性下降至零，辅助设备可正常工作；

网压在 29～31 kV 间牵引功率线性下降至零，最大允许持续电压为 27.5 kV，辅助设备可正常工作。

当两列动车组重联联挂运行时，为了使每个短编组都能正常工作，需要升双弓运行，且不能升两个相邻的弓，每个短编组只能升一个对应的弓，即均升前弓或均升后弓，如果前弓和后弓中均有一个故障，则只能升整个长编组的第一个弓或第四个弓。

（二）制动安全回路

当 1 号车（8 号车）司机台启动时，1 号车（8 号车）的 KDD2 动作，将警惕装置串入安全回路。这样就由已经启动司机台的车的警惕装置、停放制动意外施加继电器、牵引制动手柄、备用制动手柄、紧急制动手柄按钮、ATP 继电器构成了 CRH5 型动车组的完整的制动安全回路。

警惕装置是对司机状态的一种监视，当司机没有按着警惕装置的操作规范进行操作时，列车在报警后自动实施制动，从而避免了由于司机的原因造成的对行车安全的影响；在列车运行时如果停放制动意外实施，安全环路也要断开，列车制动，避免车轮的擦伤；司机在意外紧急情况出现时可以通过牵引制动手柄、备用制动手柄或紧急按钮来断开安全回路，实施制动；当主控车的 ATP 系统故障时，安全环路也将断开，列车制动。

三、司机控制器

CRH5 型动车组司控器手柄分成 3 个部分：主手柄 LC，方向手柄 LINV 和速度设定手柄 LV。

（一）主手柄 LC

主手柄 LC 的角位移范围为 90°分为以下几个区域：

主手柄 LC 制动区域。手柄在制动区域操作没有特殊限制。最大电制动和最大电空制动位置各应用一个敏感的凹槽，可以容易地被司机识别。

在中立位置手柄往牵引区域动作被机械锁定，只能通过推动进行缓解。手柄向制动区的运动没有机械锁定，当手柄被缓解时，可以直接通过中立位置，动作没有阻碍。

最小牵引力区域：手柄从中立位到最小牵引力位置的位移为 10°。

牵引区域：手柄在牵引区的角位移为 30°。

（二）方向手柄 LINV

方向手柄 LINV 有 3 个稳态位置：前向，0，后向。手柄带动 7 个微动开关，手柄的转动角度范围为 60°，以 0 位为中间位置，前后转动角度各 30°。微动开关用于放映方向手柄的位置状态信息。

（三）速度设定手柄 LV

速度设定手柄 LV 有 4 个位置。

（＋）增加，非稳态位；

（N）中立位，稳态位；

（－）减少，非稳态位；

（0）速度快降到 0，非稳态位。

LV 手柄的移动连续 6 个微动开关，同时还有 2 个微动开关 A 和 B，用于目标速度设定确认。TCMS 通过 RIOM 模块检测所有微动开关的触点状态，传给 TCMS 的微处理单元 MPU，MPU 计算出设定的速度后，对比当前的速度，控制 TCU 施加牵引或者电制动，最终保证列车达到设定的目标速度。

四、牵引控制

牵引指令板有各种操纵杆，其功能如下：

牵引/制动控制杆（TBC）：该杆用于控制牵引/制动系统，产生要求的牵引力或制动力。该杆设一个中间挡位（带有一个用于定位的凹槽）及与中间位相邻的两个工作区。

牵引区：通过向前移动杠杆10°，可施加最小的牵引力。从该位置起，通过向前移动操作杆，牵引力将随着转动角度成比例增大，直至达到最大可用牵引力（取决于车组的实际速度）。牵引区的转动角度为30°。

制动区：制动区设第一扇区、第二扇区和一个紧急制动位，用于启用有效制动力。从中间挡位向后移动操作杆，可施加制动力。

第一扇区：在该扇区只能对动车轴施加电制动力，该区宽度为25°。在扇区端部施加最大可用电制动力。第一扇区和第二扇区之间设有一个凹槽。

第二扇区：在该扇区，对动力轴施加电制动的同时，可对非动力轴施加空气制动力。

紧急制动位：该位置为极限向后位并通过一个凹槽使其稳定。在该位置上时，电制动被禁用，紧急制动安全环路开断，排空制动管路，启动紧急制动程序。

自动速度控制杆：该操作杆用于为牵引控制单元的自动速度控制设置目标速度。该系统通过施加或缓解牵引力或电制动力，使车组始终按设定速度运行而不受线路特征（坡道、风力）的影响。该杆设有两个移动挡位，向前移动可增大目标速度，向后移动可减小目标速度。必须垂向推动该杆以确定目标速度值。目标速度值将显示在带数字显示器的主监视器上。该牵引杆在任何情况下均享有定义最大牵引力的优先权。事实上，自动速度控制施加牵引力时，该值仅限于牵引/制动杆（TBC）的设定值，而自动速度控制施加制动力时，该值仅限于最大电制动力。

运行方向杆：该操作杆具有选择车组运行方向的功能。该杆设有三个固定位：中间位、向前、向后。只有列车停车时，方向变更指令才会被 TCMS 接受。

五、制动系统

制动系统控制面板由两个面板组成，上面设有以下装置：司机控制台的制动系统控制面板上面设有下列按钮和操纵杆：

紧急制动按钮，按下该按钮后，该手动阀可直接排空制动管。该手动阀还设有一个电气触点，用于开断紧急制动的安全回路。

备用制动器杆，该杠杆作用于一个阀门上，为制动管充气和排气。备用制动器可通过位于司机台下方的一个气动塞门启用。

电制动禁用按钮，按下该按钮后，主 TCU 会禁用电制动力。该情况下，仅可通过空气制动完成。

手动控制动车轴撒砂的撒砂按钮，该指令用于控制五个动车轴按照行车方向正确撒砂。位于车组第一轴上的撒砂箱也同时运行。

六、车门控制

CRH5 型动车组每节车厢上均安装有通过台——客室门，以便将通过台与客室段隔开。

每个通过台——客室门设有一扇电动电控塞拉门。

控制单元组件的基本功能包括：

- 电源输入保护和直/直变流器；
- 控制逻辑；
- 电动机接口；
- 供维护 PC 使用的 RS232 接口；
- 本地控制指示灯。

所有功能均在一块印刷电路板上实现。

控制逻辑：控制逻辑的体系结构基于一个微控制器，其所有外围设备均在板上。板上的外设包括 Flash 程序、RAM（随机存储器）数据存储器、用于运行参数的非易失性EEPROM（电可擦除可编程只读存储器）、并口和串口、10 位模/数（模拟/数字）转换器、10 位 PWM（脉冲宽度调节器）和 WD 等。

七、转向架蛇行和热轴检测系统描述

（一）概述

列车上设有一个可检测转向架蛇行稳定性、检测并监视转向架轴温的系统，它具有以下功能：

- 监测转向架横向加速度，检测任何不稳定情况；
- 监测转向架轴温，检测可能发生的过热情况；
- 向司机提供所有异常信号；
- 执行自检测操作；
- 向列车诊断系统提供关于系统组件的任何报警或故障的信息。

系统由以下设备组成：

（1）"HADS REG TESTA"：此控制单元仅安装在前车上，提供以下功能：

- 向装配在转向架（SB）和司机台（I/OB）上的设备提供 24V 稳压电源；
- 管理 CAN 线路上的通信。特别是，列车连接线、列车线、车辆线；
- 管理经 CAN 与 TCMS 之间的通信；
- 通过 I/OB 对司机台上的信号发出指令；
- 采集与之连接的其他设备（SB、I/OB 及其他车辆上的控制单元）的运行状态的相关信息；
- 采集转向架蛇行和轴温报警信号。

（2）"HADS BOX"：此传感器箱安装在所有列车转向架上，提供以下功能：

- 向温度传感器（PT1000）供电；
- PT1000 采集信号并进行处理，在温度升高的情况下生成报警/预报警信息；
- 监测温度传感器及整个采集链是否正常工作；
- 通过自检测监测自身的运行情况。

（3）"HADS YDS BOX"：此传感器箱安装在第一列车的所有转向架上，提供以下功能：

- 向 PT1000 温度传感器供电；

- 从 PT1000 采集信号并进行处理，在温度升高的情况下生成报警/预报警信息；

- 监测温度传感器及整个采集链是否正常工作；

- 对安装在其内部的两个加速度计供电；

- 从两个加速度计处采集信号并进行处理，在发生蛇行运动的情况下生成报警信息；

- 监测加速度计及相关采集链是否正常工作；

- 通过自检测监测自身的运行情况。

（4）"IOBOX INTERMEDIATE"：此箱仅安装在前车上，提供以下功能：

- 从司机台采集数字输入，获取有关列车状态的信息（列车联挂、司机室已占用等）；

- 在热轴和/或转向架蛇行运动报警/预报警情况下管理司机台信号。

（二）其他功能连接

转向架蛇行检测和热轴温度检测系统按照图 8-19 所示集成在车辆系统中。

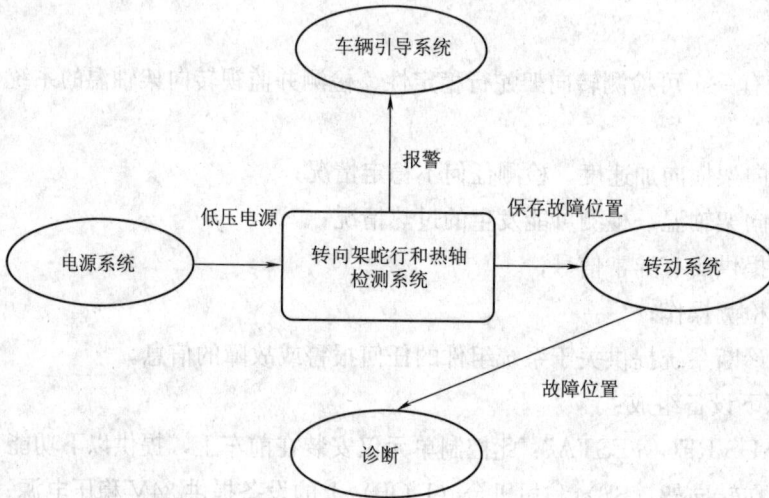

图 8-19　系统的功能连接示意图

八、空调控制系统

空调控制柜采用微处理器进行控制，并采用模块化设计。当某个功能模块故障时，可以直接更换模块板卡，从而现实在线维护。

采用 MVB Class2 与车辆网络实行通信，实现大批量的上行和下行数据交换，使得司机能够及时得到所有空调机组的运行状态，或者直接控制空调机组的运行。

此外，通过网络控制，车厢和车厢之间的空调系统会定时交换运作信息以互相调节运行的状态，达到各车厢的温度均衡。同时，在一个车厢内的空调部件出现故障的情况下，该空调机系统可以自动接收邻近车厢的运行状态和负载等信息来作为根据继续运行，使得空调机组不至于停机，从而最大限度的保障了车辆的正常运行。

（一）司机室空调、通风装置

司机室空调，通风装置（HVAC）由司机通过司机台上的下列命令控制：

- 操作模式开关；

● 温度调节选择器；

● 状态灯（接通，故障），直接由 HVAC 控制器驱动。

司机室 HVAC 通过乘客客室 HVAC 控制器的同样的串行 MVB 接口与 TCMS 接口。

（二）乘客客室 HVAC

每个车辆都有一个 HVAC 组，启动司机室通过一个选择器发布总体的接通/断开命令，由 TCMS 通过 RIOM 读取。当发布接通命令时，如果出现了 MV 线上的正确条件，TCMS 向 HVAC 单元发送一条"启动"命令，随后按照中压辅助设备加载步骤来加载序列。命令通过列车总线（WTB）发给整个列车编组。

温度调节可以在车长室中的本地监控器上以单车为基础进行选择性操作。TCMS 通过 MVB 收集设定，并通过列车网络将调节请求传送给有关的 HVAC 控制单元。

列车上配有一个压力保护系统（"活叶"）保护乘客在列车进入隧道或者与另外一辆列车交错时不受压力变化的影响。司机可以通过司机台上的按钮控制对活叶进行控制。按钮由 TCMS 通过 RIOM 检测，命令通过单车与列车总线发布给编组列车中的所有活叶。系统可以借助压力传感器实现自动管理活叶地关闭与打开。

所有的单车都配有一个紧急通风系统，可以没有 MV 就进行操作。有司机通过司机座椅后面的柜子上的按钮手动接通，或者由列车员通过车长室中的本地监视器接通。两种情况下，请求都被 TCMS 检测，且通过 RIOM 发布正确的命令。TCMS 还通过 RIOM 检测每辆车上的紧急通风的状态用于检测目的。

本章小结

高速动车组的控制系统是保证动车组运行安全、快捷、舒适性的关键系统之一。本章共分五节，分别概述了控制系统的基本概念、基本组成及工作原理，强调了在目前高速动车组运营中的重要地位；并分别描述了 CRH 系列动车组控制系统的组成及各个组成单元的功能，以及各功能的实现过程，不但说明了各种车型控制系统的工作过程，还对不同车型控制系统的差异进行比较分析。

思 考 题

1. 简述 CRH1、CRH2、CRH3、CRH5 型动车组控制系统的基本组成、原理及差别。

2. 简述 CRH1 型动车组牵引信号流的基本控制原理。

3. 简述 CRH2 型动车组系统安全联锁的主要作用。

4. 简述 CRH2 型动车组司机控制器的基本构成及原理。

5. 简述 CRH2 型动车组自动过分相控制系统如何实现。

6. 简述 CRH3 型动车组列车控制网络的主要功能。

7. 简述 CRH3 型动车组牵引系统的基本原理及主要功能。

8. 简述 CRH3 型动车组制动控制系统的基本原理及主要功能

9. 简述 CRH5 型动车组系统安全联锁的主要功能。

10. 简述 CRH5 型动车组如何实现车门控制。

第九章　空调系统

> **本章要点**
>
> 通过本章学习，理解和掌握动车组客室空调装置的基本工作原理、构成和技术参数；了解动车组通风系统的结构特点及司机室空调换气装置的组成；重点掌握 300 km/h动车组空调换气系统原理及标准。

高速铁路动车组随着运行速度的提高，对车辆内的温度、湿度、空气压力等舒适度的要求越来越高。动车组中通过设置车辆空调系统、司机室空调系统、换气系统等设备来保证动车组车内的舒适度。

本章主要以 CRH2 型动车组为主要车型，对动车组空调系统进行阐述。

第一节　动车组客室空调装置

CRH2 型动车组客室空调装置如图 9-1 所示。CRH2 型动车组车底安装的空调装置为每节车厢 2 台，换气装置为每节车厢 1 台。3、6 号车厢内设置有空气净化机。驾驶室设单独的空调装置及车内压力释放阀。

一、基本技术规格

(1) 安装方式：准集中方式底架下安装。

(2) 主电路输入：单相交流、50 Hz、$400 \times (1^{+0.24}_{-0.37})$V。

(3) 控制电路输入：单相交流、50 Hz、(100 ± 10) V；
直流、(100 ± 10) V。

(4) 冷气控制方式：逆变器频率控制及压缩机运行台数控制。

(5) 暖气控制方式：电热器多级控制。

(6) 制冷能力：

① 在以下标准条件时为 37.21 kW/台以上。

a. 客室热交换器吸入空气干球温度：(28 ± 1.0)℃。

b. 客室热交换器吸入空气湿球温度：(23 ± 1.0)℃。

图 9-1　客室空调装置实物图

c. 客室外热交换器吸入空气干球温度：(33±1.5)℃。

②在以下超负荷条件时为 29.07 kW (25 000 kcal/h) /台以上。

a. 客室热交换器吸入空气干球温度：(35±1.0)℃。

b. 客室热交换器吸入空气湿球温度：(28±1.0)℃。

c. 客室外热交换器吸入空气干球温度：55 ℃。

d. 无需因冷媒压力过大的保护动作。

（7）制热能力：24 kW/台以上

（8）循环风量：在静压 68 mmH$_2$O 时为每台 60 m^3/min 以上。

（9）其他：

①夏季：

a. 在气温为 33 ℃、相对湿度为 80％及 M2 车 150％乘车时（150 人乘车时），客室温度可保持在 26 ℃以下。

b. 在气温为 40 ℃、相对湿度为 55％及 M2 车 100％乘车时（100 人乘车时），客室温度可保持在 28 ℃以下。

②冬季：在气温为 -15 ℃时，客室温度可保持在 20 ℃以上。

③对客室外热交换器设置防污损用过滤器。

④采用便于进行客室外热交换器的清扫和便于拆卸排水泵的结构。

⑤对故障的保护动作，以采用无需手动复位操作的自动复位方式为原则。

⑥制冷剂：R22。

⑦质量：约 730 kg。

⑧车厢内外送风机：蒙赛尔色（munsell）7.5BG-6/1.5。

二、部件组成

部件组成见表 9-1。

表 9-1　CRH2 型动车组客室空调装置部件组成

序号	部件名称	数量	备　注
1	电动压缩机	2 台	
2	室外电动送风机	2 台	
3	室内电动送风机	1 台	
4	室外热交换器	1 个	
5	室内热交换器	1 个	
6	电加热器	1 个	
7	高压压力开关	2 个	
8	低压压力开关	2 个	
9	制冷剂干燥器	2 个	
10	止回阀	2 个	
11	电磁阀	2 个	
12	电磁接触器	3 个	代号：HK1、HK2、HK3
13	电磁接触器	2 个	代号：CFK1、CFK2

序号	部件名称	数量	备　注
14	电涌吸收器	5个	
15	电磁接触器	3个	代号：CHK、CPK1、CPK2
16	电涌吸收器	2个	
17	电磁接触器	1个	代号：IVK
18	电涌吸收器	1个	
19	过电流继电器	2个	代号：CPOCR1、CPOCR2
20	过电流继电器	3个	代号：EFTH、CFTH1、CFTH2
21	空气过滤器	3个	用于回风
22	空气过滤器	3个	用于室外热交换器
23	排水泵	1个	
24	漂浮开关	2个	用于排水高度检测
25	配线用连接器插座	1个	用于和车体侧面装配线连接

三、制冷剂循环系统

制冷剂循环系统系统原理图如图 9-2 所示。

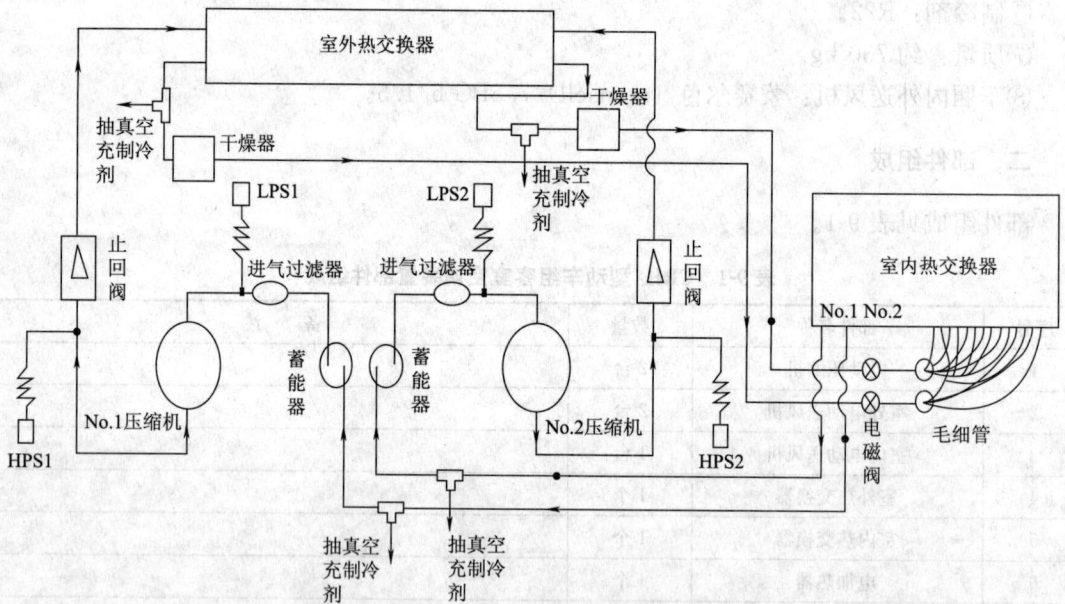

图 9-2　制冷剂循环系统原理图

制冷剂循环系统由压缩机、室外热交换器、干燥器、毛细管、室内热交换器、蓄能器及配管构成，各设备及配管为焊接（钎焊）连接的完全密封型，内充入 R22 制冷剂。

（1）压缩机：吸入低温的气态制冷剂，将其压缩为高温高压的气态制冷剂后送出。

（2）室外热交换器：用室外送风机送入的室外空气对高温高压的气态制冷剂进行冷却，使其形成常温（约 50 ℃）的液态高压制冷剂。

（3）制冷剂干燥器：吸收制冷剂中的水分。

（4）毛细管：利用通道面积小的阻力管，使高压液态制冷剂为低压的气液混合状态。制冷剂在减压的同时温度也将下降。

（5）室内热交换器：低温、低压的气液混合制冷剂，与通过室内热交换器室的室内空气进行热交换的同时变成气态。此时，室内空气的热量被制冷剂吸收，使温度下降。该冷风吸收车体的热负荷（换气、日照及车内外温度差等）和人体所产生的热量而变成暖空气，并被再次送入室内热交换器。

（6）蓄能器：分离气态和液态制冷剂。

四、运行控制系统

比较两个温度感应器检测的温度平均化后的客室内温度和制冷标准温度，决定压缩机开/关控制和压缩机运行频率，向变频调速系统（VVVF）下达频率指令，制冷运行模式见表 9-2 和图 9-3。

表 9-2　制冷运行模式

运行模式	压缩机		室内风扇	室外风扇	制冷能力	运行模式		
	CP1	CP2	EF	CF		自动制冷	强制制冷	断开
6	70 Hz	70 Hz	65 Hz	65 Hz	100%	自动	强制	—
5	60 Hz	60 Hz	60 Hz	60 Hz	86%			—
4	40 Hz	40 Hz	60 Hz	60 Hz	57%			—
3	60 Hz/—	—/60 Hz	60 Hz	60 Hz	43%		减半	—
2	40 Hz/—	—/40 Hz	60 Hz	60 Hz	29%	减半	—	—
1	停止	停止	60 Hz	停止	0%		—	断开

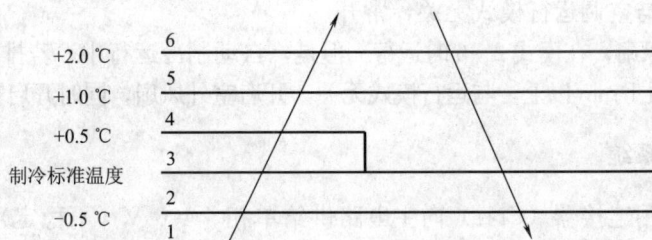

图 9-3　制冷运行模式图

1. 制冷控制

高于制冷标准温度状态下保持其同一模式 3 min 以上时，提高运行模式一格。其运行继续到客室内温度下降到制冷标准温度为止。另外，在本控制方式当中，客室内温度上升，有提高运行方式要求时，比现有方式提高一个模式。

2. 补充模式

（1）自动减半制冷。自动制冷运行中，若遇减半运行指令时，在模式 1～3 之间进行自动运行。若在模式 4～6 状态下运行，则减速到模式 3 的运行频率，减速后只运行 CP1 一台压缩机。

（2）强制减半制冷。强制制冷运行中，若下达减半运行指令，则采用模式 3 的固定运行。在模式 4、5、6 运行时，先减速到模式 3 的运行频率，在减速后只运行 CP1 一台压缩机。设定模式 3 以下的，按设定模式运行。

（3）传输故障。空调显示设定器在发出传输信息指令 2 min 以后，无法收到反馈信息，可判断为传输故障。故障前状态若是自动运行，则用模式 1~3 的自动运行，若强制运行在模式 4，5，6 中，则用模式 3 固定运行。若在模式 3 以下，则继续原运行状态。

（4）切换。模式 2 和 3 时，若运行中的 A 压缩机（CP1 或 CP2）停机，而下一次启动若是模式 2 和 3，则启动 B 压缩机（CP2 或 CP1）

3. 运行模式切换时的制约

（1）出现运行模式进位要求时，将切换至符合要求的运行模式。

（2）出现运行模式降位要求时，将切换至符合要求的运行模式。

（3）各运行模式 2~6，至少将保持在同一模式 30 s。

（4）频率上升/下降的速度为 5 Hz/s。

4. 室外风扇起动时的制约

室外风扇的启动在逆变电路 CVCF 运行频率减速到 30 Hz 并经过 2 s 后（启动时就有启动压缩机要求时，室内风扇启动后 4 s）进行。室外风扇 1 启动 2 s 后启动室外风扇 2。

5. 压缩机运行时的制约

（1）控制电源复位后的头台压缩机启动以及停机 5 min 以上的压缩机重新启动时，以运行模式 4 进行 3 min 运行。另外，在次运行中若因瞬间停机和其他条件停机时，下次启动也以运行模式 4 进行 3 min 运行后完成。

（2）压缩机最短连续运行 3 min。在此运行中出现运行停机指令以及运行状态转换时，继续 3 min 运行后，进行运行停机以及运行状态转换。出现故障时，立即停机。

（3）除上述第 1 项外，移到该运行模式。

（4）压缩机一旦停机后，7 s 内禁止再启动。

（5）控制电源复位后，7 s 内不启动压缩机。

（6）室内风扇以及室外风扇停机中或停机时，不能运行压缩机。

（7）室内风扇与空调运行模式无关，常开。

（8）两台室外风扇，在模式 2~6 时运行。但是，自动制冷运行中，若排水托盘中的漂浮开关 1 和 2 均继续开通 1 min 以上，与运行模式无关，开启室外风扇，同时开启空调冷凝水排水泵。

五、电气配线系统

由 4 芯的配线用连接器（CN1）向主电路供给单相、400 V（不稳定）、由 27 芯的配线用连接器（CN2）提供控制电路电源。

（1）单相 400 V 电源经逆变器装置变换为三相 40 Hz/125 V~70 Hz/200 V 的电源提供给压缩机（CP1、CP2）。

（2）车内送风机（EF）、室外送风机（CF1、CF2）同样使用逆变器装置上变换过来的 3 相、60 Hz/200 V、65 Hz/217 V 电源。

（3）电热器（H1、H2、H3）不通过逆变器，使用单相、400 V 电源加热。

六、空调显示设定器的显示和设定

1. 通常状态

在通常状态下，空调显示设定器的界面如图 9-4 所示。

空调显示设定器的内容如表 9-3 所示。

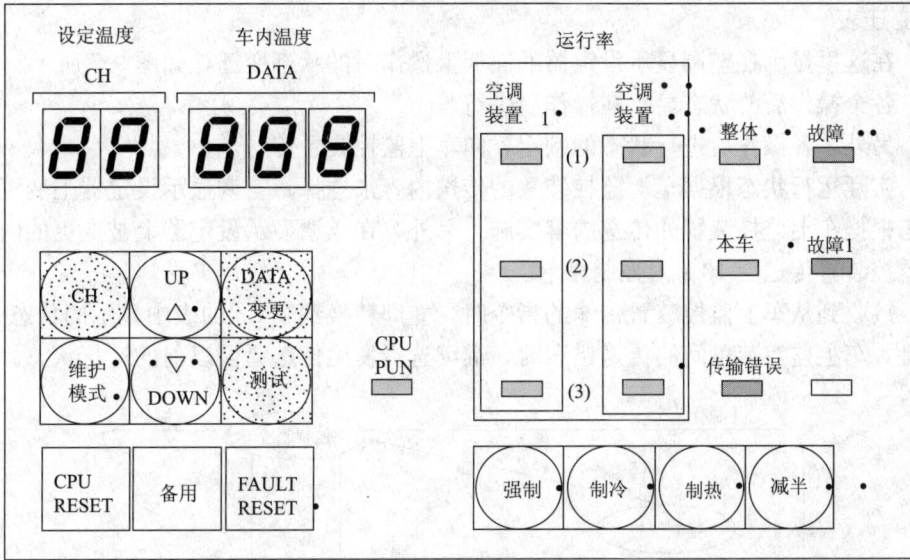

图 9-4　空调显示设定器显示界面

表 9-3　空调显示设定器的内容

记入文字			构成部件	灯色	用途	内容
显示部	设定温度 CH		7SEG LED×2	红	显示设定温度	显示设定温度
	车内温度 DATA		7SEG LED×3	红	显示车内温度	显示传感器检测温度的平均值
	运行率 空调装置 1	(1)	LED	绿	空调装置 1 运行状态	灯亮：领域 6 的运行
		(2)	LED	绿	〃	灯亮：领域 4，5，6 的运行
		(3)	LED	绿	〃	灯亮：领域 2，3，4，5，6 的运行
	空调装置 2	(1)	LED	绿	空调装置 2 运行状态	灯亮：领域 6 的运行
		(2)	LED	绿	〃	灯亮：领域 4，5，6 的运行
		(3)	LED	绿	〃	灯亮：领域 2，3，4，5，6 的运行
	全体		LED	绿	显示全体空调运行	灯亮：依据车上监控装置的指令运行
	自车		LED	绿	显示自身空调运行	灯亮：依据自身设定的运行
	传送错误		LED	红	车上监控装置间的传送错误	灯亮：传送错误；熄灯：正常
	故障 1		LED	红	显示 No.1 空调机器故障	灯亮：故障；熄灯：正常
	故障 2		LED	红	显示 No.2 空调机器故障	灯亮：故障；熄灯：正常
操作部	UP△		按钮开关	—	更新设定温度	设置温度的显示内容＋1 更新
	DOWN ▽		按钮开关	—	更新设定温度	设置温度的显示内容－1 更新
	强制		照明开关	黄	强制运行的设定	灯亮中，强制运行
	制冷		照明开关	绿	制冷设定/显示（全体状态）	灯亮：制冷
	制热		照明开关	红	制热设定/显示（全体状态）	灯亮：制热
	减半		照明开关	黄	减半运行显示	灯亮：减半运行；熄灯：通常
	CPU RESET		—	红	空调显示设定器复位	按动操作复位
	FAULT RESET		—	红	空调装置复位	按动操作复位

2. 变迁表

（1）在这里显示在空调显示设定器的面板上操作时的状态变迁，如图 9-5 所示。

（2）各个操作后的状态显示在操作后进行。

（3）另外，各操作后进行状态的判定，向车上监控装置传送。

（4）实际运行状态根据车上监控装置的传送内容来选择。空调显示设定器上变更的空调运行状态根据车上监控装置的传送内容实施。另外，在空调显示设定器上被变更的内容，在向车上监控装置传送后 10 s 内强制显示。

（5）接收到从车上监控装置传输的指令时，立即转换到 2-1③的表中显示的状态。

而且，车上监控装置间的传送错误时，继续选择发生传送错误以前的运行状态。

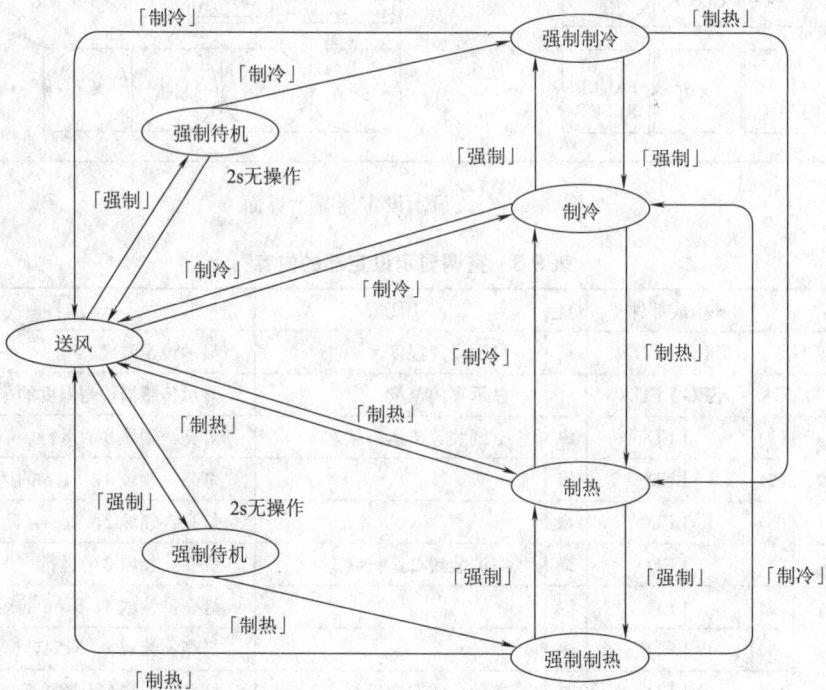

图 9-5　在空调显示设定器的面板上操作时的状态变迁原理图

第二节　动车组客室通风系统

一、结构

客室空调机组安装在车下，通过特殊螺栓与底架横梁连接，空调装置的送风口与设在客室地板中部的主送风道通过车下风道连通，并通过窗间风道与顶板位置处的客室送风道连通；回风口与吸入车内空气的回风道连通，回风道又通过车下风道与机组回风口连通。

·制冷送风时，从回风道吸入的客室内空气与换气装置通过新风道送入的新鲜外气相混合，经设置在客室空调机组回风口处的回风过滤网，进入空调蒸发器，在蒸发器内进行热交换，冷却为冷空气。该冷空气经车下风道、地板中送风道、窗间风道、客室送风道从客室行李架下送风口及窗上送风口吹入客室。暖气输送时，从回风道吸入空气，同样与新鲜空气混合，通过设置在空调装置回风口的过滤网，进入空调机组，在机组内由电热元件加热，通过相同路径，向乘客提供暖风。

另外，通风系统中设置的换气装置也通过特殊螺栓安装在底架横梁上。换气装置即空调新风装置与废排装置的结合体。换气装置采用双向风机原理，排出车内的废气（废气包括两部分风，一部分为从回风道中排出气体，另外一部分为从车下厕所独立废排风道排出气体），并向空调机组提供新风。正常运行时，它可以保证从室内排出多少风量就可补充多少新风，从而保证车内空气压力恒定。图 9-6、图 9-7 为空调通风系统中各部件布置示意图。

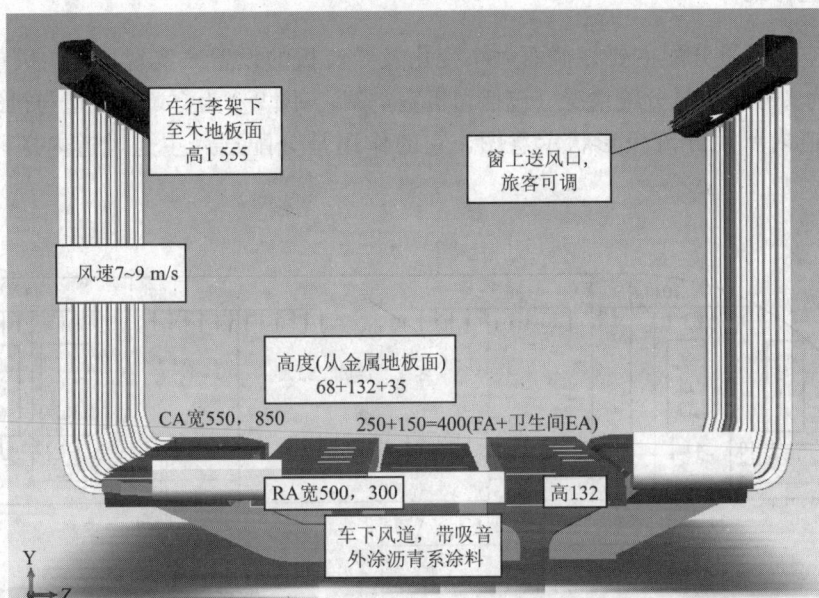

图 9-6 空调通风系统风道布置示意图（1）

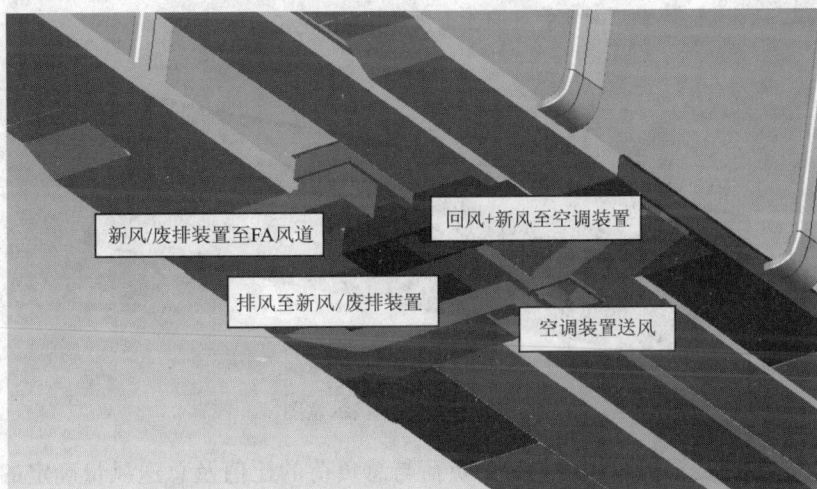

图 9-7 空调通风系统车下风道布置示意图（2）

二、连续换气装置

为防止客室外压力变化影响客室内，地板下安装了客室通风用供排气一体的连续换气装置。客室内通风采用给排气用电动鼓风箱连续进行，并且其结构采用在通过隧道时能控制客室外压力急剧变化的结构。为了降低噪声，根据不同车速，换气装置设置了高低两种转速。车速 160 km/h 以下时为 53 Hz（3 180 r/min）低速运行，160 km/h 以上时为 60 Hz（3 600 r/min）高速运行。

　　为换气装置提供电源的逆变器，根据设备布局需要，紧靠换气装置安装或距离较远地方安装。

三、风量分配

　　动车组空调风量分配主要靠截面大小变化及导流板的设置来实现，它的风量分配很精确，图 9-8 为 1 号车风量分配情况（包括司机室空调）。图 9-9 为空调送风道与机组车下风道连接时送风道内所用导流板形状示意图，它的作用是分配送入主送风道内送风口两侧的风量。

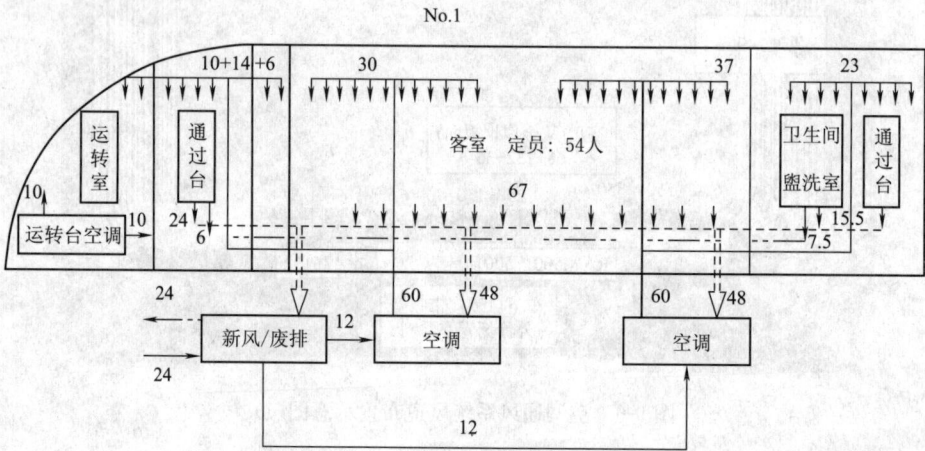

图 9-8　1 号车内风量分配情况示意图

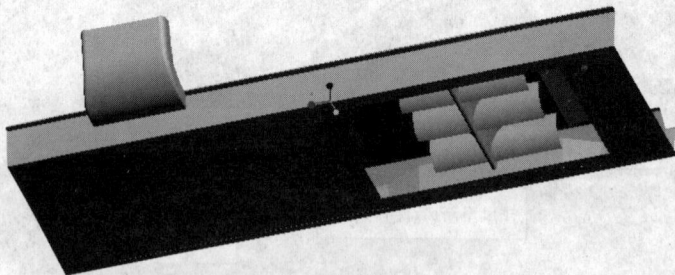

图 9-9　导流板形状示意图

　　风量分配的方法是根据车体各部分的负荷与总负荷的比值及总送风量确定的送风量值，各部分送风量的实现主要依靠风道试验模型进行试验得来。

四、结构特点

　　（1）车下风道多为消声风道，在变径及风道入口的风道都为吸声风道，吸声材与吸音风道多采用吸音板与风道铆接。

（2）风道连接处利用大量的导流装置，既可以减小风道阻力，也可以实现风量分配的功能。

（3）风道在端部及风口连接处大都采用圆滑弧线过渡，尽量减小阻力，且保证气流通畅。

（4）地板内主送风道纵向通过枕梁位置时，采用变截面风道。

（5）保温方面，车下风道及地板内风道，外表面粘贴厚 5 mm 的保温材，窗间风道为复合风道，内部为硬质胶片，内外表面粘贴厚 4 mm 的保温材，车上客室送风道外表面也粘贴厚 5 mm 的保温材，以防止夏天高湿度状况下生成冷凝水。

五、空气净化机

CRH2 型动车组 3、6 号车厢设置有空气净化机。空气净化机有右侧用和左侧用两种，每辆设置两台右侧用、两台左侧用，共计 4 台。空气净化机采用过滤器和电气集尘组合的集尘方式。

1. 结构形式

空气净化机的结构形式如图 9-10 所示。

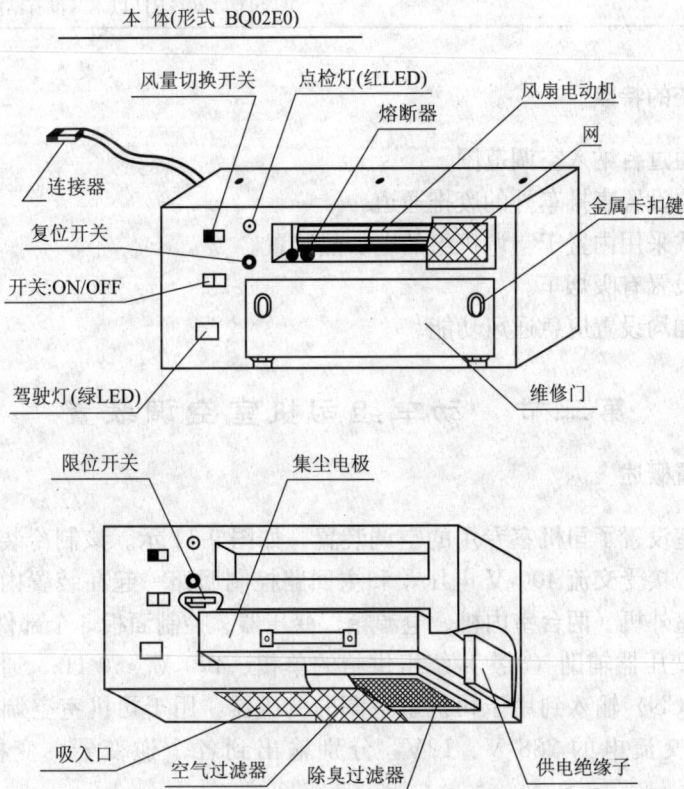

图 9-10　空气净化机结构图

2. 性能规格

空气净化机的性能规格如表 9-4 所示。

表 9-4　性能规格

项　目	规格·性能
型　号	BQ02E0（右侧规格）/BQ02F0（左侧规格）
输入电源	AC100V，50Hz
消耗电力	Hi 运行时，44×(1±20%)W
输入电流	Hi 运行时，0.76×(1±15%)A
处理风量	Hi 运行时，2 m³/min 以上
集尘效率（0.5 μmD.O.P）	70%以上
电离器（ionizer）电压	+6 kV
电离器电流	200 μA
集电极（器）电压	+2.5 kV
外形尺寸	本体/mm	500 (L) ×154.8 (D) ×200 (H)
	集尘电极/mm	347 (L) ×135 (D) ×71 (H)
	除臭过滤网/mm	323 (L) ×125 (D) ×14 (H)
	空气过滤网/mm	323 (L) ×125 (D) ×8 (H)
质量	10.6kg
	0~40℃，80%RH 以下（没有结露）

六、通风系统的特点

（1）厕所和通过台纳入空调范围。

（2）卫生间内设置直排车外的废排通道。

（3）采暖方式采用内置于空调机组的电加热装置。

（4）动车组设置有吸烟车。

（5）每节车厢均设置应急通风功能。

第三节　动车组司机室空调装置

一、空调装置概述

动车组司机室设置了司机室专用的空调装置，如图 9-11 示。该制冷装置采用逆变器方式，作为输入电源接受交流 400 V 电压，和主回路控制回路一起在装置内进行直流变换驱动。空调装置由室外机、两台室内机、电源箱、变压器、控制面板 5 个部件构成。

电源是由主变压器辅助（3 次）绕组供给的单相、400 V、50 Hz，通过司机室的空调主断路器（CabUCN）输入到用于司机室空调的变压器。用于司机室空调的变压器将输入的电压降至单相交流电的 288 V、12V，分别输出到各个逆变器，变换为直流电，如表 9-5所示。

通过控制面板的风量切换开关、可以进行三级的风量切换（High、Medium、Low），并使用温度调节钮设定温度。司机室空调的控制在电源箱内的控制装置中进行，通过对由热敏电阻（THF1、THF2）得到的室内机吹风口的空气温度和由控制面板提供的设定温度进行比较来实施控制。

表 9-5 电源种类表

电源种类	电 压	负 荷
主电路	DC228 V	用于驱动压缩机
控制电路	DC12 V	冷凝器、通风机电机、冷却风扇等，用于控制

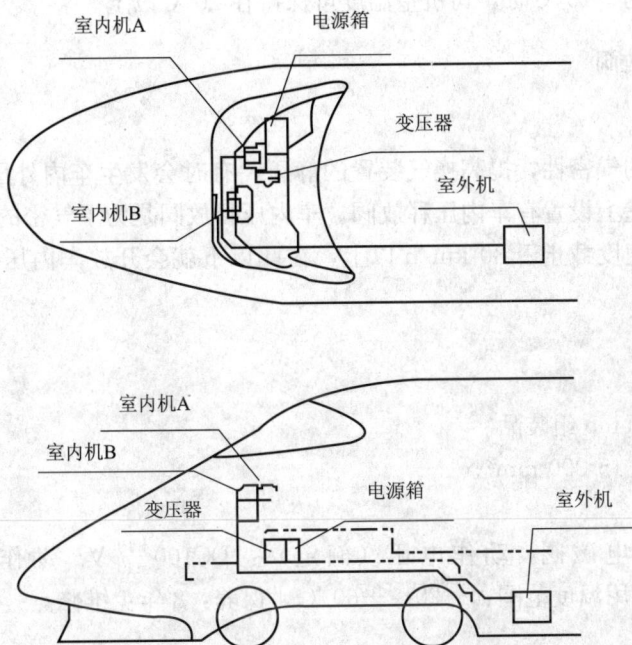

图 9-11 司机室空调装置布局示意图

二、空调装置规格

司机室空调装置额定规格及性能如表 9-6 所示。

表 9-6 司机室空调装置额定规格及性能

项 目		性 能	备 注
主回路		单相 AC400 V、50/60 Hz→DC288 V	压缩机驱动用
控制回路		单相 AC400 V、50/60 Hz→DC12 V	送风机、继电器 驱动用
制冷	容量	3 045 kcal/h×2＝6 090 kcal/h	室外热交换器吸入 温度：33 ℃ 室内热交换器吸入 温度：28 ℃ 相对湿度：65%
	输入（逆变器部）	约 2 kW×2＝4 kW	

（1）制冷能力：7.1 kW（每台 6 090 kcal/h 以上）。

（2）制热能力：2 kW/台以上。

（3）制冷剂：HFC134a（R134a）。

（4）循环风量：制冷时为 5.5 m³/min 以上，

　　　　　　　　制热时为 2.0 m³/min 以上。

（5）其他。

夏季：在气温为 33 ℃、相对湿度为 80％时，司机室温度可保持在 26 ℃以下。

冬季：在气温为 -15 ℃时，司机室温度可保持在 20 ℃以上。

三、车内压释放阀

1. 概要

为了保持车内的气密性，提高换气装置的静压，有时会发生车内外压差的情况，所以，在驾驶室罩内气密壁上设置有车内压释放阀。车内压释放阀是为了气密的保持，用圆盘状的阀来开闭的构造，速度截止于 30 km/h 以上，在此以下就会开放车内压。动作由气缸驱动来完成。

2. 规格参数

（1）本体

材质：SS400，t4.5 组装品。

有效开口面积：15 390 mm²。

（2）电磁阀

型号：3HC 型电磁阀。动作电压（额定）：DC100$^{+10}_{-40}$ V。动作空气压（额定）：150～1 000 kPa。使用温度范围：-20～+60 ℃。保养：8 年免维修。

（3）气缸

形式：10A-2 型空气压气缸。气缸内径：φ50 mm。行程：55 mm。

使用压力范围：0.1～1 000 kPa。

第四节　300 km/h 动车组空调系统

一、原理及标准

1. 概况

300 km/h 动车组的空调送风系统不同于国内传统的空调系统，它是一种以 200 km/h 动车组空调为原型基础上改造而成的国内全新空调系统。300 km/h 动车组的空调送风系统除了在每节车厢内增加了应急通风、端部新风装置以及新风/废排完全分开外，其他基本采用的是 200 km/h 动车组的空调送风系统。

它的系统布置为，空调与换气装置安装在车下，两台集中式空调分别安装在列车靠近客室两侧部位，一台换气装置。整个送风系统由车下风道、地板中风道、窗间复合风道和玻璃钢风道组成环状管网。环状管网与普通的支状管网相比不仅提高了送风的均匀性，而且在各送风道之间起到了平衡稳定的作用，一位侧和二位侧各一组系统，这样处理有利于动车组速度提高到 300 km/h 以上，车辆实施轻量化、低重心化、车顶部设备平滑化等措施。图 9-12 为头车空调系统布置图，图 9-13 为空调系统原理框图，图 9-14 为空调换气系统示意图。

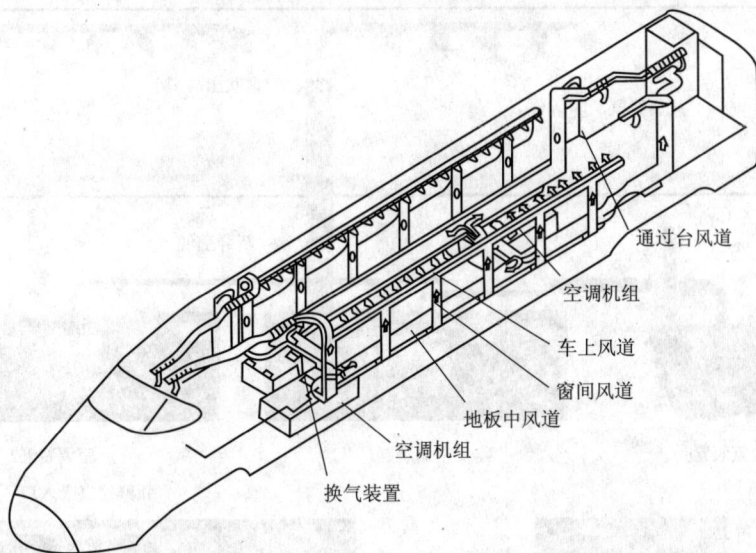

图 9-12　300 km/h 动车组头车空调系统布置图

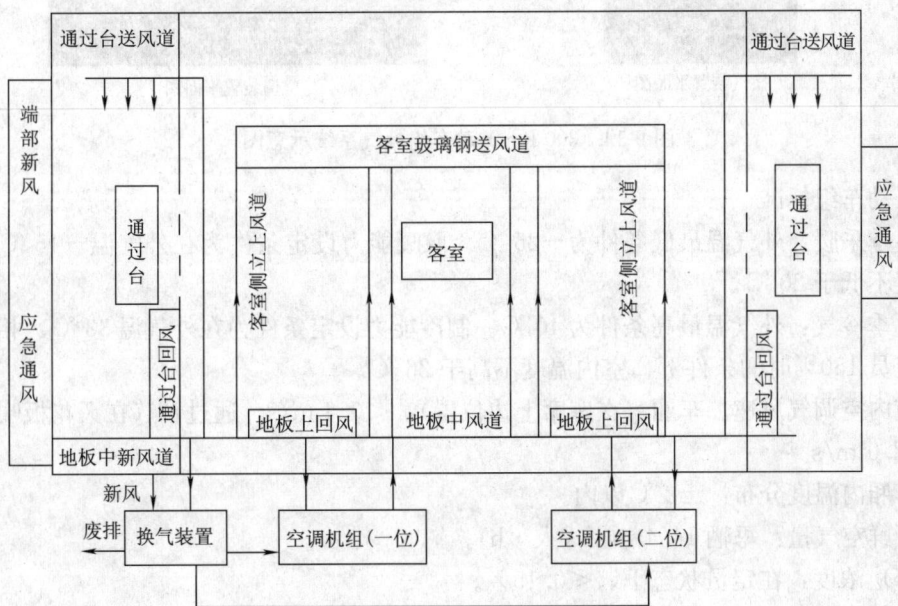

图 9-13　300 km/h 动车组空调系统原理框图

2. 设计标准

（1）空调设计的目标值如表 9-7 所示。

表 9-7　300 km/h 动车组空调设计的目标值

项　目		干球温度	湿球温度	相对湿度	备　注
制冷		26 ℃	19.5 ℃	55%	
采暖	白天	21 ℃	14.5 ℃	50%	夜间座席车厢，应根据车壁面的影响来调整空调温度，可以调到 24 ℃
	夜间卧铺	18 ℃	12 ℃		

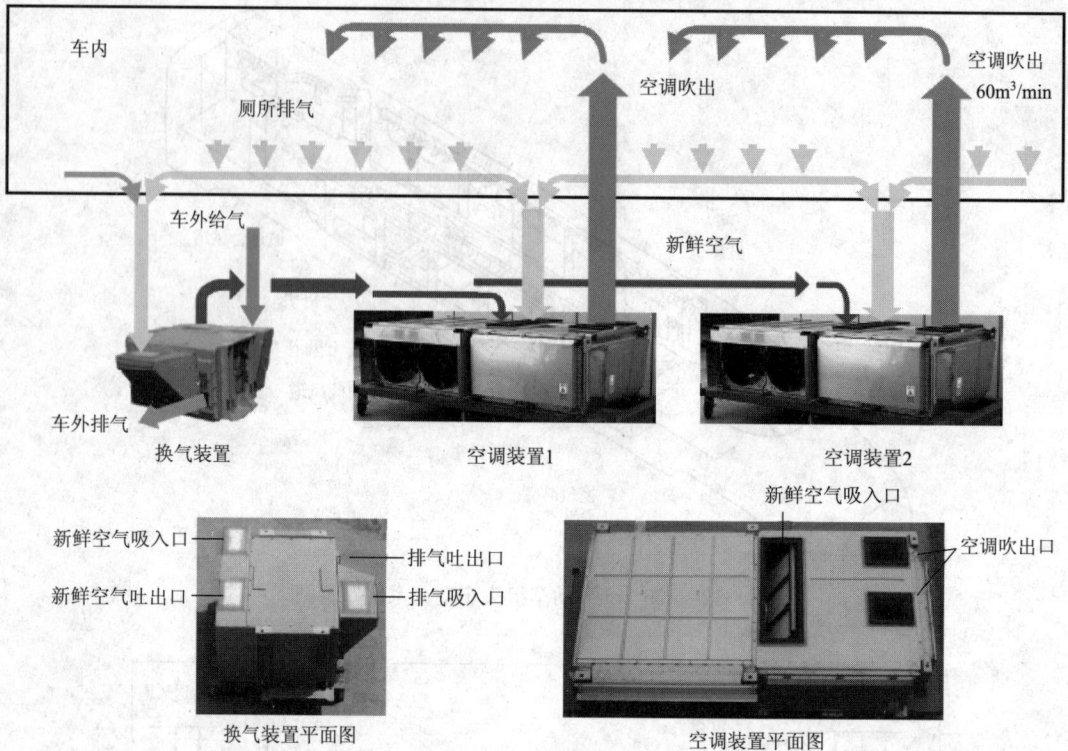

图 9-14 300 km/h 动车组换气系统示意图

（2）动车组标准

①冬季采暖：外气温最低条件为－25 ℃。取暖能力设定条件为在外气温－15 ℃条件下室内温度不低于 20 ℃。

②夏季冷气：外气温最高条件为 40 ℃。制冷能力设定条件为在外气温 33 ℃、相对湿度 80%、定员 150% 时的条件下，室内温度不高于 26 ℃。

③室内空调气风速。车厢（在座席上边位置）：<0.4 m/s。通过台（在天花板吹出气位置）：<2.0 m/s。

④车厢内温度分布：±2 ℃以内。

⑤新鲜空气量：每辆 14.4 m^3/（人·h）。

⑥CO_2 浓度：在定员状态下，<0.15%。

⑦空气清净度：吸烟车安装的空气清净机集尘效率规定为 60%（0.5 μmDOP）。粉尘浓度：<0.15 mg/m^3。

⑧车内噪声。拖车客室内：≤65 dB（A）。动车客室内：≤68 dB（A）。司机室：≤72 dB（A）。

⑨隔热系数 K 值的限制值。动车组各车辆的车体平均传热系数：

头车：$K \leqslant 2.2$ kcal/（m^2·h·℃）〔2.5 W/（m^2·K）〕。

中间车：$K \leqslant 1.9$ kcal/m^2·h·℃）〔2.1 W/（m^2·K）〕。

（3）气密设计：300 km/h 动车组整车为密闭车体，换气装置（新风口、废排风口）是客室内与外界环境唯一相连接的部位，所以，换气装置风机的作用至关重要。为了避免车内气压变化给乘客带来耳鸣现象，空调系统必须进行气密设计，通过使用机外静压较大的换气装置向车内提供新风、排出废气；并采用逆变器进行转速控制，当运行速度超过 160 km/h 时，换气装置可以提高转速，保证高速情况下的新风量及排风量，抑制室外压力向车内传播，保证客室内压力变化在标准要求范围内，如图 9-15 所示。

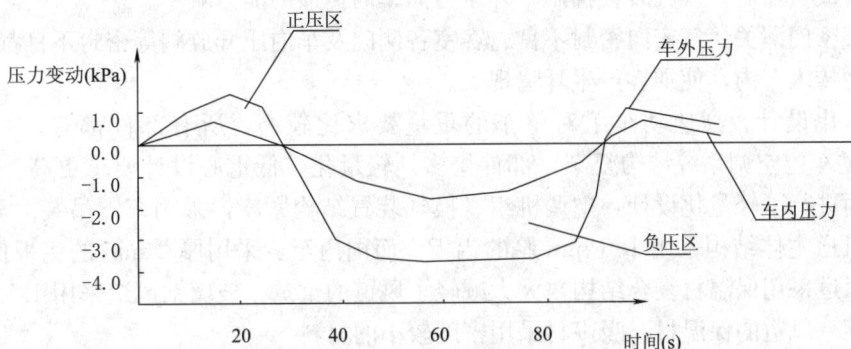

图 9-15　300 km/h 动车组客室压力变化示意图

①相应标准。客室压力值以及气压变化率的标准：

客室正压值：(50±20) Pa。气压变化要求：即人体承受气压变化的能力。动车组技术条件要求指标：车内压力波动小于1 000 Pa。压降速率小于 200 Pa/s。

②气密设计方法。

日本新干线：采用机外静压较大的换气装置，并采用逆变器进行转速控制，保证客室内压力不受车外压力变化的影响。新风/废排装置风机特性示意图如图 9-16 所示。

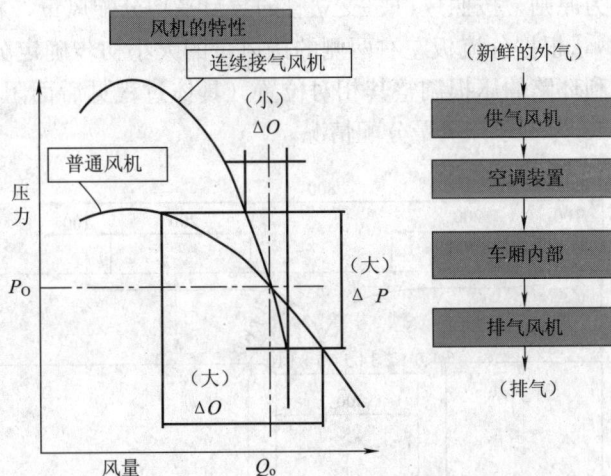

图 9-16　300 km/h 动车组新风/废排装置风机特性示意图

欧洲高速动车组：采用新风开闭机构，在气压有较大波动时关闭，避免客室内压力受外界影响。此设计方法适应于隧道较少的线路区间。

③动车组耳鸣原因分析。动车组内乘客产生耳鸣现象主要是由客室内产生较大负压引起的。负压的产生则是由于进风阻力增大，客室内没有足够的新风补充，而废排阻力无明显变化，从而导致车内形成负压。换气装置纸滤芯堵塞严重、纸滤芯未正常定期维护或纸滤芯长时间使用不更换都会导致进风阻力增大，车内形成负压。车内产生负压后，以下工况会使乘

客产生耳鸣现象：

车内形成负压后，停车、过分相等工况时车内负压迅速消失，车内的负压的消失过程导致较大的压力变化率，产生耳鸣现象。

车内形成负压后，换气装置抑制车外压力向车内传播的能力减小。

车内气密门漏关、气密门密封不良、客室各侧门及车内压开放阀等密封不良都会导致车外压力波动传入车内，使乘客产生耳鸣现象。

④轻量化设计。高速动车组对整车的重量要求比较高，所有部件都有轻量化要求。300 km/h动车组空调系统结构复杂，部件繁多，轻量化、低重心设计要求更高。空调系统在以下方面进行了轻量化设计：空调机组、换气装置结构紧凑，采用车下吊装。车下风道、地板中铝风道主体结构采用1.6 mm厚的铝板，而国内至少采用厚2 mm的铝板作为风道。窗间复合风道采用保温材复合结构，大大减轻了风道的重量。玻璃钢风道采用1.5 mm厚的酚醛玻璃钢。风道的保温材、吸声材采用密度较小的材料。

二、通风系统

1. 风量分配

300 km/h动车组空调风量分配主要靠截面大小变化及导流板的设置来实现，它的风量分配很精确，分配到每个位置的风量都有准确的数值。

为了使空气在分流板处按照设计工况合理地分配，必须同时满足流量要求和阻力平衡的两个条件。分流板向两侧分流的多少取决于各自所承担的车体内送风口的送风量，两个分流板中间的送风量由两个空调机共同承担，向出入台方向的所有风口的风量由空调机各自承担。以保证送风均匀为原则，按照风口、支立管的数目平均分配风量，在空调机送风口处设置分流板（见图9-17），根据分流板左右两侧的送风量的大小初步确定分流板偏移量，然后根据分流板两侧最不利环路的压损调整其相对位置（具体过程见后面阻力平衡部分），从而实现风量分配。图9-18为1号车风量分配情况。

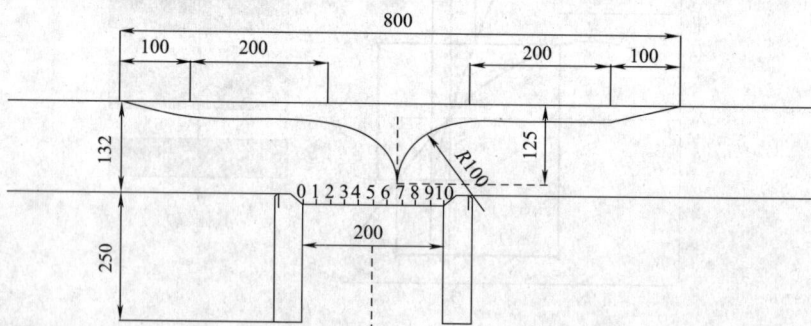

图 9-17　分流板示意图（mm）

以上风量分配是根据车体各部分的负荷与总负荷的比值及总送风量确定的送风量值。各部分送风量的实现是一个难点，因此，必须对此类车型通风系统进行系统的研究，形成一定的理论体系，并且进行大量的试验才能实现。

试验的主要对象是风道内部和客室内空间，由试验来确认以下项目：

（1）测定风量分配确认空调机（模拟设备）的送风向各个直立风道岔路的分配量，是否符合设计值。

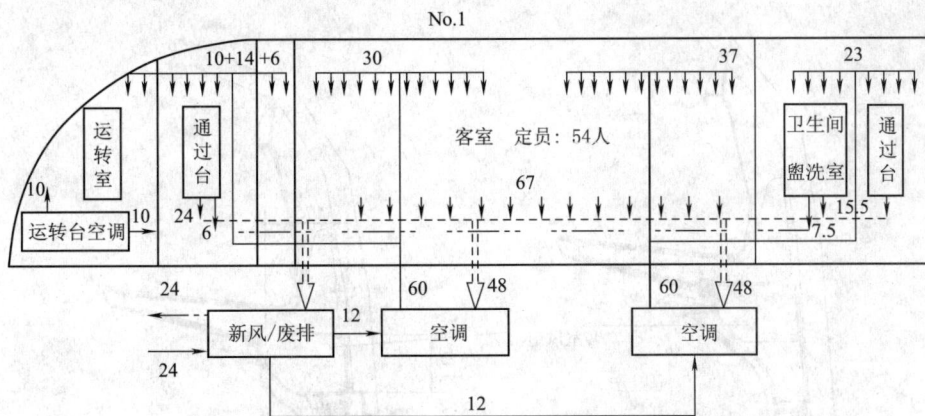

图 9-18　300 km/h 动车组风量分配图

（2）测定客室内的风速分布，除测定出风口附近的风速分布之外，还应总体上确认座席位置的风速，以确保实车安装时应具有的风速水平。

（3）研究和改进。选定若干测量点，对风道内的流速、压力值进行测定，根据所取得的分析数据，确认需附加导流阀的部位，以改善风道内的气流状态。

（4）测定噪声。对流速较大的车底风道部位进行噪声测定，确认风道噪声是否超过标准值。

2. 通风系统结构

空调通风系统的主风道设在车底铝地板与车内铝蜂窝地板之间，地板中间共设 5 风道，都为纵向通长风道，两侧风道成对称分布，车体横向方向靠两侧两风道为送风道，中间风道为新风道，其余两节风道为回风道。由于单号车设厕所，因此厕所内废气的排出通过在新风道内隔开一个空腔，作为专门的厕所废排风道来实现。在这种情况下，风道中的支撑变为风道隔板，相当于一个风道作为两个风道使用，图 9-19 为车（带厕所车）下风道布置断面图。送风道、回风道与空调机组连接及换气装置与回风道、废排风道连接都通过车下风道实现。车上客室送风道也为纵向通长风道，它与车下送风道通过窗间风道连接，车上客室送风道布置在窗上和行李台之间，在行李台下面及窗上设送风口，行李台下面风口为固定送风口，窗上送风口为可调风口。图 9-20 所示为行李台下及窗上送风口结构示意图。

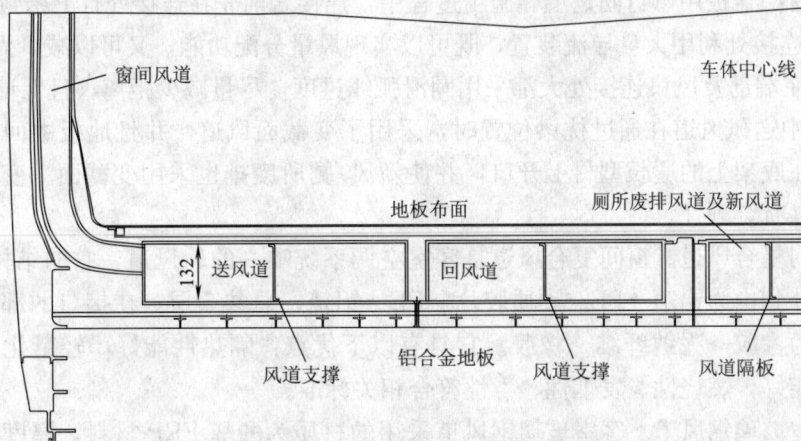

图 9-19　300 km/h 动车组车下风道布置断面图

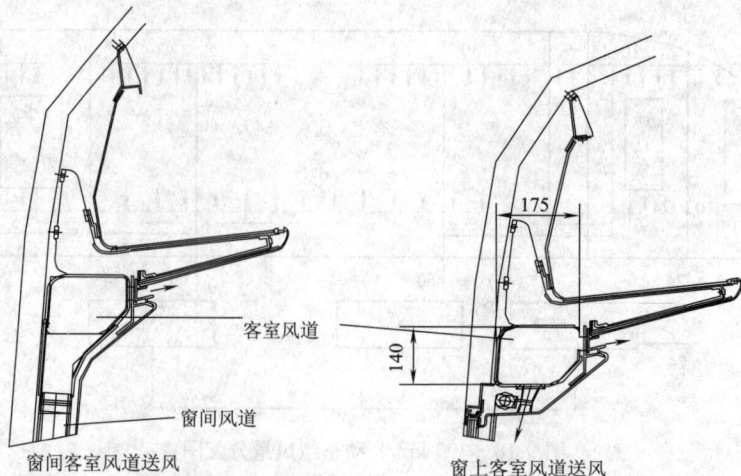

图 9-20　300 km/h 动车组行李台下及窗上送风口结构示意图 (mm)

送风道材质方面：车下风道及地板中风道为铝板风道，车上客室送风道为玻璃钢风道，窗间风道为保温复合风道。

保温方面：车下风道及地板内风道，外表面粘贴厚 5 mm 的保温材，窗间风道为复合风道，内部为硬质胶片，内外表面粘贴厚 4 mm 的保温材，车上客室送风道外表面也粘贴厚 5 mm 的保温材，以防止夏天高湿度状况下冷凝水的产生。

（1）车下风道。车下风道其实是一个空调机组与送风、回风以及废排之间的连接风道。它安装在车下，通过拖架固定在底架的横梁与地板上。车下风道的消音装置是在风道主体的四周铆接上吸音板，在吸声板与风道的夹层中放置吸声材（玻璃丝棉），并在吸声板上开吸声孔。结构虽然复杂，但很好地起到了吸声的效果。而我国的风道只是在风道的外边上粘贴上一层吸声材料。

（2）地板中风道。地板中风道设置在车底铝地板与车内铝蜂窝地板之间。地板中间共 5 排风道，都为纵向通长风道，两侧风道成对称分布，车体横向方向靠两侧的两风道为送风道，最中间的风道为新风道，其余两排风道为回风道。地板中风道的结构特点如下：

a. 地板中风道之间的连接都采用插接式方法，在风道连接处设置一个开口，然后对四周铆接，最后把盖板用铆钉固定上。施工过程中，连接之前先在连接处打上密封胶。

b. 风道连接处利用大量导流装置，既可以实现风量分配功能，又可以减少涡流及紊流。

c. 风道在端部及风口连接处大都采用圆滑弧线过度，尽量减少距离，且保证气流通畅。

d. 地板中送风风道在通过枕梁位置时，采用了变截面风道，并且地板中回风风道之间连接处需要在底架上的通长型材上开口，并使新风/厕所废排也采用变截面。变截面的形状及结构设计具有合理性。

（3）窗间复合风道。窗间复合风道是客室空调系统唯一的软风道，它的结构比较复杂，主体结构从外到内为铝箔→PE→硬质胶片→PE→铝箔，总共 5 层；在接口的部位，由 3 层组成，分别为橡胶→呢绒纤维→橡胶。它具有以下优点：隔热性能好，轻量化，内表面平滑，连接性能好，燃烧性、发烟性、毒性符合相关标准。

（4）客室玻璃钢风道。客室玻璃钢风道采用的材质为酚醛 FRP 材料，厚度按图样要求严格控制（厚 1.5 mm），且风道体应有足够的强度和刚度；玻璃钢风道加工时必须充分固化，风道装车后不会出现变色、变形等不良现象。

（5）通过台风道。通过台送风风道材料全部为铝板风道，在风道的外表面粘贴防寒材，并在通过台的走廊里设置了比较细长的送风口，储气罐通过顶板上的开口向走廊上送风。在储气罐的部位涂装黑色哑光。而卫生间、多功能室、乘务员室等也是通过台铝板风道向各房间送风的。通过台风道大部分是通过客室 4 位角处的侧立上风道送到通过台，然后通过在顶板上开口，再通过储气罐或者送风格栅对通过台进行送风的。在 M4 车一位端二位侧的乘务室送风口设置了一个小型的鼓风机来保证对乘务员室有足够的送风量。

（6）回风装置。客室的回风装置设置在座椅下，回风装置为组成件，它由排气口以及排气口保护盖板通过衬垫、铆钉组装而成。通过台的回风口则是通过间壁设置的格栅上进回风的。

（7）送风口。客室内上送风道的风口均匀地布置在车窗上部，送风口外形图如图 9-21 所示。

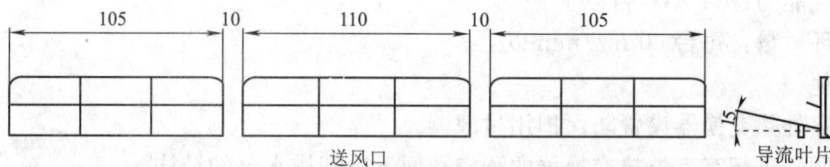

图 9-21　300 km/h 动车组送风口外形图（mm）

送风口采用的材料是聚碳酸酯板，厚 1.5 mm，且送风口应有足够的强度和刚度。送风口采用模具注塑成形法加工，其性能参数应能符合有关标准的规定并满足使用要求。

（8）司机室空调。司机室空调是专门给司机室提供冷风和暖风的，它是一个单独的空调系统。其空调机组功率比较小，属于分体式空调。空调压缩机与冷凝器通过室外机安装梁吊挂在车下。而室内机安装在控制台内。里面有两台小型的室内机，分为主驾驶侧与副驾驶侧。送风是通过柔性导管与冷房风道进入司机室内部的。室内机的冷凝水通过冷凝水管的连接排到车外，司机室空调风口布置如图 9-22 所示。

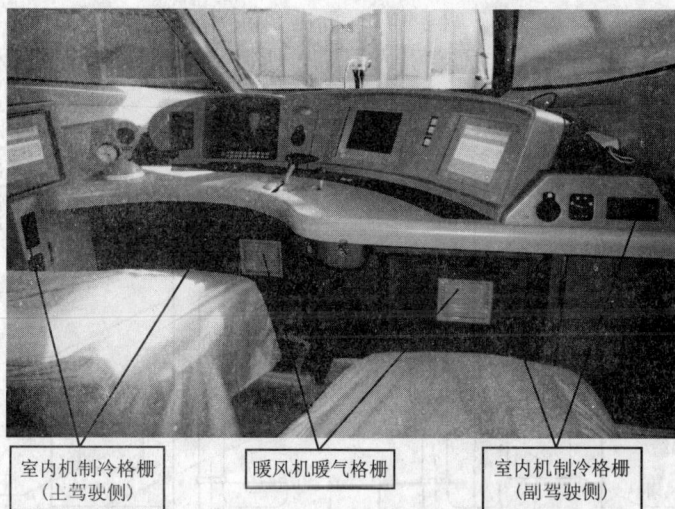

图 9-22　300 km/h 动车组司机室调风口布置图

三、空调系统主要部件

1. 空调机组基本技术规格

（1）安装方式：准集中方式底架下安装。

（2）主电路输入：单相交流、50 Hz、$400 \times (1^{+0.24}_{-0.37})$V。

（3）控制电路输入：单相交流、50 Hz、$100(1 \pm 10)$V，直流 $100(1 \pm 10)$V。

（4）冷气控制方式：逆变器频率控制及压缩机运行台数控制。

（5）暖气控制方式：电热器多级控制。

（6）冷气能力：

①当标准条件为以下条件时为 37.21 kW(32 000 kcal/h)/台以上。

②当超负荷条件为以下条件时为 29.07 kW(25 000 kcal/h)/台以上。

（7）暖气能力：24 kW/台以上。

（8）循环风量：每台 60 m³/min 以上。

（9）其他：

①对客室外热交换器设置防污损用过滤器。

②采用便于进行客室外热交换器的清扫和便于拆卸排水泵的结构。

③对故障的保护动作，以采用无需手动复位操作的自动复位方式为原则。

2. 连续换气装置

为防止客室外压力变化影响客室内，地板下安装了客室通风用供排气一体的连续通风装置。客室内通风采用给排气用电动鼓风箱连续进行，并且其结构采用在通过隧道时能控制客室外压力急剧变化的结构。换气装置即国内空调新风装置与废排装置的结合体，图 9-23 为换气装置的结构剖视图。

另外，为了降低噪声，根据不同车速，换气装置设置了高、低两种转速。车速 160 km/h 以下为 53 Hz（3 180 r/min）低速运行，160 km/h 以上为 60 Hz（3 600 r/min）高速运行。此装置可以满足 300 km/h 的要求，可以用于 300 km/h 动车组。

3. 司机室空调

驾驶室空调装置，由于从车厢风道引入困难，所以，在机罩内设置了驾驶台用空调装置。空调装置为制冷专用，设置了两台。

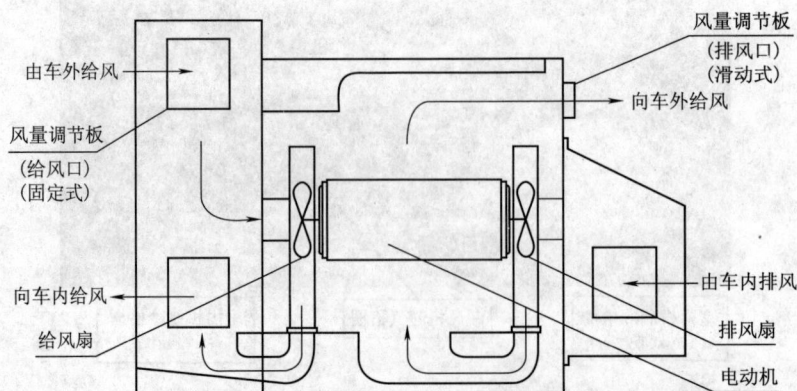

图 9-23　换气装置的结构剖视图

制冷剂是 HFC-134a（R134a），充填时注意不要泄漏到大气中。制热由设置在脚下的两台加热器实现，确保必要的热量。

额定规格及性能如下。

（1）分体式。

（2）制冷能力：7.1 kW（每台 6 090 kcal/h 以上）。

（3）制热能力：2 kW/台以上。

（4）循环风量：制冷时为 5.5 m³/min 以上，制热时为 2.0 m³/min 以上。

（5）其他。

夏季：在气温为 33 ℃、湿度为 80% 时，司机室温度可保持在 26 ℃ 以下。

冬季：在气温为 -15 ℃ 时，司机室温度可保持在 20 ℃ 以上。

四、空调系统特点

（1）空调系统采用轻量化设计。

（2）厕所和通过台纳入空调范围。

（3）卫生间内设置直排车外的废排风口。

（4）动车组吸烟车设置空气清洁机。

（5）机外静压大，68 mmH$_2$O（666 Pa）。

（6）总风量相对较小，机组制冷量 37.21 kW，风量为 3 600 m³/h。

（7）在列车空调上使用变频控制技术。

（8）机组内空调冷凝水采用排水泵排出。

（9）主电路输入：单相交流、50 Hz、400 × $(1^{+0.24}_{-0.37})$ V。

（10）送排气一体的换气装置。

五、空调系统变动

1. 应急通风装置

应急通风装置布置在车辆的两端，它由应急释放阀、应急通风机以及应急通风框组成。其工作原理为：应急释放阀装置正常时电磁阀为不得电状态，依靠弹簧的压力使压板压紧密封垫，保持封闭；当应急通风需要开启时，应急释放阀装置电磁阀由蓄电池供电，电磁阀得电后压缩空气与该装置连通，压缩空气推动气缸内活塞使活塞杆后退，使压板不再压紧密封垫，离开一段距离，这样使车内和车外相通。车外新风通过应急通风机抽入车内，而在另一端车内废气由应急通风机排出，使整车处于通风状态。应急通风风量为 800 m²/h。

2. 端部新风装置

200 km/h 动车组上线运行后，当动车组运行一段时间后纸滤风口会产生污损、堵塞现象。随着纸滤风口污损、堵塞逐渐加重，换气装置的新风量也逐渐减少，客室内会逐渐产生较大的负压，此时当列车减速、过分相及停车开门时，车内气压变化使旅客产生了耳鸣的感觉，因此必须及时清理和更换纸滤风口。现车运行时，纸滤风口每 2~3 天清理一次，清理 3 或 4 次后需报废。纸滤风口不但加重了动车组的维护工作量，而且增加了运营成本。为解决此问题，对换气装置进风口改在端部方案进行了研究，新风方案是将新风口设置在车辆一位端的端墙上，新风通过地板中风道引至车下，通过车下风道与换气装置新风口连接。从而使换气装置新风口远离灰尘严重位置，并且通过运行试验的测量结果，在端墙的合适位置布置（压力波动较小的位置）端部新风口。

3. 地板中新风/废排风道分开

原 200 km/h 动车组新风道与废排风道共用同一个风道，如果风道之间密封不严，就会导致厕所异味通过新风道经循环后进入客室里面。这也是 200 km/h 动车组运行过程中产生异味的一个重要原因，为了避免新风与废排密封不严，300 km/h 动车组采用了新风与废排完全隔开的结构，将废气与新风分开，在很大程度上提高了客室内的空气品质。

本章小结

动车组通过设置车辆空调系统、司机室空调系统、换气系统等设备来保证车内的舒适度。本章通过四节分别介绍了动车组客室空调装置的基本工作原理、构成及主要技术参数；从动车组通风系统的结构出发，分别对各个组成部件进行了详尽的描述；描述了动车组司机室空调换气装置时，重点介绍了装置的结构及主要技术参数；从 300 km/h 空调系统原理及设计标准出发，介绍了 CRH2 型 300 km/h 动车组空调换气系统的系统构造及工作原理，并对旅客乘车动车组时不舒适感的原因和改进方案分别进行了简要分析和介绍。

思 考 题

1. 简述 CRH2 型动车组空调装置主体构成、制冷循环系统的工作原理。
2. 简述 CRH2 型动车组空调装置通风系统的构成及工作原理。
3. CRH2 型动车组空调装置通风系统有哪些特点？
4. 简述 CRH2 型动车组车内压力释放阀的作用。
5. 300 km/h 动车组空调换气系统有哪些特点？

第十章 服务系统

本章要点

通过本章学习，掌握动车组各种车型旅客信息系统、照明系统、餐车及厨房以及卫生系统的概念及组成部件。

前面几章分别介绍了动车组的结构、控制、运行、空调、动力等设备，主要侧重于安全、技术层面的知识。对于高速动车组而言，其承载对象是旅客，安全、舒适、便利是吸引旅客的主要因素，因而如何提高旅客的旅行质量和满意度，使其乘车过程更安全、更舒适、更便利，是动车组产品开发、设计、制造时要考虑的主要因素。本章将从旅客信息交流、饮食设备等方面，分别介绍动车组旅客信息系统、照明系统、厨房设施和设备、给水装置及卫生系统等。

旅客信息系统的主要作用是方便和引导旅客顺利抵达目的地，并在旅途中给旅客提供高品质的娱乐性服务；而照明系统则保证了旅客在乘车过程中拥有充足的光源，可以进行阅读、娱乐及其他活动；由于动车组运用的特点，厨房设备要强调车上饮食的安全卫生，由于动车一般运行时间短，快捷也成为重要的技术要求；给水装置则是依据厨房用水、卫生用水及饮用水三大方面对其的组成结构进行了介绍；卫生系统重点突出了它与众不同的人性化设施，使动车组卫生系统的优势一目了然。

第一节 旅客信息系统

旅客信息系统（Passenger Information System，简称 PIS）是通过声音和视觉信息使旅客在旅途中及时准确地了解旅途相关信息，引导旅客顺利地抵达目的地，同时，使旅客旅途生活更安全、舒适、便利的车内相关设施设备总称。

旅客信息系统主要由广播联络系统、无线收音系统、车外信息显示设备、车内信息显示设备、车内标识、列车运行信息显示设备等设备组成。从功能可分为：通告广播、列车内部对讲通信子系统，信息显示子系统，影音娱乐子系统。

一、概述

旅客信息系统（PIS）是分布于动车组上的分布式信息服务系统。主要有三个子系统构成，分别是旅客信息显示子系统，通告广播、列车内部对讲通信子系统以及音频、影音娱乐子系统。除了通告广播/内部对讲通信外，各个系统都采用集中控制方式。该系统的主要作用是通过内外显示器为旅客提供动车组的运行信息（车次、时间表、车厢号、运行速度、列车位置、到达车站等），车内外温度，由乘务人员编辑的信息，列车内部的广播、对讲、通信功能以及提供给旅客的娱乐功能（音频、视频娱乐节目播放等）。两列重联时，旅客信息系统的内部总线通过车端的自动车钩连接，信息显示功能、通告广播功能及内部通信功能与单列车的功能相同。

动车组旅客信息系统的管理功能集中在列车信息控制系统内，设置集中控制的旅客信息系统。旅客信息系统具有乘客引导和旅行信息服务功能。以 CRH2 型动车组为例，旅客信息中心装置设在乘务员室。车内旅客引导播音、全车同时播音及司机室、乘务员室、车内销售准备室间的业务联络播音系统。共线电话（配电盘内）每两车设置 1 台。

此系统利用车顶上的天线接收 FM/AM 播放的电波，可用于接受频带为 87~108 MHz（FM）、522~1 610 kHz（AM）环境下电波并将其输送给播音系统供车内广播使用。各车辆的外部两侧设置目的地显示器，用以显示终点站、列车车次等乘客引导信息，如图 10-1 所示。

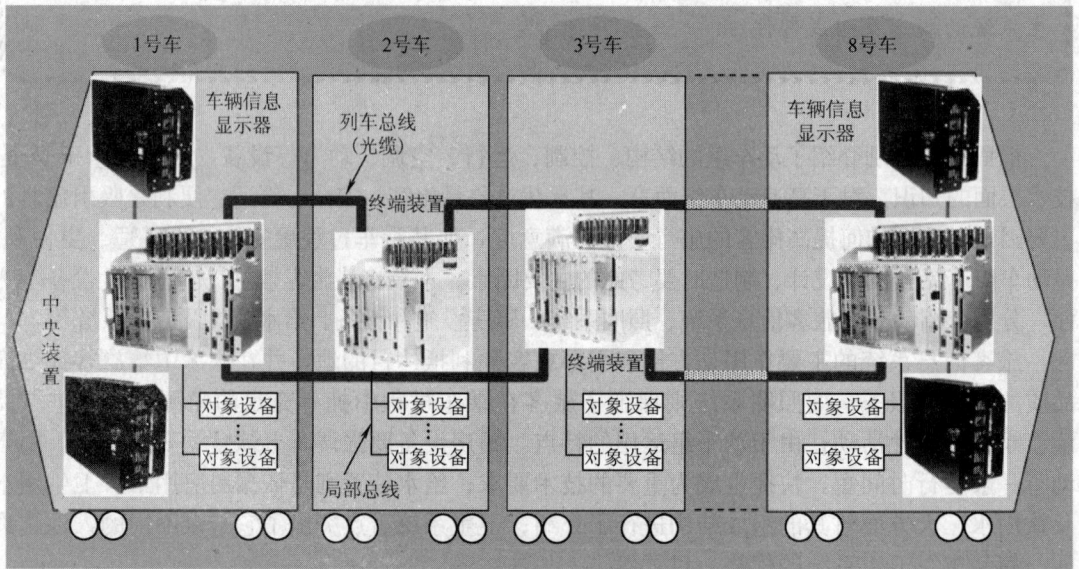

图 10-1 列车信息控制示意图

二、设备及布置

以 CRH2 型动车组为例，旅客信息系统由列车信息控制系统的中央装置和终端装置控制，它由以下设备构成：

1. 车内信息显示装置（每车内端门门框上）；
2. 车厢号显示装置（每车外墙上）；
3. 目的地显示装置（每车外墙上）；
4. 自动广播装置（7 号车）；
5. 无线广播接收服务装置（7 号车）；
6. 影视系统（7 号车）。

三、车内信息（引导）显示器及操作

以 CRH2 型动车组为例，动车组客室两端车厢通路的门框上方分别设置了车内引导显示器，接收从车辆信息终端装置传来的信息，固定或滚动显示当前到站、前方到站、正晚点情况、当前时间、运行速度、实时新闻、禁烟标志和厕所使用情况等旅客信息。车内引导显

示器外观图如图 10-2 所示。

图 10-2　车内引导显示器实景图

（一）车内引导显示器显示内容的操作

车内引导显示器的显示内容是由 MON（监控器）发送相应指令来实现的。它可以通过两种方式输入显示内容，即库内读取 IC 卡数据或手动设定界面输入信息。

1. PR（广告）文指令…根据行驶里程信息，传送从 IC 卡读取的文字信息指令。

2. 紧急文指令…根据从 IC 卡读取的显示条件（公里数等），传送紧急信息。

（二）IC 卡的读取方法

进入检修模式页面，按 读取 IC 卡 ，显示 IC 卡的读取菜单页面，如图 10-3 所示。

将要读取的 IC 卡插入 IC 卡控制装置插口。

在 IC 卡读取画面，按以下内容操作：

读取广告文：按 广告文 ＋ 读取 键。

读取停车站：按 停车站 ＋ 读取 键。

读取公里数：按 公里 ＋ 读取 键。

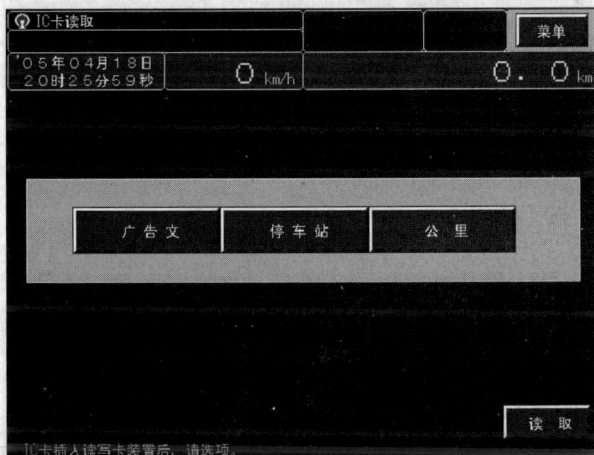

图 10-3　IC 卡读取菜单页面实景图

（三）手动设定方法

1. 列车分类设定页面（图 10-4）

进入列车员模式，按 手动设定 ，选择列车名称，输入列车编号，按 设定 键。

2. 停车站方式设定页面（图 10-5）

选择停车站，按 设定 键。

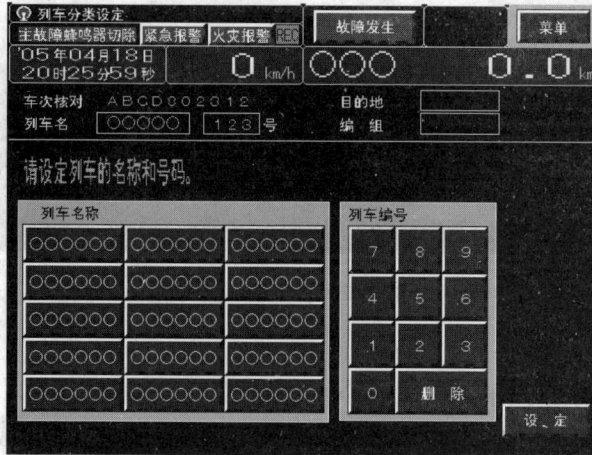

图 10-4　列车分类设定画面实景图

图 10-5　停车站方式设定页面实景图

3. 联解信息设定页面（图 10-6）

选择联解有或无，按 设定 键。

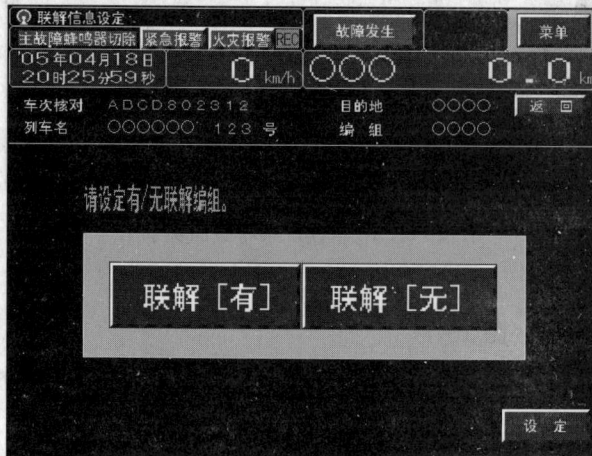

图 10-6　联解信息设定页面实景图

4. 联解编组车站设定页面（图 10-7）

选择联解编组车站，按 设定 键。

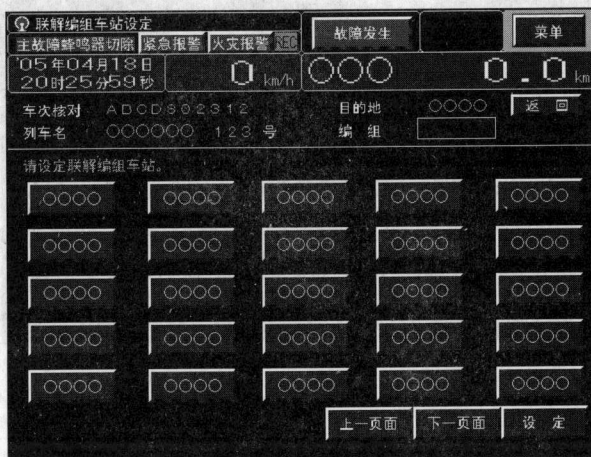

图 10-7　联解编组车站设定页面实景图

5. 车厢号设定页面（图 10-8）

选择车厢号，按 设定 键。

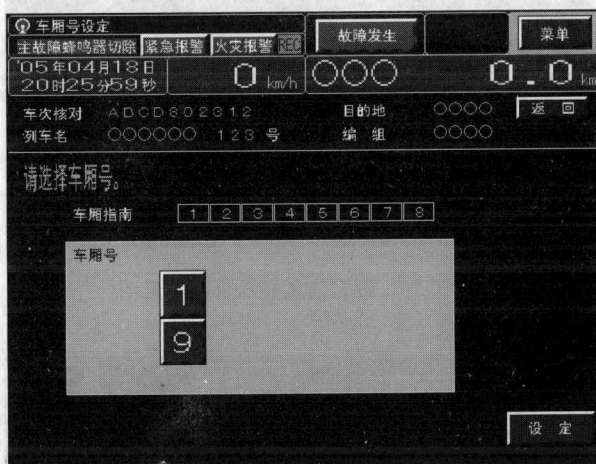

图 10-8　车厢号设定页面实景图

6. 手动设定确认页面（图 10-9）

显示所有手动设定页面设定的内容，再次进行确认，按 设定 键。

（四）车内引导显示器显示画面的开关操作

切换至列车员模式→ 服务设备控制页面 → 乘客信息显示 ，可设定各车厢乘客信息显示页面的开关，如图 10-10 所示。

（五）广告文的显示

列车员模式→ 广告文显示 ，可选择相应的广告文，如图 10-11 所示。

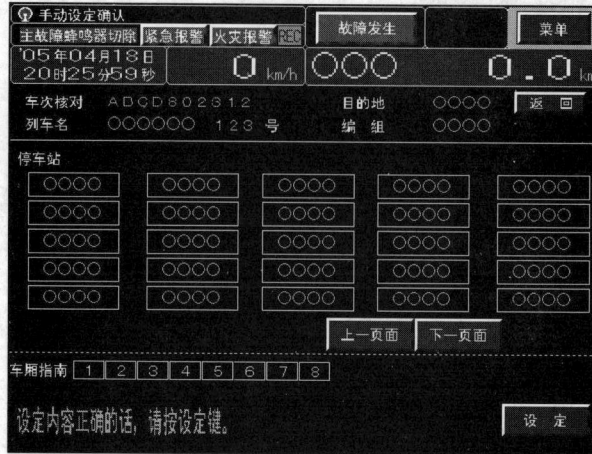

图 10-9　手动设定确认画面实景图

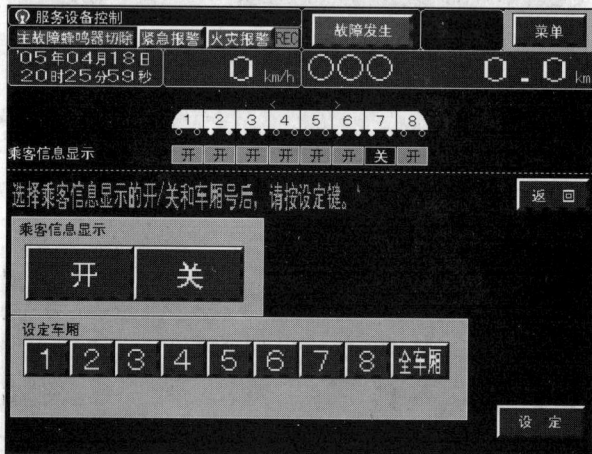

图 10-10　乘客信息显示页面实景图

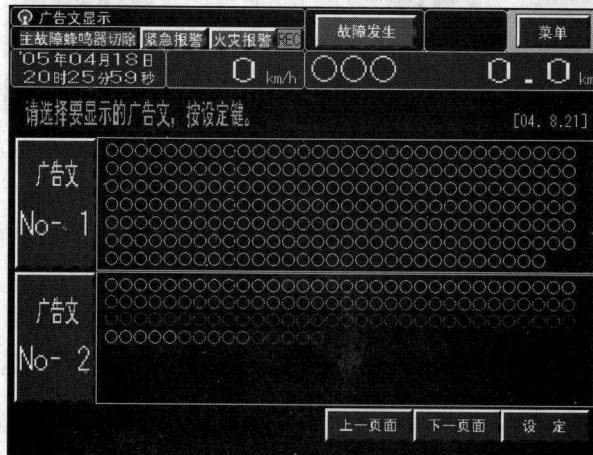

图 10-11　广告文显示画面实景图

四、车内广播装置及操作

动车组均设有车内广播装置，可对乘客进行车内广播以及乘务人员间联络。广播装置由表 10-1 中的设备构成。

表 10-1　广播装置构成

装置	1 T1c	2 M2	3 M1	4 T2	5 T1k	6 M2	7 M1s	8 T2c
控制放大器	1	1	—	1	1	1	2	1
联络装置	2							2
输出放大器	1	1	—	1		1		1
监视器扬声器	1	—			1		2	1
车内扬声器	6	9	8	9	9	9	7	6
通过台扬声器	3	2	3	2	4	2	3	2
控制器	1							
自动广播装置	—						1	

（一）广播装置

1. 控制放大器（C. Amp1、C. Amp2、C. Amp3）。可进行人工语音播放（麦克风）和外部输入端子的音源进行广播，如图 10-12 所示。

2. 联络装置。可呼叫其他广播装置，用于乘务员联络，如图 10-13 所示。

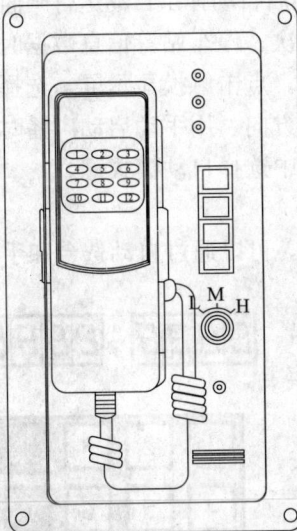

图 10-12　控制放大器示意图　　　图 10-13　联络装置示意图　　　图 10-14　自动广播装置示意图

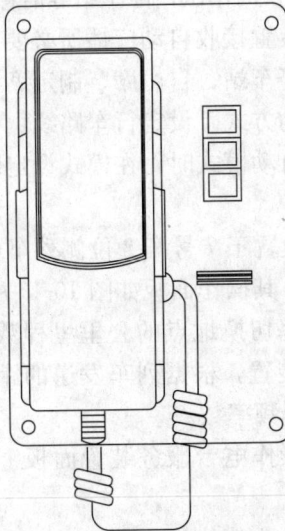

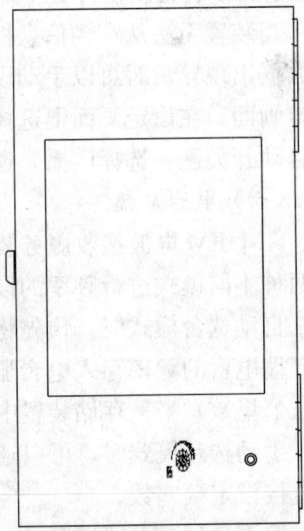

3. 自动广播装置（AAD DVAU）。可进行自动语音广播（将内存的自动语音输出）和电台广播（接受 FM、AM 电台广播信号再输出）及预先输入的装置进行广播，如图 10 14 所示。

（二）分类和优先权

车内广播分为人工广播、语音自动广播、电台广播三种，广播的优先顺序按以下顺序排列。

1. 人工广播（从功放进行的广播）。

2. 语音自动广播（通过自动广播装置进行的广播）。

3. 电台广播（通过自动广播装置进行的广播）。

例如，正在进行电台广播时，当列车到站前，无线电广播被中断，播放到站相关信息（自动广播）。而且在播放到站相关信息时，如果进行人工广播，人工广播最优先播放。

（三）人工广播（通过控制放大器向全部车厢广播）

1. 拿起送受话器。

2. 按下"广播"开关。

3. "广播"显示灯闪烁，可以进行全车广播。

4. 通过送受话器上的麦克风开始广播。

5. 广播结束时，按下"断"开关，结束广播。

6. "广播"指示灯熄灭。

7. 将送受话器放回。

（四）播放自动广播（播放已内置好的自动广播声音）

1. 出发广播：自动播放下一停车站的相关信息。

2. 到站广播：播放到达车站的相关信息。

3. 在到达下一停车站前，自动播放相关指南。

（五）自动广播装置的操作方法

接通7号车的列车员室的自动广播装置的电源。装置启动时弹出运行切换画面，首先从车辆信息控制装置接收自动广播所必要的车次，停车站等信息，然后自动弹出自动运行画面。

当装置无法从车辆信息控制装置接收自动广播所必要的车次、停车站等信息数据时，或者数据出现异常时可以手动设定停车站、自由席、制定席模式。点击触摸显示屏，选择模式设定画面。在设定画面上选择手动方式。设定行车路线、行驶方向。用手动启动广播时，通过启动开关逐一选择广播。返回自动模式时，在模式设定画面中选择自动模式键。

（六）电台广播

AM/FM电波接收服务装置设置于7号车3位侧列车员室，可以通过自动选台和手动选台两种不同模式进行频率的设定，其操作面板如图10-15所示。

自动选台模式时，预先将频率切换地点的公里里程数和沿线广播电台的频率存入电台服务装置，根据列车发送的距离信息（公里数）来从存储装置中选择频率数。

手动选台模式时，可以通过操作电台服务装置面板上的按键直接设定频率数。

按下 AM 或者 FM 键。→键输入等待状态

用这些数字键来输入频率数。

（范围 AM：530～1620、FM7600～10775）

按 SET 键确定。

受信频道最大被划分为4个台，分述如下：

1线 AM-Auto　AM 自动选台。

2线 AM-Manual　AM 手动选台。

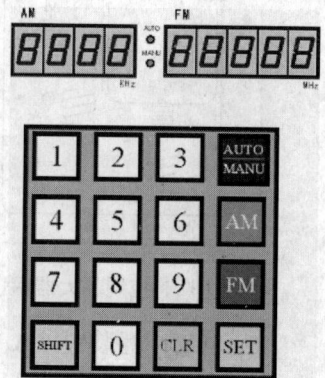

图 10-15　电台广播操作面板示意图

3 线 FM-Auto　FM 自动选台。

4 线 FM-Manual　FM 手动选台。

列车员通过自动广播装置，从 1～4 线中选择要播放的频道，就可以对客车厢进行广播了。广播放完的时候，按下 OFF 键就可以结束广播了。

五、乘务员间联络

乘务员间的联络通过司机室内的控制放大器（包括联络装置）、乘务员联络装置、配电盘联络装置等进行。人工输入设备的功能根据设置场所的不同而不同，具体如表 10-2 所示。

联络呼叫有两种方式，一种是"全体联络呼叫"，即同时呼叫所有的控制功放及联络装置；另一种为"个别联络呼叫"，即通过事先设定的呼叫号码来呼叫特定的控制功放，呼叫号码与车上位置对应表如表 10-3 所示。

表 10-2　控制放大器、联络装置的功能（8 辆编组的情况）

项目设备		控制放大器			联络装置
		驾驶台	乘务员	配电盘	
		C-Amp1	C-Amp2	C-Amp3	NT
广播（发信）		○	○	○	×
全体呼叫	呼出（发信）	○	○	○	×
	应答	○	○	○	○
个别呼叫（代码选择）	呼出（发信）	○	○	○	×
	应答	○	○	×	×
	呼出（发信）	—	—	—	○
	应答	○	×	×	○
设置车号		1、8	5、7	2、4、6	1、8

注：○ 表示有此功能；× 表示无此功能。

- 全体呼叫时，通过按下全体呼叫按钮，贯通线 1125、1127、1128 线接通 +12 V 电压，各功放的蜂鸣器响起，呼叫灯闪烁。
- 个别呼叫时，按下个别呼叫按钮开关（1～12 的号码），将 1125、1126、1127、1128 线导通。
- 司机室和乘务员室的控制功放被设定了单独的地址码，可以按照这个地址进行单独呼叫。

表 10-3　呼叫号码与车上位置对应表

呼叫号码					
号码	位置	车厢号	号码	位置	车厢号
1	司机台	1 号车	7		
2	司机台	8 号车	8		
3	乘务员室	7 号车	9	司机台	9 号车
4	小卖部	5 号车	10	司机台	16 号车
5			11	乘务员室	15 号车
6			12	小卖部	13 号车

通过配电盘控制功放进行的呼叫仅可实现全体呼叫，不能进行个别呼叫。

◉ 从联络装置可以呼叫另一侧的司机室控制功放。

◉ 从控制功放进行联络呼叫时，按下"同时"或呼叫对方的"开关"，利用呼叫蜂鸣器呼叫对方的装置。

◉ 从联络装置进行联络呼叫时，按下"呼叫"开关进行呼叫（按下开关时，呼叫蜂鸣器开始鸣叫）。可以通过多个控制功放同时通话。

通过联络装置正在联络时，如果从同一司机室的控制功放进行车内广播，则应优先车内广播。

1. 联络装置（如图 10-16 联络装置功能图）

◉ ①呼叫开关：持续按此呼叫开关，显示灯就会亮灯，联络装置（2 台）和控制功放（司机室）、7 号车、5 号车的控制功放（乘务员室）就会响起蜂鸣器音。

◉ ②联络开关：拿起话机、按下此联络开关，显示灯亮灯，就可以和其他的设备联络了。

◉ ③关开关：在联络、广播过程中，按下此开关的话就可以断开通话了。

◉ ④蜂鸣器：输出呼叫音。

◉ ⑤话筒：和其他设备通话的部件。

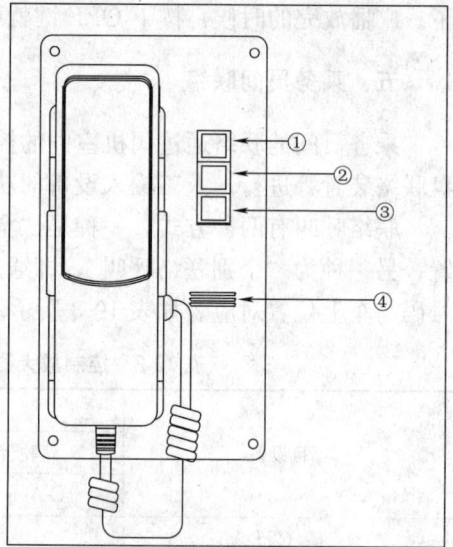

图 10-16 联络装置功能图

2. 控制放大器及操作（司机室、乘务员室）如图 10-17 控制放大器功能图。

◉ ①呼叫显示灯：从其他的联络装置及控制功放有呼叫进入，呼叫显示灯亮灯。

◉ ②通话显示灯：本装置或者其他的控制功放按下了联络键的时候，以及其他的设备在通话中的时候，通话显示灯亮灯。

◉ ③广播显示灯：本装置或者其他的控制功放处于车内广播状态时，此显示灯亮灯。

◉ ④全体呼叫开关：按下全体呼叫开关的时候，另一侧 8 号车的联络装置（2 台）、5 号车和 7 号车的控制功放（乘务员室）的蜂鸣器持续鸣叫，同时此开关也确认了亮灯状态。

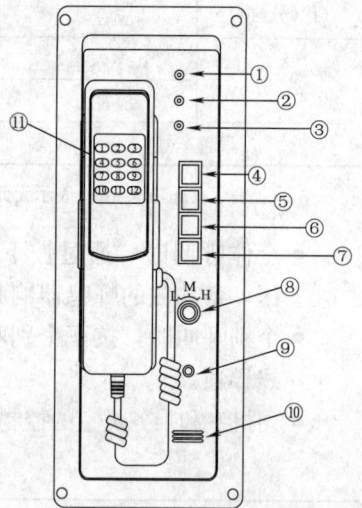

图 10-17 控制放大器功能图

◉ ⑤联络开关：拿起话机、按下此联络开关，显示灯亮灯，可以和其他的设备联络。

◉ ⑥广播开关：按下此开关可以进行车内广播。

◉ ⑦关开关：在联络通话以及广播过程中按下此开关，可以断开通话。

◉ ⑧音量调整旋钮：本装置的输出音量调整如下（H：31dB、M：26dB、L：22dB）。

◉ ⑨外部输入端子：通过外部的输入端子连接音源、按下播放开关，此音源就会被广播。

⑩蜂鸣器：输出呼叫音。

按拨呼标识牌的设定号码可以呼叫对象设备。个别呼叫时，按下个别呼叫按钮开关（1～12 的号码），将 1125、1126、1127、1128 线导通。司机室和乘务员室的控制功放被设定了单独的地址码，可以按照这个地址进行单独呼叫。

3. 控制放大器（配电盘）如图 10-18 控制放大器功能图。

- ①通话显示灯：本装置或者其他的控制功放按下"联络"键，以及其他的设备在通话中的时候，通话显示灯亮灯。
- ②广播显示灯：本装置或者其他的控制功放处于车内广播状态时，此显示灯亮灯。
- ③ 全体 呼叫开关：按下全体呼叫开关，另一侧 8 号车的联络装置（2 台）、5 号车和 7 号车的控制功放（乘务员室）的蜂鸣器持续鸣叫、同时此开关也确认了亮灯状态。
- ④ 联络 开关：拿起话机、按下此联络开关，显示灯亮灯，可以和其他的设备联络。
- ⑤ 广播 开关：下此开关可以进行车内广播。
- ⑥ 关 开关：在联络通话以及广播过程中按下此开关，可以断开通话。
- ⑦音量调整旋钮：本装置的输出音量调整如下（H：31 dB、M：26 dB、L：22 dB）。

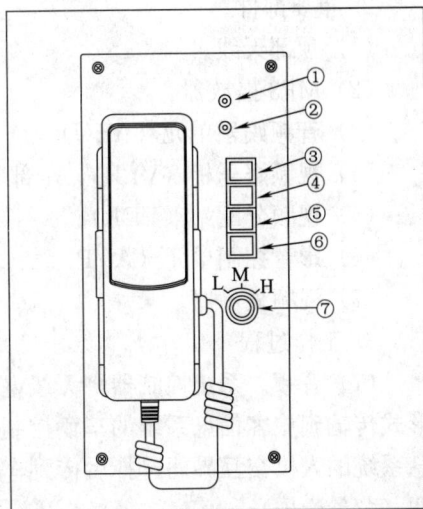

图 10-18　控制放大器功能图

六、影音娱乐子系统

为了提高乘客乘车的舒适性及娱乐性，CRH2 型车经过 300EMU 创新改进，在一等车及餐座合造车上加装影视系统。一等车车顶中部设有自动折叠电视，该电视同时具有手动功能。一等车端墙设壁挂式电视，餐座合造车设壁挂式电视。

1. 概述

该系统主要是为使一等车以及软卧车中的乘客乘坐更舒适（例如 CRH2E 型动车组），在旅途中可以进行音乐或视频方面的娱乐。由于 CRH2 型动车组改进前并未设置影音娱乐系统，目前改进速度很快，无法统一进行描述，下面将以 CRH3 型动车组为例描述影音娱乐子系统。

影音娱乐子系统分为两个子系统：音频系统和视频系统。

（1）音频系统包括以下几个方面。

①MP3 播放器。

②FM 无线电接收器。

③视频系统声音通道和声音播放的必要元件。

④座椅里的控制单元。

⑤耳机插座以及相关的线缆。

（2）视频系统包括以下几方面。

①中央视频娱乐柜（VER）。

②视频分配柜（VDR）。

③车中顶部的显示器。

④相关的线缆。

2. 重要部件

（1）顶部天线。

（2）MP3 播放器。

（3）音频娱乐单元（AEU）。

（4）视频娱乐柜（VER），全部是 DVD 播放器。

（5）视频分配站（VDR）。

（6）影音控制单元（AVP）。

（7）视频显示器。

3. 工作过程

（1）音频。系统控制器将无线电接收器或 MP3 播放器的信号通过音频总线以数字信号形式传输到旅客信息系统的车辆控制器中，并在那里与视频中的声音信号一起，经过旅客信息系统的人机交互界面选择后传到车中座椅中的音频娱乐单元，并且传到顶部的扬声器中，即（背景音乐）。

（2）视频。DVD 播放器的影像和声音信号被调制成高频信号并通过同轴线缆被送到视频分配站。在视频分配站中，影像和声音信号被分开。影像信号送到顶部的显示器中，声音信号先被送到旅客信息系统的车辆控制器中并在那里传送到音频总线。

注意：要启动 DVD 播放器，至少一个显示器通过旅客信息系统的人机交互界面打开，只有这样 DVD 播放器才能启动。这个措施是为了提高 DVD 播放器的寿命。

（3）数据总线传递的信息。

①从旅客信息系统控制器到旅客信息系统的车辆控制器：车内背景音乐的开关控制信息如下。

◉ 背景音乐声道选择信息。

◉ 背景音乐音量设置信息。

◉ 通告切换信号。

◉ 诊断开始信号。

②从旅客信息系统的车辆控制器到旅客信息系统控制器：扬声器系统和音频娱乐单元诊断数据。

目前，影音娱乐子系统使用前必须先启动通告与通信子系统，并且仅用于一列单动车组。在双列车重联情况下，影音娱乐子系统节目不会传到另一列与其联挂的动车组上，节目不能在整列重联动车组上进行控制。

第二节　照明系统

一、概述

（一）基本概念

1. 光

光是能引起视觉的辐射能，它是一种电磁波，又称可见光。其波长一般为380～780 nm。

不同波长的光给人的颜色感觉不同。

2. 光通量

光源在单位时间内，向周围空间辐射并引起视觉的能量，称为光通量，单位为 lm（流明）。例如，一个 100 W 的白炽灯，在 220 V 的电压下发出的光通量为 1 250 lm；一个 40 W 的荧光灯，在 220 V 的电压下发出的光通量为 2 440 lm。

3. 发光效率

光通量与该光源所消耗的电功率之比称为发光效率，单位为 lm/W（流明/瓦）。例如，100 W 白炽灯的发光效率（12.5 lm/W）比 40 W 荧光灯的发光效率（61 lm/W）要低。

4. 发光强度

光源在某一特定方向上单位立体角内辐射的光通量称为发光强度。

5. 照度

单位面积上接收的光通量称为照度，单位为 lx 或 lux（勒克斯）。在 1 lx 的照度下，我们仅可以看见四周的情况。一般工作场所必需的照度为 20～100 lx。

6. 亮度

发光体在给定方向单位投影面积上的发光度称为亮度，单位为 sb（熙提）。例如，煤油灯火焰的亮度约 1.5 sb，钨丝白炽灯的亮度为 500～1 500 sb。当发光表面的亮度相当高时，对视觉也会引起不愉快眩光，这是因为亮度分布不适当，或亮度的变化幅度太大，或由于在时间上相继出现的亮度相差过大，造成了观看物体时感觉不舒适或视力减低。

眩光按其引起的原因分为直射眩光和反射眩光两种。为限制眩光可采用以下几种办法。

（1）限制光源的亮度、降低灯具的表面亮度，如对于亮度太大的光源，可用磨砂玻璃等限制眩光。

（2）局部照明的照明器应采用不透光的反射罩，且照明器的保护角应不小于 30°；当照明器安装高度低于工作者的水平视线时，照明器的保护角应为 10～30°。

（3）正确地选用照明器形式，合理布置照明器位置，并选择好照明器的悬挂高度是消除或减弱眩光的有效措施。照明器悬挂高度增加，眩光作用就减小。为了限制直射眩光，室内一般照明用的照明器对地面的悬挂高度，应不低于 2 m。

7. 色表与显色性

作为照明光源，要求发出的光具有良好的颜色。所谓光源颜色的显示性，一方面是指人眼直接观察光源所看到的颜色，称为光源的色表；另一方面是指光源照射到物体上所产生的客观效果，即颜色的显色性。

如果各色物体受照的效果和标准光源（标准昼光）照射时一样，则认为该光源的显色性好（显色指数高）；反之，如果物体在受照后失真，则该光源的显色性差（显色指数低）。

显色性最优的以显色指数为 100 表示，其余光源的显色指数小于 100，常用光源的显色指数参照表 10-4 所示。

表 10-4　常用光源的显色指数参照表

光源	白炽灯	日光色	白色荧光	高压	氙灯
显色指数	97	75～94	55～85	22～51	95～97

8. 阴影

有害的阴影。由于方向性照明及障碍物造成的阴影（如手的挡光）会使被照对象的亮度和亮度对比下降，对视觉工作是不利的。为克服不利的阴影。要求灯具合理布置，以提高照明的扩散度。

有利的阴影。适度的阴影能表现出物体的立体感、实体感和材质感。物体上最亮部分和最暗部分的亮度比称为亮暗比。亮暗比小于 2∶1 时有平板感，大于 10∶1 时又过分强烈，而在 3∶1 时最理想。

9. 照明方式

照明方式一般分为下列 3 种：

（1）一般照明：不考虑特殊局部的需要，为照亮整个工作面而设置的照明。

（2）局部照明：为满足某些部位的特殊需要而设置的照明。

（3）混合照明：一般照明与局部照明共同组成的照明。

（二）常用电光源介绍

1. 白炽灯。白炽灯是靠电能将灯线（钨丝）加热至白炽而发光的。

2. 碘钨灯。碘钨灯是一种充碘的白炽灯，应用了钨的再生循环原理，大大减少了钨的蒸发，灯丝的工作温度可提高 3 000～3 200 K，发光效率可以达 20～30 lm/W。

3. 荧光灯。荧光灯是一种管壁涂有荧光物质（如卤磷酸钙）的低气压水银放电灯。

4. 高压汞灯。高压汞灯是一种高气压水银放电灯。

5. 氙灯。氙灯是一种内充高纯度氙气的弧光放电灯。由于放电所发出的光非常接近于日光，因此有"小太阳"之称。

6. 高压钠灯。高压钠灯也是一种强弧光放电灯。

7. 低压钠灯。低压钠灯由特制玻璃管制成，管内充入高纯钠和惰性气体，利用钠蒸汽放电发光。

8. 金属卤化物灯。金属卤化物灯是一种新型的气体放电灯，它在高压水银灯中添加适当的金属卤化物，以提高光色和发光效率，如：CRH1 在阅读灯等局部照明中采用了卤素灯。

9. 新型荧光灯。新型荧光灯在内壁涂上了三基色荧色粉，能发出近似于白炽灯的光色，但发光效率比白炽灯高。

（三）布置原则

1. 在灯具的悬挂高度较低（4 m 及以下）而又需要较好的视觉条件的场所中，宜采用荧光灯。

2. 照明开闭频繁、照度要求较低时，宜采用白炽灯，因为白炽灯的开关次数对其寿命没有影响。

3. 正常照明一般单独使用，也可与紧急事故照明、值班照明同时使用，但控制线路必须分开。紧急事故照明是在正常照明因故障熄灭的情况下，供继续工作或人员疏散用的照明，照明必须采用能瞬时可靠点燃的光源，一般采用白炽灯或卤钨灯。

4. 保证照明的质量：在量的方面，要求创造合适的照度（或亮度）；在质的方面，要求解决眩光、光的颜色、阴影等问题。

5. 保证光源的显色性和色温。

6. 保证照度的稳定性。

二、CRH2型动车组照明系统

（一）系统布置

动车组照明包括客室照明、通过台照明、厕所及洗脸间的照明、多功能室照明等部分。

1. 客室照明

客室内设有DC100 V的快速起动荧光灯，部分兼用于应急照明。荧光灯及照度符合中国标准，照度不小于200 lux。客室照明为通过灯罩材的隐形照明。

2. 通过台照明

通过台及走廊车顶，设DC100 V、20 W的荧光灯（应急照明设灯在2、4位侧）。通过台部分照明照度不小于30 lux。各车走廊上有良好的照明。

3. 厕所及洗脸间的照明

采用DC100 V、20 W及40 W（残疾人用）的白色荧光灯，可兼做应急灯。

4. 前照灯

司机室的前方设置前照灯（DC100 V，封闭式大灯，150 W/50 W切换式）和标志灯（LED）。

5. 多功能室照明

采用DC100 V、40 W荧光灯兼做应急灯。逆变器采用直流输入，4线交流输出。

（二）灯具结构

侧顶棚由荧光灯、逆变器、扬声器、配线和构架一体化的侧顶棚组件、灯具罩、板一体化的侧顶棚板组成，如图10-19所示。

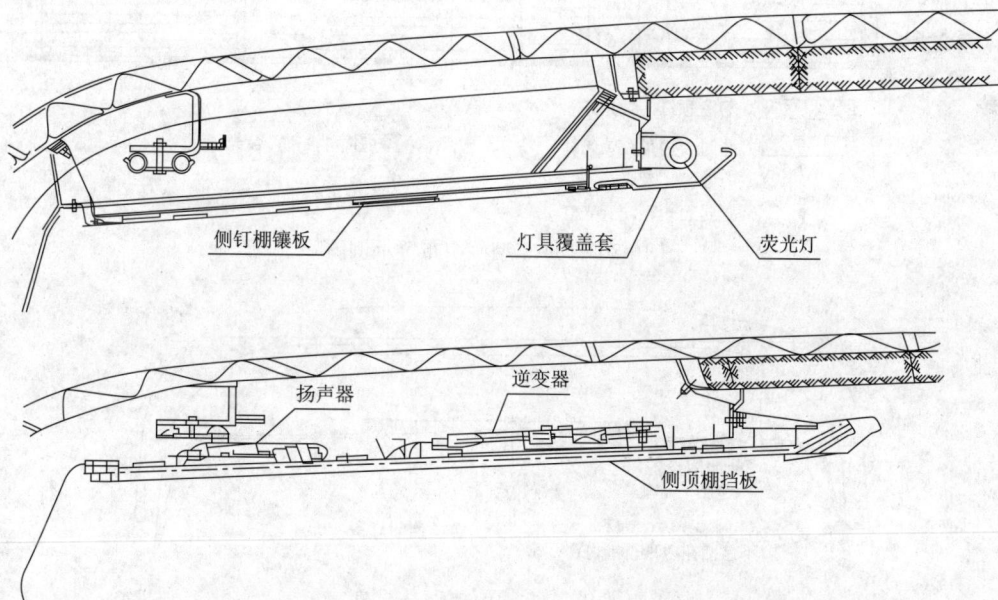

图10-19　CRH2型动车组荧光灯逆变器与扬声器位置图

三、CRH1型动车组照明系统

（一）系统设计

照明系统分为一般照明和紧急照明。所有照明设备由110 V直流蓄电池供电，并通过逆变器转换后，向所有灯泡和灯管供电。乘客区、通过台、厕所、厨房和乘务员室内的照明由荧光灯管和卤素灯组成，如表 10-5 所示。

表 10-5　照明使用灯具类型一览表

灯管	数据	安装地点
荧光灯管	35 W	客室内顶、行李架、功能板
荧光灯管	28 W	客室内顶、行李架、功能板
荧光灯管	18 W	司机室照明
荧光灯管	9 W	通过台照明
卤素灯	12 V/10 W	阅读灯
卤素灯	12 V/20 W	外门罩、风挡、厕所、厨房、乘务员室

（二）分布与功能

车型照明布置示例如图 10-20 所示。

1. 客室内顶灯

客车内顶内的照明包括在内顶模块中。在模块内，有两排纵向的荧光灯和逆变器。照明电缆沿 C 型材铺设如图 10-21 所示。

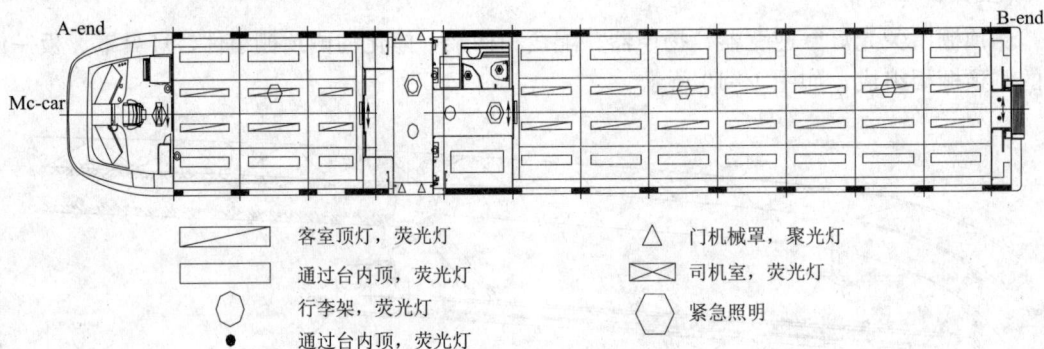

图 10-20　Mc-车型照明布置示例图

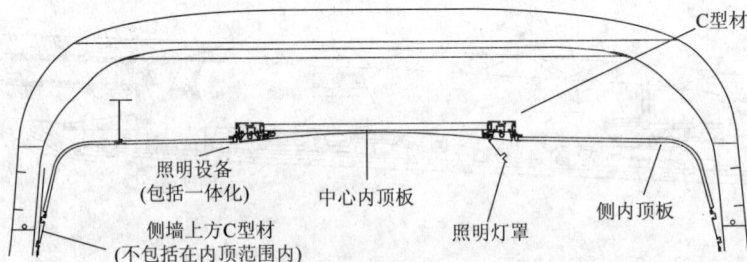

图 10-21　客室内顶灯示意图

2. 通过台照明

每个通过台内有两个圆形灯具安装在内顶板内。每个有两只 9 W 日光灯管。两只日光灯管用一个逆变器安装在内顶上方。

两节车厢之间的风挡照明采用两只卤素灯具来实现每个车厢一支。卤素灯为 12 V/20 W。灯具嵌装在车顶内。两只卤素灯使用一个逆变器，安装在车顶上方。

3. 外门照明

每个车厢门入口处有两只 12 V/20 W 卤素灯具。通过台内的 4 支卤素灯与一个逆变器连接。灯安装在开门一侧。当门关闭时，卤素灯关闭。

4. 行李架内照明

行李架内照明分为两种：一种 1 872 mm 长，带一支 35 W 荧光灯管；另一种 1 527 mm长，带一支 28 W 荧光灯管，如图 10-22 所示。

5. 功能板照明

Tb 车厢内的客室用餐区装有功能板，两块在厨房对面的侧墙上，一块在乘务员室内。

6. 厕所照明（坐式/蹲式）

厕所内顶内有两支卤素聚光灯，带一个逆变器，安装在镜子后面；残疾人厕所内顶内有4 支卤素聚光灯，带两个逆变器。

7. 乘务员室照明

乘务员室的照明包括侧墙上的功能板（35 W）和内顶内的四支卤素灯（20 W）。两个逆变器安装在乘务员室旁边的电气柜内。

8. 厨房照明

厨房照明包括 14 支卤素灯（20 W）。10 支卤素灯嵌装在车顶内，4 支卤素灯嵌装在工作台上方。4 支卤素聚光灯与应急照明系统连接。

9. 司机室照明

司机室照明包括一支安装在内顶内的灯具，有两只 18 W 荧光灯管；带一个逆变器。

10. 显示屏上的照明开关

（1）司机操作台上的 IDU 显示屏对照明的操作："一般照明"按键；显示屏上有"一般照明"指示灯；"客室内顶照明"按键；显示屏上有"客室内顶照明"指示灯。

（2）乘务员室内的 IDU 显示屏对照明的操作："一般照明"按键；显示屏上有"一般照明"指示灯；"客室照明"按键；显示屏上有"客室内顶照明"指示灯；"用餐区域"按键；显示屏上有"用餐区域、客室照明"指示灯。

11. 其他开关

司机操作台安装的对照明操作的按键称之为"隧道模式"。激活该键时，打开全车一般照明。当"隧道模式"关闭之后，照明系统返回到之前的阶段。如果一般照明打开，则司机室失效（如司机更换司机室），一般照明保持该阶段。如果司机室失效，则列车设定为停车模式。5 min 后，所有照明关闭。司机室内电气柜上有司机室照明选择开关，安装在入口门内右侧小间。乘务员室内的控制板有乘务员室内聚光灯两位选择开关。

厨房内的控制板有厨房照明按键切换开关和用餐区域照明按键切换开关；在入口门、Mc1、Mc2 和 Tb 车厢里的门柱里有照明 3 位选择开关，弹簧复位至中间位置作为"一般照明"开/关切换。

开关可通过按键进行操作，并具有以下功能：逆时针方向激活不到 1 s—"特定车厢内的一般照明关闭"，逆时针方向激活超过 1 s—"整列车（也包括多组列车）内的一般照明关闭"；顺时针方向激活 1～3 s—"特定车厢内的一般照明打开"，顺时针方向激活超过 3 s—"整列车（也包括多组列车）内的一般照明打开"。

12. 应急照明

如果一般照明打开，则蓄电池充电失效，一般照明将保持 2 min；然后，应急照明将保持 298 min 的激活状态。在 298 min 结束之前，蓄电池充电开始，在紧急照明不中断的情况下，一般照明打开。

如果一般照明关闭，则蓄电池充电失效。不再需要"2 min"，应急照明将被直接打开，除非一般照明打开。紧急照明要保证客室多数区域≥30 lx，地板所有区域≥5 lx。

乘务员室内的卤素聚光灯灯与"应急照明"连接，并由乘务员室内的开关控制。

四、CRH₃型动车组照明系统

（一）概述

内部照明的目的就是照亮整个车厢，为旅客和工作人员提供旅途生活和工作所必需照明。内部照明按区域分为客室照明（行李架灯带）、一等车（FC05）及头车（EC01/EC08）休闲区各座席的单个阅读灯，餐车厨房顶灯，还包括其他区域（通过台、卫生间、走廊、司机室、乘客服务区）的顶部射灯以及餐车吧区特殊装饰灯。按功能可分为主照明、应急照明，阅读灯是主照明的一部分。

（二）供电及控制

内部照明主要是 DC110 V 供电，还有部分顶部射灯自带直流变压器，将 DC110 V 变换成 DC12 V，采用 DC12 V 供电电压。内部照明控制元件如下：

（1）每个头车一端控制板上的"列车灯开/关"照明按钮。

（2）每个头车上司机控制台上的司机人机界面（MMI）。

（3）BC04 车上乘客服务室里的人机界面（MMI）。

司机控制台上的司机人机界面和乘客服务室里的人机界面操作如下：

（1）照明 0——应急照明和主照明关。

（2）照明 1/3——应急照明开。

（3）照明 1——应急照明和主照明开。

（三）布置及安装

1. 客室主照明

客室区域的主照明主要是行李架灯带，行李架灯带安装在行李架的正下方，客室灯带为内置荧光灯，不同长度的灯模块安装在预组装好的支撑型材上，支撑型材安装在行李架的正下方，如图 10-22 所示。

图 10-22　行李架灯带实景图

　　客室内的行李架灯带光源为荧光灯，分为三种：36 W（长＝1 200 mm）、30 W（长＝895 mm）、18 W（长＝590 mm）。灯模块内的电子逆变器符合 EN 50155 及 IEC 60571（机车车辆上使用的电子设备）标准。在每个行李架端部通过 5一针连接器（WAGO）向行李架灯带供电。

　　2. 顶部射灯

　　走廊、通过台、卫生间等区域，为了产生一个变化的旅行环境，加强灯光照明效果，采用顶部射灯。

　　射灯光源为卤素灯，分为四种：10 W（DC110 V）、10 W（DC12 V）、20 W（DC110 V）、20 W（DC12 V）。射灯附带相应的直流变压器（初级 110 V DC/次级 12 V DC），直流变压器符合 EN 50155 及 IEC 60571（机车车辆上使用的电子设备）标准。电气接口采用 WAGO 制造的插接式连接器及接线端子。

　　3. 餐厅顶灯

　　餐厅顶部区域，为加强照明和装饰效果，采用餐厅顶灯，餐厅顶灯光源为荧光灯，$2 \times$ 30 W（长＝895 mm）。灯模块内的电子逆变器符合 EN 50155 及 IEC 60571（机车车辆上使用的电子设备）标准。效果图如图 10-23 所示。

图 10-23　餐厅顶灯效果图

　　4. 阅读灯

　　在一等车（FC05）客室和在 EC01/08 车休闲室的灯带上，装有可以单独开关的阅读灯。阅读灯与按钮开关一起都集成在一起，旅客可单独调节。安装图如图 10-24 所示。

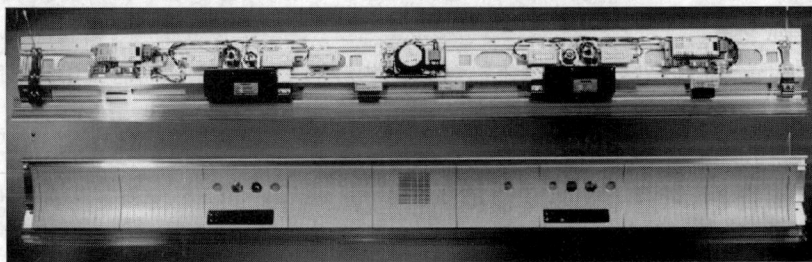

图 10-24　阅读灯安装图

　　阅读灯光源为卤素灯 DC12 V 10 W，附带相应的直流变压器（初级 DC 110 V/次级 DC 12 V，直流变压器符合 EN 50155 及 IEC 60571）。电气接口为 WAG 制造的接式连接器及接线端子。

五、CRH₅型动车组照明系统

（一）概述

列车照明系统的电力来源于110 V蓄电池。普通照明布置在车顶中部以及侧墙与车顶交接处。这些照明一般采用荧光灯，由110 V直流转换成220 V交流电。在车内座椅上方还有阅读灯，在餐车采用卤化物灯。这些照明由110 V直流转换成24 V直流电供电。

车内照明控制开关根据照明的种类分为全车照明、半车照明、夜晚照明、紧急照明和故障显示等。照明既可以在各节车厢内控制，也可以由司机室控制。

1. 全车照明

全车照明是指车内所有照明都工作，如果影视显示器打开，它上方的两个灯熄灭。

这些照明可以在各节车厢内通过"全灯控制器"开关控制，一般要在司机室的"列车控制"开关打开后使用。

2. 半车照明

半车照明的是白天列车穿越隧道时设置的工况，这时，只有侧墙上方的荧光灯、车顶内的紧急照明灯点亮。这些照明可以在各节车厢内通过"半灯控制器"开关控制，一般也要在司机室的"列车控制"开关打开后使用。

3. 夜晚照明

夜晚照明由乘务员室内的开关控制，这时只有车顶内的紧急照明灯、侧墙和厕所的部分灯点亮。夜晚照明开关不受司机室内的总开关控制。

4. 紧急照明

紧急照明是在紧急状态下自动点亮的，同时，门口及厕所的部分灯也在紧急照明时点亮。

5. 司机室照明

司机室照明由司机操纵台上的"司机室灯控制器"开关控制，它可以使司机左侧的灯单独亮，也可以使司机室内的两个灯都亮。

6. 关灯操作

车内照明可以由开关"灯光关闭控制"关闭，司机室内可以通过"全灯控制器"开关将整列车的照明关闭。餐车、乘务员室的照明有自己的控制开关。

7. 阅读灯

阅读灯安装在座椅上方的行李架内，开关与灯安装在一起，由乘客自己控制。

8. 餐车照明

在餐车除了荧光灯以外，还有卤化物灯。这些灯的照明由餐车配电盘单独控制。

（二）维护

当照明出现故障时，通常是灯管出现了问题，因此，首先需要更换灯管。当更换灯管不起作用时，可能是电源转换器出现了故障。而对于客室内的阅读灯和餐车内的射灯都采用24V电压的卤化灯；当更换灯管不起作用时，可能是开关出现了故障。

第三节　厨房设施和设备

一、概述

从2005年动车组项目启动开始，"配餐"作为高速铁路动车组运营当中供应的主要形式。

　　CRH₁ 型动车组的餐车厨房设计为开放式，厨房主要提供快餐食品、饮料、酒水等服务。CRH₂ 型动车组在 5 号车一位端设有小卖部，小推车存放在小卖部外面，供餐主要以售卖为主。CRH₃ 型动车组的餐车厨房对旅客提供饮料、酒及小食品等，不售餐。CRH₅ 型动车组厨房餐饮设备以售卖为主，但不能满足全列供餐的需求。厨房主要设备对比见表 10-6。

表 10-6　CRH 系列动车组厨房设备配置对比

设备	CRH1	CRH2	CRH3	CRH5	CRH2 长编组
微波炉	1	1	1	1	4
烤箱	2	—	1	1	2
电磁灶	1	—	—	—	—
冷藏展示柜	1	1	1	1	1
冷藏柜	—	1	—	2	3
冰柜	—	—	—	1	—
冰箱	—	—	1	1	—
保温箱	—	—	—	—	1

二、厨房设施和设备的说明

　　动车组厨房布置结构包括冷藏单元、加热单元、吧台单元、清洗单元、操作台单元、电气柜单元、灭火器单元、地板单元、顶板单元、过道墙单元模块。每个单元模块通过顶部、背部或底部分别与车体顶部安装梁、侧墙、C 形梁和地板下的基座固定。冷藏单元由冷藏箱、冷冻箱和玻璃展示柜组成；加热单元由微波炉、电烤箱和保温箱组成；吧台单元包含台面、吧顶、安装箱；清洗单元包含开水炉、消毒柜和洗池；操作台单元设置工作台面、插座和工作灯；电气柜单元控制整个厨房的电气系统；过道墙单元包括厨房拉门和过道墙；顶板单元设置照明灯和通风口；地板单元作为固定模块机构。

第四节　给（排）水及卫生系统

一、概述

　　CRH₂ 型动车组单号车设给（排）水和卫生系统，双号车仅设给（排）水系统。主要包括：

　　（1）单号车给（排）水系统：车下设水箱装置（700 L）、给（排）水管路，为洗脸间、卫生间、小便间供水和排水。

　　（2）单号车卫生系统：车下设污物箱组成（700 L）、排污管为小便器、坐便器排污。

　　（3）双号车给（排）水系统：车下设小水箱装置（200 L）、给排水管路，为电热开水器供水和排水。（300 EMU 创新后，取消原 4、6 号车下 200 L 水箱，将 3、5 号车下水箱由 700 L 增加至 1 000 L）。

　　（4）5 号车小卖部内设电热开水器，由水箱装置供水。

　　其中 1 号车、3 号车和 5 号车的卫生系统完全一样；7 号车为 1 个座式卫生间、1 个残疾人间、1 个小便间和 1 个单人盥洗室（1 号车、3 号车和 5 号车为双人盥洗室）。

双号车 1 位角设有桶式饮水机（国产化 18 列开始改装电热开水器）。

二、卫生间和小便间

1. 卫生间

卫生间全部是座式卫生间，采用拼装手糊玻璃钢盒子间，门是从内侧能够用手锁闭的结构（外侧为暗锁，能用专用钥匙从外面打开或锁闭）。卫生间为男女共用。天花板上设置了 20 W（普通）或者 40 W（残疾人用）荧光灯。

卫生间采用整体 FRP 型式，装有洗手装置、清洗用光电开关、灯具托架、扶手、镜子、厕纸支架。在便器部分设置了阀瓣防止污物箱内的臭气回流。残疾人用的卫生间的拉门为按键式的自动门，卫生间内部安装了婴儿床，如图 10-25 所示。

①坐便器冲洗装置

坐便器的污物处理装置采用节水式清水冲洗系统。本系统用水量少、污物自然落下。在便器底部安装瓣阀用以消除臭气，除此之外还装有换气扇，一直向地板中排气风道排气。

旅客在使用坐便器后，用手触摸光电开关，即可对污物进行冲洗。将污物排入车下污物箱。

②洗手装置

旅客使用洗手装置时，将手伸到出水用传感器的下方就会自动出水。手撤回后就会自动停止。

③卫生间紧急按钮

卫生间内设有紧急按钮。旅客在卫生间发生紧急情况时，按下卫生间紧急按钮，车内蜂鸣器报警且乘务员室和司机室的显示屏显示紧急报警信息，列车工作人员可及时收到报警信息。

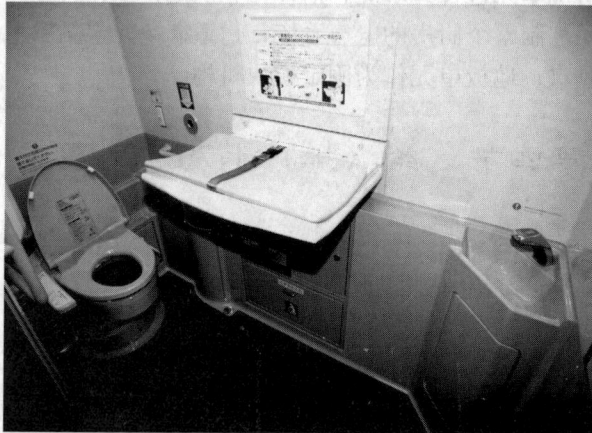

图 10-25　残疾人卫生间实景图

2. 小便间

小便间采用拼装手糊玻璃钢盒子间，其折叠门没有安装门锁装置。小便用卫生间安装了节水式清洗系统，旅客使用后会自动冲洗。在清洗水配管内设置了清洗剂筒，以除去尿石，防臭。清洗剂需定期补充。

三、集便系统

动车组采用的集便器为光电感应清水空压式，由玻璃钢污物箱（770 L）和便器组成：污物箱为全密封结构；清水增压冲洗，靠重力收集污物，为防止臭气传到卫生间内，待机时关闭排污阀将卫生间和污物箱隔绝，在排污时风扇工作将臭气排到废排风道中。

1. 坐便器

坐便器以电气控制压缩空气作为动力（电磁阀动作、水增压和排污阀动作），冲洗水由压缩空气增压保证最小的水量达到最佳的冲洗效果，污物靠重力排到污物箱中；为防止臭气传到卫生间内，平常通过排污阀将卫生间和污物箱隔绝，在排污时风扇工作将臭气排到废排风道中，如图 10-26 所示。

图 10-26　座式便器实物图

便盆采用不锈钢材质，为了保证冲洗干净，特喷涂灰色聚四氟乙烯（Teflon 特氟隆）涂层。

2. 冲洗流程

如图 10-27 所示，坐便器冲洗流程大致如下：闸阀（1）打开，风扇（2）启动排污物箱臭气→排污阀（3）打开，排污→主冲洗嘴（4）冲洗→辅助洗嘴（5）冲洗→排污阀（3）关闭→风扇（2）停止工作，闸阀（1）关闭→辅助冲洗喷嘴（6）冲洗排污管

3. 小便器

当小便器检测到小便器有人站立后，通过 PC 控制系统使用 280ml 的水冲洗小便器；为了防止污水管和小便器内产生尿碱，冲洗水中应添加处理剂。

4. 污物箱

污物靠重力流入污物箱（污物箱和外界大气隔绝）中，分别吊挂在 1、3、5、7 号二位端车底。容量 700 L，330 kg。

污物箱组成包括污物箱、液位检测电极、污物箱电加热器、冲洗管路组成、排污管安装等，其中污物箱主要由内箱、防寒层、外箱、钢骨架等组成。为了充分利用车下空间，因此污物箱的造型非常复杂。污物箱内箱和外箱的制作材料均为聚酯玻璃钢 FRP4，厚 6 mm；分上下两体，分别采用手糊成形工艺；组装上部件后，用保温材进行保温，然后直接手糊外箱。

污物箱底部设有电加热装置 400 W × 2，采用温控器控制，启停温度 4～20 ℃；强度标准：污物箱体按承压 1 946 mmAq 考虑（0.3 g＋水压＋气压波动）。

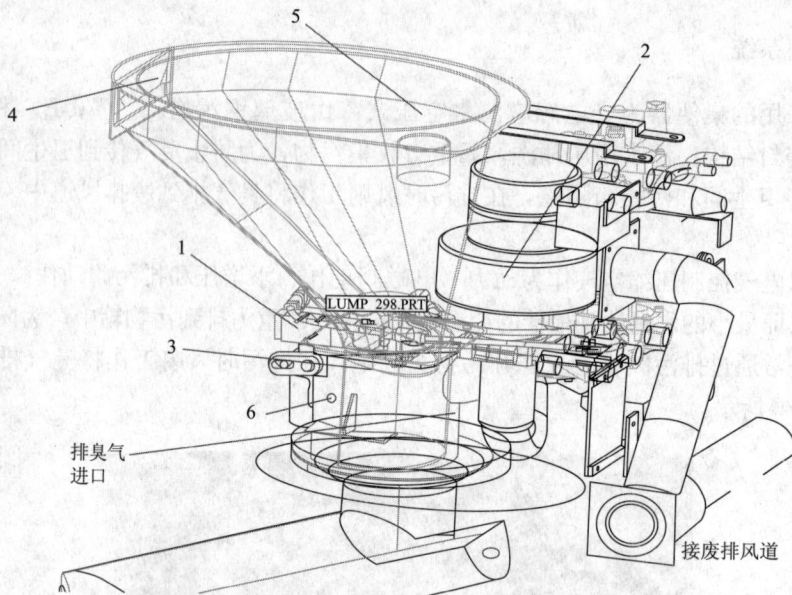

图 10-27　坐便器主要部件结构图

1—闸阀；2—风扇；3—排污阀；4—主冲洗嘴；5—辅助冲洗喷嘴；6—排气嘴

四、卫生系统的气密设计

排污采用集便器，避免了客室气压受外界压力的变化。

排水采用水封装置（可承受压力变化±8 200 Pa）保证了气密性。

五、玻璃钢盒子间

CRH₂ 型动车组用的卫生间、小便间和盥洗室采用整体玻璃钢盒子间。由上、下壳体分别制造，然后通过法兰用螺栓组成一体，由二位外端整体装车。

六、供水系统

1. 水箱装置

水箱装置设置在装备了卫生间、盥洗室的 1、3、5、7 号车，由电动水泵方式供水。水箱为不锈钢制品，容量为 700 L，安装在 1、3、5、7 号车的车下。注水时打开滑式盖子即可注水，水满时从溢水管流出，可判断水箱是否注满水。上水嘴符合 TB/T112—1974 "客车用注水（A、B 型）型式与尺寸"。

2. 水箱的强度标准（表 10-7）

表 10-7　水箱的强度标准

	标准	要求	备注
耐压要求	TB/T1720—1998《铁道客车给水装置通用技术条件》	车下水箱用 490 kPa 进行水压试验，保持 5 min 不得泄漏	拟通过试验测量注水工况水满后的剩余压力确定
	五光 05-024	806 mmAq（8 160 Pa）	

续上表

	标准	要求	备注
冲击强度	TB/T1335—1996《铁道车辆强度设计及试验鉴定规范》	纵向：3 g 横向：1 g 垂向：c（客车端部 c 为 3 g，按照线形递减，至客室重心部位减少到 1.5 g。）	
	JIS4032《铁道车辆部品冲击试验方法》	同上	
	五光 05-025	1.3 g	

3. 轻量化设计

水箱主体采用 2 mm 的不锈钢板焊接而成，实物图如图 10-28 所示。

图 10-28　水箱实物图

4. 供水控制系统

供水控制系统控制水泵的动作、实现缺水保护等功能，包括供水控制整体、继电器、水量表控制器、计时器和按钮等。

5. 管路设计

水管材质为 C1220T-H1/2。

水管标准为 JISH3300，管接头标准为 JISH3401。

七、盥洗室

盥洗室设置了镜子、桌子及插座。洗脸盆为陶器制的全自动洗脸盆。二等车采用双洗，一等车设单洗。另外，在残疾人使用的盥洗室，将洗脸台的下部架台尽可能设置在车侧，使上半身能够接近洗脸台；使其适合使用轮椅时的视线的高度。

洗脸盆的使用方法：

洗脸盆的光电传感器感应到使用者伸出的手，会分别自动进行喷出乳液、出水、吹出暖风等的动作。

1. 喷出洗手液

手伸出到洗手液用传感器的下方就会自动喷出洗手液（喷出时间设定约 0.5 s）。在设定时间内将手缩回时就会停止。另外，一到设定时间时也会自动停止。当停止后，如果还需要洗手液，缩回手约 1 s 后再次伸出手，就会继续喷出洗手液。

2. 出水

将手伸到脸盆出水用传感器的下方就会自动出水。手撤回后就会自动停止。为防止恶作剧，约 60 s 连续出水后就会自动停止出水。缩回手，再次用手遮住就会继续出水。

3. 干燥（图 10-29）

将手伸到干燥用传感器的前面、就会自动吹出干燥风。将手撤回后就会自动停止。为防止恶作剧，约60 s 连续动作后就会自动停止。缩回手，再次用手遮住干燥风就会继续吹出来。

八、CRH₂-300EMU 型动车组给（排）水及卫生系统创新

1. 为满足中国人的使用习惯，将卫生间的布置设置为座式卫生间，将原来设置的座式卫生间中的一个改为蹲式卫生间。

2. 将原来的重力直排式卫生系统改为真空式卫生系统，卫生间异味问题将得到解决。如图 10-29 所示。

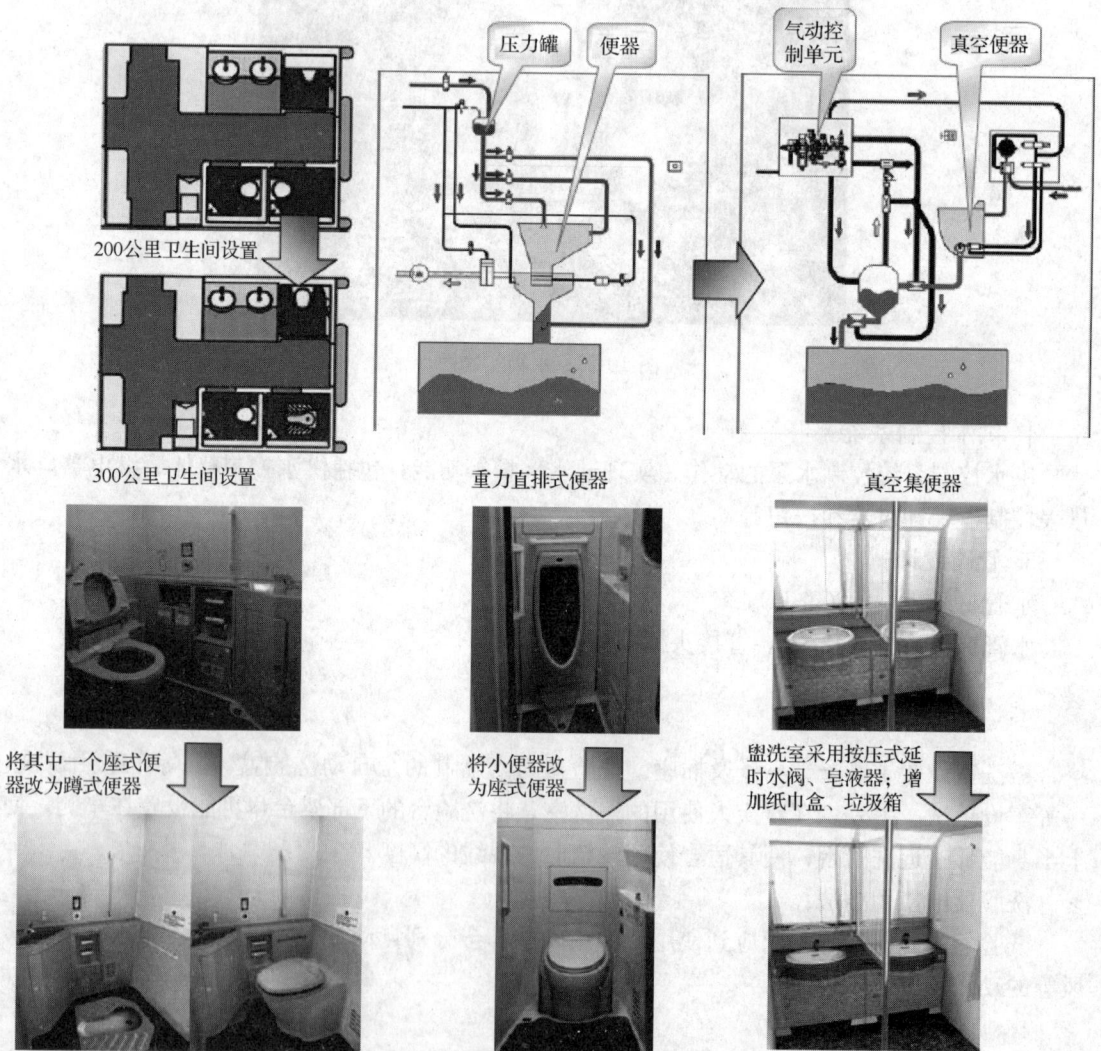

图 10-29　CRH₂-300EMU 型动车给、排水及卫生系统的创新改进示意图

本章小结

高速动车组以其高速、安全、便利、舒适吸引了众多旅客的青睐，本章以 CRH$_2$ 型动车组为例，分别对动车组旅客信息系统、照明系统、厨房系统、给水装置及卫生系统的构造、组成、原理、功能及作用进行了详尽而全面的介绍，并对这些系统的技术参数和基本使用方法进行了简单的说明。

思 考 题

1. 什么是旅客信息系统？可分为哪几部分？
2. 说明 CRH$_2$ 型动车照明系统如何设计。
3. 动车组采用了哪些照明光源？
4. CRH$_2$ 型动车组集便系统由哪些部分组成？
5. 简述 CRH$_2$ 型动车组给、排水及卫生系统的整体构成。

参 考 文 献

［1］胡思继. 综合运输工程学. 北京：清华大学出版社，北京交通大学出版社，2005.

［2］李向国. 高速铁路技术. 北京：中国铁道出版社，2009.

［3］董锡明. 高速动车组工作原理与结构特点. 北京：中国铁道出版社，2007.

［4］刘建国. 铁路运输管理体制改革模式研究. 北京：经济科学出版社，2010.

［5］贾利民. 高速铁路安全保障技术. 北京：中国铁道出版社，2010.

［6］刘建国. 高速铁路概论. 北京：中国铁道出版社，2009.

［7］李学伟. 高速铁路概论. 北京：中国铁道出版社，2010.

［8］彭其渊，闫海峰，文超. 高速铁路运输组织基础. 成都：西南交通大学出版社，2009.

［9］郭进龙，王润国. 内燃机车运用与规章. 北京：中国铁道出版社，2008.

［10］铁道科学研究院高速铁路技术研究总体组编. 高速铁路技术. 北京：中国铁道出版社. 2005.

［11］刘建国. 高速铁路运输组织. 北京：中国铁道出版社，2012.